邊萬里 著　金東煥 정리

新四柱通信講座
(初等班)

大韓陰陽研究會編

도서출판 資文閣

新四柱學講義錄

(初等班 第1部)

新四柱學講義錄 增補版을 내면서

辛卯年에 변만리선생님 출판사인 자문각을 인수하여 고인의 유지를 계승하는 차원에서 본서를 원본 그대로 하여 "신사주학 강의록" 이라는 제호로 출판하여 판매하였던바 내용은 좋은데 오래된 가리방(일본말 등사판)으로 긁어 쓴 활자에 한문글자가 많아 난해하여 학습에 애로가 많다는 항의성 전화를 많이 받았습니다. 그러나 전3권의 방대한 작업이라서 신작으로 펴낼 엄두를 낼 수 없었던 것을 필자의 당연한 임무요 책무라는 각오로 오랜 시일동안 직접 워드작업을 하고 교정도 보아가며 난해한 부분을 해설까지 덧붙이고 어려운 한문글자들은 옥편을 찾아가며 토를 달아 증보판을 완성하여 다시 세상에 내어놓습니다.

칠십이 넘은 나이에도 수년 동안 밤잠을 설쳐가며 작업에 박차를 가한 것은 오직 명리학을 배우고자하는 학인들에게 다소라도 도움이 되었으면 하는 생각에서 열정을 다하여 작업 할 수 있었습니다.

새롭게 증보한 "신사주학강의록전3권"이 명리를 배우고자하는 학인들에게 다소라도 도움이 될 수 있다면 더 없는 기쁨으로 생각하겠습니다. 이 작업을 시작한지 5년 만에 증보판을 낼 수 있었으니 감회가 새롭습니다. 저의 자문각에서는 변만리선생님의 유작들을 계속하여 새롭게 구성 하여 증보판으로 펴낼 계획입니다.

앞으로도 더 좋은 책을 독자제현님들 앞에 내놓을 것을 약속드립니다. 본서로 공부하시면서 풀리지 않는 부분이 있으시다면 언제든지 전화로 상담하시면 자세히 설명드릴 것을 약속하는 바입니다.

상담 전화 : 02)928-8123 010-9293-2367

庚子年 夏至之節에
東廟에서 金 東 煥 拜上

目次

새로운 학문을 접하면서 / 6
四柱란 무엇인가? / 7
제1장 사주학의 기초원리 / 9
<1>간지와 음양오행에 대한 해설 / 9
<2>음양오행이란 무엇인가? / 16
사상(四象) / 25
오행에 대한 구체적인 설명 / 26
木 / 26
火 / 28
土 / 29
金 / 30
水 / 31
상생에 대한 구체적인 설명 / 32
상생(相生) / 32
상극에 대한 구체적인 설명 / 34
상극(相剋) / 34
십간(十干)과 십이지(十二支) / 36
십간(十干) / 38
제2장 제합과 제살 / 48
간합(干合) / 49
간충(干沖) / 51
십이지(十二支) / 56
방위(方位) / 56
계절(季節) / 57
지합(支合) / 60
지충(支沖) / 62
육해(六害) / 64
십이운성(十二運星) / 69
음생양사(陰生陽死)양생음사(陽生陰死) / 77
24절기(二四節氣) / 81

새로운 학문을 접하면서

그동안 인생이라는 삶을 살아오면서 평탄하게 남부럽지 않을 정도로 살아온 사람이 있는가하면 산전수전 다 겪으면서 곡예사처럼 외줄 타는 심정으로 조마조마하게 마음 편할 날 없이 살아온 사람들도 있을 것이다. 왜? 삶이라는 것이 누구에게나 평등하지 않은 것인가? 라는 생각을 해 보면서 지금부터 이 숙제를 풀어헤치기 위해 새로운 학문의 공부를 시작하려고 준비하는 단계라 생각하면 되는데 글쎄요, 쉬운 일은 분명히 아닐 듯싶습니다. 고기도 놀던 물이 좋다고 새로운 것은 어쩐지 낯 설고 어색하여 익숙하지 않지만 우리는 지금까지 살아온 세월이 있기에 서서히 접근하다보면 새로운 것이 아닌 아하! 바로 인생이란 이러한 틀에 의해 살아왔고 살 수밖에 없었구나, 라는 탄식을 하게 되어 솔솔 재미를 느낄 수 있을 것이지만 처음에는 워낙 심오한 학문이라서 어렵게 느껴질 것이므로 가급적 초등학생 수준으로 알기 쉽게 주먹 안에 꼭 쥐어주는 식으로 공부를 시작하려 하니 너무 겁먹지 말고 차분하게 세월이 약이라는 생각으로 포기하지 말고 접근해 가기를 간곡히 바라는 바입니다.

필자도 50이 넘은 나이에 산전수전 다 겪고 나서야 시작한 공부라서 처음에는 지겹고 공부시간에 하품만 나오고 선생님은 열 내서 힘주어 말하지만 필자는 꾸벅꾸벅 졸음을 달래면서 공부했던 기억이 나서 여러분 심정을 누구보다도 잘 헤아려 배려하는 마음으로 재미나게 엮어가려고 하니 혹 이미 알고 있는 상식적인 이야기라도 헛되이 여기지 말고 머릿속에 입력 기억하도록 노력하기 바랍니다.

본서는 타계하신 변만리 선생님이 지으셨고 필자 김동환이 보완 정리하여 시대감각에 맞추어 집필한 사주팔자의 기본 초급반 지침서라는 점을 밝히는 바입니다.

庚子年晩秋之節에
如山 金東煥 合掌

四柱란 무엇인가?

　사주는 사람이 태어난 생년월일시를 음양오행의 부호(符號)인 十干 (甲乙丙丁戊己庚辛壬癸) 十二支 (子丑寅卯辰巳午未申酉戌亥)으로 표시한 음양오행의 건물이고 생각하면 된다. 예를 들어 말하자면 甲子年의 正月(丙寅) 戊辰日 子時(壬子)에 출생 했으면 甲子年 丙寅月 戊辰日 壬子時라는 사주가 구성된다.

　사주는 年 月 日 時의 네 기둥과 四干 四支의 여덟 글자로 구성되었기 때문에 四柱八字라고 한다. 년의 기둥을 年柱라 하고 月의 기둥을 月柱라고 하며 日의 기둥을 日柱라 하고 時의 기둥을 時柱라고 한다. 서열상 年柱는 첫머리 기둥이기 때문에 사주의 뿌리가 되는 조상이요, 조상의자리가 되며 자신의 어린 소년시절에 해당한다. 月柱는 뿌리에서 싹이 트는 모체가 되고 한 못자리판에서 같이 자라난 형제가 되며 年의 君主와 家長의 명령을 받들고 집행하는 나라의 정부이자 가정의 살림꾼으로서 자신의 청년시절에 해당한다. 日柱는 月柱에서 자라난 나뭇가지에 활짝 핀 꽃으로서 사주의 얼굴이자 정화(精華)이며 사주를 다스리는 君王이자 주체로서 자신이 되고 산전수전을 거쳐 노련한 수완 역량으로 획득한 왕관을 과시하는 자신에 대한 전성시대의 장년에 해당한다. 時柱는 맨 마지막 단계의 총 결산으로서 왕의 꽃에서 연유하는 자신의 자녀를 비롯하여 재물과 명예와 업적의 결실을 맺는 자신에 대한 만년(晩年)의 노년기에 해당한다.

　사주는 음양의 조화로서 구성된 오행의 꽃으로서 그 자체의 능력과 개성 그리고 운세의 길흉화복(吉凶禍福)은 전적으로 음양과 오행의 질량(質量)과 구조의 허실(虛實)에 의해서 판단된다. 음양이 균형을 이루고 오행이 고루 있고 또 움직이면 인품이 중화 되어 반듯하고 총명하며 유능한 인물로서 큰일을 할 수 있고 평생을 행복하게 살아 갈수 있지만 반대로 음양이 한쪽으로 편중(偏重)되어 크고 작은 바퀴처럼 기울어지고 오행 또한 고루지 못한 절음발이 이면 음양과 오행의 중화를 얻지 못함으로서 신체구조를 비롯한 모든 것이 정상적이 아니고 건전하지 못하며 생각하고 행동하는 것 또한 편견적이고 편졸(偏拙) 하다 보니 어느 것 하나 성공하기가 어렵고 마치 한쪽으로 기우러지고 중심을 잡지 못하는 선박처럼 평생 풍파가 가실 날이 없다. 사주는 음양과 오행의 건물로서 그 내용을 공부하려면 먼저 음양과 오행의 근본부터 연구하는 것이 순서라 하겠다.

☺ 지금부터 공부할 가장 기본적인 10자와 12자를 합한 22자는 반드시 기억하고 앞뒤로 서슴없이 암기할 수 있어야 한다. 쉽게 공부할 수 있도록 한다더니 처음부터 암기타령을 하여 겁먹을 수 있으나 이 22글자만큼은 암기하지 않으면 수업진도에 차질이 오게 되므로 누구도 이 공부를 하려면 꼭 해야 하는 필수적인 요건이니 이해하기 바라며 앞으로 암기할 것이 많지만 꼭 암기해야 한다고 말 하지는 않고 다만 이해는 하고 넘어가는 습관으로 공부에 임 한다면 자연적으로 머리에 입력되어 자신도 모르는 사이에 암기하게 된다는 사실도 알려주는 바이다.

十干-**甲 乙 丙 丁 戊 己 庚 辛 壬 癸** (갑 을 병 정 무 기 경 신 임 계)
十二支-**子 丑 寅 卯 辰 巳 午 未 申 酉 戌 亥**(자 축 인 묘 진 사 오 미 신 유 술 해)
여기서는 암기하지 않고 적당히 이해만 하고 넘겨도 됩니다. 왜냐하면 천간과 지지에 대한 공부할 때에 자세히 설명 할 것이기 때문이다.

한자 공부 좀 합시다.(사주팔자공부를 하려면 한문글자를 알면 이해가 쉽고 설명 속에 한자를 쓰는 이유는 한글은 말이 길어지고 한자는 약자로 줄어들기도 하지만 이해가 쉽다
四柱八字 : 넉 사 기둥 주 여덟팔 글자 자- 네 기둥에 여덟 글자란 말이다.
符號 : 부신 부, 부르짖을 호- 붙여 부르는 소리. 年柱 : 해 년, 기둥 주-당년해의 기둥이라는 말. 年 月 日 時 : 해 년, 달 월, 날일, 때 시- 태어난 연월일시를 말함
君主 家長 : 임금 군, 주인 주, 집 가, 길장, 또는 어른 장- 군두는 나라의 주인, 가장은 집안의 어른. 精華 : 쓿을 정, 깨끗할 정, 빛날 화, 꽃 화- 깨끗한 꽃 맑은 얼굴이라는 말
吉凶禍福 : 길할 길, 흉할 흉, 재화 화, 복 복-인생사에서 만나는 것들
晩年 : 늦을 만, 저물 만, 해년- 늦은 나이를 말함
質量 : 바탕 질, 헤아릴 량- 근본바탕의 가벼움과 중후함을 말함
虛實 : 빌 허, 실할 실, 열매 실- 사물의 빈 것과 가득한 것을 실함 또는 허함으로 말함
偏重 : 치우칠 편, 무거울 중- 한쪽으로 치우쳐 무거움으로 기운 것을 말함
偏拙 : 치우칠 편, 졸할 졸, 소용없을 졸 - 한쪽으로 치우쳐 쓸모없음을 말함.

[참고] 10천간 12지지는 수없이 많이 써보아야 하고 앞으로 전진 뒤로부터 후진하여 수없이 많이 써봄으로써 머리에 입력되고 또 사주를 볼 때 편리하게 써 사용할 수 있다.

제 1 장
사주학의 기초원리

<1> 간지와 음양오행에 대한 해설

　사주학을 명리학(命理學) 추명학(推命學)또는 운명학(運命學)이라고 하는데 이 모든 것을 통틀어 역학(易學)이라고 말한다. 역학이라 함은 우리 인간사에서 발생하는 이모저모의 길흉화복과 그 흐름을 알아내는 이치라는 뜻으로 인생사의 지도와 같다. 우리 인간이 한평생을 살아가려면 망망대해를 항해하는 돛단배와 같이 험난한 파도를 헤치고 항해해야하는데 아무런 준비도 없이 무작정 떠나는 것보다 나침판과 항해지도를 준비하여 항해한다면 안전하게 목적지에 도달 할 수 있는 것이다. 이와 같이 우리내 인생이 이 세상에 왔다가 언젠가는 가야하는데 살아가는 동안 순탄하게 살아가려면 인생지도를 알아야 하기에 연구하여 찾아낸 것이 사주학(四柱學) 인데 이것을 이름 하여 명리(命理)라 말하는 것이다. 명리를 연구하려면 제일 먼저 음양오행(陰陽五行)과 천간(天干)지지(地支)를 확실하게 이해하고 암기해야 하는데 제일먼저 천간지지에 대하여 알고 다음단계로 음양오행을 설명하도록 하겠다.
　천간은 10천간이라 하여 10개의 천간이 있고 지지는 12지지라는 12개의 지지가 있는데 22개의 간지 속에 나타나는 음양(陰陽)과 오행(五行)의 **목 화 토 금 수**(木火土金水)를 깊이 이해하여야 사주학을 공부 하는데 도움이 된다. 겉으로 보기에는 22개의 간지가 얼마 되지 않는 분량 같아 보이지만 음양과 오행에서 나오는 진리는 참으로 깊고 넓으며 무궁무진 하다. 이 모든 것이 기초에서 출발하는 것이니 기초의 바탕을 충분히 익혀주시기 바란다.

命理學: 목숨 명, 다스릴 이, 배울 학, 推命學: 옮길 추, 변천하다, 運: 돌 운,

(1). 천간 지지 (天干 地支)

천간은 10개의 종류가 있으며 이것을 천간 또는 십 천간 이라고 한다.

천간은 하늘의 기운을 나타냅니다.
10천간은 다음과 같습니다.<필수암기사항>

甲	乙	丙	丁	戊	己	庚	辛	壬	癸
갑	을	병	정	무	기	경	신	임	계

지지는 12종류로 이루어 졌으며 이것을 지지 또는 12지지라고 한다.

지지는 땅의 실상을 나타냅니다.
12지지는 다음과 같습니다.<필수암기사항>

子	丑	寅	卯	辰	巳	午	未	申	酉	戌	亥
자	축	인	묘	진	사	오	미	신	유	술	해

이것을 다시 양은 양끼리 음은 음끼리 천간 지지를 모아 보겠다.

육십갑자는 천간 지지의 윤회가 양은 양끼리만 음은 음끼리만 붙어서 돌게 된다.

子寅辰午申戌　子寅辰午申戌　子寅辰午申戌　子寅辰午申戌　子寅辰午申戌

위와 같이 陽천간 그 밑에는 陽지하고 만 붙게 된다. 절대 陰 지지와는 만나지 않는다.

이번에는 陰천간과 陰지지를 구분해 보겠다.

丑卯巳未亥　　丑卯巳未亥　　丑卯巳未亥　　丑卯巳未亥　　丑卯巳未亥

이처럼 陰천간은 陰지지 하고만 붙어 육십갑자가 끊임없이 윤회하게 됩니다.

60갑자(甲子)

육십갑자란 위에서처럼 +천간은 +지지 5개를 어느 것과 짝을 지어 돌고 -천간은 - 지지 5개중 어느 것과 짝을 지어 도는 것을 말하는데 이것을 병열 시키면 다음과 같이 60간지가 되어 갑자(甲子)부터 진행한 다음 그 진행이 천간지지가 골고루 섞이면서 60번째에 끝나고 다시 갑자(甲子)로 시작되므로 이런 이름이 지어진 것이다. 우리가 60세를 넘기면 환갑이라고 해서 잔치를 여는 풍속이 바로 여기에 근거한 것이고 아래에 표를 만들어 60갑자(甲子)의 진행을 살펴보도록 하겠다. 아래에서 볼 수 있는 것처럼 천간지지는 음은 음끼리, 양은 양끼리 간지가 위 아래로 묶여져 일정한 순서대로 진행하고 있는 것을 알 수가 있는데 이는 우주 만물의 생태가 일정하게 전진함을 나타내는 것이고 절대로 일정한 진행을 이탈 할 수 없다는 것을 가리키고 있는 것이다.

육십갑자표(六十甲子表)

갑자(甲子) 을축(乙丑)	갑술(甲戌) 을해(乙亥)	갑신(甲申) 을유(乙酉)	갑오(甲午) 을미(乙未)	갑진(甲辰) 을사(乙巳)	갑인(甲寅) 을묘(乙卯)
병인(丙寅) 정묘(丁卯)	병자(丙子) 정축(丁丑)	병술(丙戌) 정해(丁亥)	병신(丙申) 정유(丁酉)	병오(丙午) 정미(丁未)	병진(丙辰) 정사(丁巳)
무진(戊辰) 기사(己巳)	무인(戊寅) 기묘(己卯)	무자(戊子) 기축(己丑)	무술(戊戌) 기해(己亥)	무신(戊申) 기유(己酉)	무오(戊午) 기미(己未)
경오(庚午) 신미(辛未)	경진(庚辰) 신사(辛巳)	경인(庚寅) 신묘(辛卯)	경자(庚子) 신축(辛丑)	경술(庚戌) 신해(辛亥)	경신(庚申) 신유(辛酉)
임신(壬申) 계유(癸酉)	임오(壬午) 계미(癸未)	임진(壬辰) 계사(癸巳)	임인(壬寅) 계묘(癸卯)	임자(壬子) 계축(癸丑)	임술(壬戌) 계해(癸亥)

천간의 성질

<반드시 암기해야 한다.>

甲(갑):大林木 원목 산림 고목 목재	根=뿌리	寅목과 같은 것	간=간장질환
乙(을):花草木 풀 덩굴 채소 음지식물	葉=잎사귀	卯목과 같은 것	담=쓸개질환
丙(병):太陽火 큰 불덩이 빛 광선	光=태양	巳화와 같은 것	심=심장질환
丁(정):燈燭火 촛불 달 화롯불 전기불	人功火=전기	午화와 같은 것	소=소장질환
戊(무):城垣土 큰 산 돌산. 벌판. 제방	運動場=넓은땅	辰戌과 같은 것	비=비장질환
己(기):田園土 논밭 화분흙 초원도자기	田園=작은땅	丑未와 같은 것	위=위장질환
庚(경):劍戟金 원광석 강철. 은하수	原石=큰 쇠	申금과 같은 것	폐=폐장질환
辛(신):珠玉金 보석 침칼 바늘 작은 쇠	金屬=가공석	酉금와 같은 것	대=대장질환
壬(임):江湖水 큰 강물 바닷물 호수	海水=바다물	亥수와 같은 것	신=신장질환
癸(계):雨露水 이슬 눈물 냇물. 계곡물	川水=샘물	子수와 같은 것	방=방광질환

10天干의 자의와 의미

天干	字意	뜻 (意味)		五行과 陰陽	
甲	갑옷갑	갑옷 껍질 딱지	큰나무(원목산림)천간 첫째 글자	甲木	陽木
乙	새을	굽을 을	작은나무(풀 초목)천간 둘째 글자	乙木	陰木
丙	남녘병	남쪽	태양(빛 광선)천간셋째 글자	丙火	陽火
丁	고무래정	장정정(남자 장정)	촛불(달인공 조명)천간 넷째 글자	丁火	陰火
戊	무성할무	다섯째천간 무	산악(벌판)천간 다섯째 글자	戊土	陽土
己	몸기	자기몸 (自身)	전답(화분흙)여섯째 글자	己土	陰土
庚	별이름경	일곱째 천간 경	원석(강철)천간 일곱째 글자	庚金	陽金
辛	매울신	맵다·고생스럽다	보석(가공된 금속)천간 여덟째 글자	辛金	陰金
壬	북방임	북쪽 방위	바닷물(큰강물)천간 아홉째 글자	壬水	陽水
癸	북방계	북쪽 방위	계곡물(이슬 빗물)천간 열 번째 자	癸水	陰水

12지지의 자의와 의미

寅	卯	辰	巳	午	未	申	酉	戌	亥	子	丑
동방인	범인	토끼묘	별진	뱀사	낮오	아닐미	납신	닭유	개술	돼지해	아들자	소축
동쪽 청색 3수	一월 호랑이 ⅓	정동쪽 청색 수리 8수	二월 토끼띠	동남간방 황색 5수 날신	三월 용띠	남쪽 적색 수리 7수	四월 뱀띠	정남쪽 붉은색 수리 2수	五월 말띠	남서간방 수리 10	六월 양띠 9수	펼신흰색 수리	七월 원숭이띠	정서쪽 흰색 수리 4수	八월 닭띠	서북간방 수리 5수	九월 개띠	북쪽 검정색 수리 1수	十월 돼지띠	씨앗자 수리 6수	十一월 쥐띠	북동간방 수리 10	十二월 소띠
陽木	陰木	陽土	陽火	陰火	陰土	陽金	陰金	陽土	陽水	陰水	陰土

(2) 음양오행

천간지지는 우주의 생태와 같이 음양으로 구분된다.

우선 천간부터 알아보겠다. +, - 표시로 정한다.

甲	乙	丙	丁	戊	己	庚	辛	壬	癸
+	-	+	-	+	-	+	-	+	-

다음은 지지를 알아보겠다. +, - 표시로 한다.

子	丑	寅	卯	辰	巳	午	未	申	酉	戌	亥
+	-	+	-	+	-	+	-	+	-	+	-

이것이 천간지지의 음양이다. 양이 음으로 음이 양으로 변하지 않는다. 다만 지지에서 巳 午 와 亥 子는 체용(体用)관계가 변하여 몸은 음으로 태어났으나 행동은 양으로 한다. 이것을 체용관계라고 하는데 크게 신경 쓸 필요는 없다. 그냥 巳는 양이고 午는 음이며 亥는 양이고 子는 음이라고 생각하면 편하다. 공부를 한참 한 후에 자동적으로 이해하게 된다.

오 행

그러면 지금부터 천간지지를 오행에 배속시켜 보겠다.

<이것은 매우 중요한 공부이므로 자세히 살피시기 바란다.>

甲과寅은+ 木이고,乙과卯는 － 木이나 ㉬ 임은 동일합니다.

천간	甲	乙	丙	丁	戊	己	庚	辛	壬	癸
지지	寅	卯	午	巳	辰戌	丑未	申	酉	子	亥
음양	+	-	+	-	+	-	+	-	+	-
오행	木	木	火	火	土	土	金	金	水	水

㊍   ㊋   ㊏   ㊎   ㊌

甲과寅은+ 木이고,乙과卯는 - 木이나 ㊍ 임은 동일합니다.

丙과午는+ 火이고,丁과巳는 -火이나 ㊋ 임은 동일합니다.

戊와 辰戌은 +土이고, 己과丑未는-土이나 ㊏ 임은 동일합니다

庚과 申은 + 金이고, 辛과酉 - 金이나 ㊎ 임은동일합니다.

壬과 子는 + 水이고, 癸과 亥는 - 水이나 ㊌ 임은 동일합니다.

<2> 陰陽五行(음양오행)이란 무엇인가?

1.음양

음양오행이란? 우주 만물의 생장과 소멸의 기초가 되는 사물의 현상을 표현하는 기호이다.

<음양의 구분>

양	天日男干左上生淸前始實燥溫明多動外大
음	地月女支右下死濁後從虛濕冷暗少靜內小

(음양오행의 의미와 분류 편에서 자세히 설명할 것임)

음 양 론 (陰陽論)

우주에는 여러 가지 만유가 존재하지만 이를 크게 나누면 정신과 물질의 두 가지로 나눌 수 있다. 정신은 무엇을 생각하고 판단하며 진리를 밝히는 만유의 등불로서 하늘의 태양과 땅의 등불처럼 온 천하를 밝게 비치는 불꽃이다. 그 불꽃은? 태양과 지구의 불꽃은 모든 물질에서 발생하지만 대표적인 것은 우주의 불꽃인 태양과 지구의 불꽃인 인간의 영혼이다. 태양은 둥글고 크고 밝고 높고 넓고 강한 열기를 내뿜는 동시에 언제나 표면화 하고 끓임 없이 움직이고 있는 우주의 원동력이자 대동맥이다. 그 거대한 원기의 근원을 양이라고 한다. 양은 불꽃이 상징임으로 오행상 火에 속한다. 火는 빛과 열과 기운은 있어도 형체가 없고 가벼우면서도 무서운 힘을 가지고 있지만 물질은 아니다.

天地-하늘 천, 땅 지, 日月-날일, 달월, 男女-나내남 계집여, 干支-방패간, 가를지, 左右-왼 좌, 오른쪽 우, 上下-위상, 아래 하, 生死-날생, 죽을사, 淸濁-맑을청, 흐릴탁, 前後-앞전, 뒤 후, 始終-처음시, 끝날종, 實虛-열매실, 빌 허, 燥濕-마를조, 축축할습, 溫冷-따뜻할 온, 찰 냉, 明暗-밝을명, 어둘 암, 多少-많을다, 적을 소, 動靜-움직일동, 고요할 정, 外內-박 외, 안 내, 大小-큰 대, 작을 소,

그와 같이 이 세상 만물중에 태양처럼 크고 둥글고 강하고 뜨겁고 적극적이며 높고 밝고 억세게 움직이는 것을 양이라고 한다.

인간의 영혼이자 만물의 정신인 불꽃은 기름을 먹고 산다. 기름이 있어야 불이 켜지고 불꽃이 타오른다. 그 기름은 물질로서 물체에서 발생하고 불꽃의 연료로서 공급된다. 물질은 반듯이 형체가 있고 생명이 있다. 그 물질의 모체는 대지다. 양의 고향이 하늘인데 반하여 음의 고향은 땅이다. 땅은 만물을 생성하고 기른다. 만물은 흙에서 낳고 흙에서 성장하여 흙으로 돌아간다. 만물은 흙의 단물인 물질의 기름을 먹고 산다. 그 기름은 액체로서 水로 표시된다. 음을 水라고 하는 까닭은 바로 여기에 있다. 그러나 그 水는 물이 아니고 만물이 먹고사는 에너지 기름이며 영혼의 불꽃을 발생하고 지탱하는 정신의 연료이다. 水는 액체로서 차고 어둡고 작고 약하고 유하며 언제나 고정돼 있다. 음의 대표적 상징은 水의 모체인 대지다. 대지는 하늘에 비하여 작고 네모지고 낮고 어둡고 춥고 유약하다. 그와 같이 모양이 작고 네모지거나 유하고 낮은 것 그리고 어둡고 차고 정지 상태에 있는 것을 음이라고 한다.

만유는 음과 양의 조화이듯이 음과 양의 두 가지를 모두 겸하고 있는 동시에 형태와 성질에 따라서 음과 양으로 분류된다. 가령 동물은 움직이는 물체이기 때문에 양에 속하고 식물은 고정된 상태로서 음에 속하며 범은 강한 맹수로서 양에 속하고 토끼는 유한 동물로서 음에 속하며 해는 낮에 뜸으로서 양에 속하고 달은 밤에 뜸으로서 음에 속하며 강물은 흐름으로서 양에 속하고 샘물은 정지 상태로 음에 속하며 남자는 적극적임으로서 양에 속하고 여자는 소극적임으로서 음에 속하며 山은 높고 큼으로서 양에 속하고 논밭은 낮고 작음으로서 음에 속한다. 강한 것은 양이요 약한 것은 음이듯이 큰 것은 양이요 작은 것은 음이며 높은 것은 양이요 낮은 것은 음이며 밝은 것은 양이요 어두운 것은 음이며 둥근 것은 양이요 네모진 것은 음이며 뜨거운 것은 양이요 차가운 것은 음에 속한다.

이와 같이 음양을 분별 하자면 한이 없다. 그러나 음양의 핵심은 그러한 외모와 형식보다도 실질적인 기(氣)와 체(體)에 있다. 양은 기요 음은 체로서 우주의 공기나 대기(大氣)는 양에 속하고 형체 있는 만유는 음에 속한다. 만유는 기에서 발생한 기의 화상(化像)으로서 흥망성쇠(興亡盛衰)와 강약(强弱)은 기의 왕쇠(旺衰)에 달려있다. 기가 강대하면 크고 강한 작용을 할 수 있고 기가 허약하면 작은 조화를 부릴 수밖에 없다. 따라서 기는 체를 얻음으로서만이 생명과 물질을 변화하고 존재할 수 있음으로서 왕성한 기는 왕성한 체를 통해서 만이 발생할 수 있다. 건전한 정신은 건전한 신체에서 존재한다는 속담은 음양의 진리다. 기와 체 음과 양 정신과 육신은 서로 불가분의 동일체로서 어느 것이 주체요 객체라고 분간하기가 어렵다. 때문에 음양학에서는 정신위주의 유심론이나 물질본위의 유물론은 자동적으로 하나로 융화되고 통일됨으로서 그러한 편견은 완전히 지양된다.

氣體-기운 기 몸체, 大氣-큰 대, 기운 기, 化像-될 화, 형상 상, 興亡盛衰-흥할 흥, 망할 망, 채울 성, 쇠할 쇠, 强弱-굳셀 강, 약할 약, 旺衰-성할 왕, 쇠할 쇠,

음양분석표

陽 / 양 陰 / 음	양 음	양 음	양 음	양 음	양 음 양 음
天-하늘 地-땅	上 下	東 西	南 北	正 反	有形 無形, 有情 無情
高-높고 低-낮고	重 輕	暑 寒	燥 濕	純 雜	午前 午後, 未來 過去
前-앞 後-뒤	左 右	父 母	夫 婦	男 女	富貴 貧賤, 收入 支出
外-밖 內-안	表 裏	深 淺	自 他	主 客	自由 拘束, 民主 共産
晝-낮 夜-밤	明 暗	春 秋	夏 冬	暖 冷	精子 卵子, 天干 地支
長-길고 短-짧고	遠 近	生 剋	制 和	盛 滅	順行 逆行, 順應 征服
强-세다 弱-약함	旺 衰	吉 凶	善 惡	喜 忌	露出 秘密, 前進 後退
生-나고 死-죽음	始 終	多 少	實 虛	大 小	大將 卒兵, 太過 不及
動-동 靜-정	淸 濁	勝 敗	集 散	得 失	精神 肉體, 少陰 少陽

天地- 하늘 천, 땅 지. 上下-위 상, 아래 하. 南北-남녘 남, 북녘 북. 正反-바를 정, 되돌릴 반. 有形-잇을 유, 모양 형. 無形-없을무, 모양 형. 有情無情- 뜻 정, 본성 정.高低-높을 고, 낮을 저. 밀 저. 重輕-무거울 중, 가벼울 경. 暑寒-더울 서, 찰 한. 燥濕-마를 조, 축축할 습. 純雜-생사순, 순수할 순, 섞일 잡. 午前午後-낮 오, 앞전 뒤후.未來-아닐 미, 아직 미. 올 래. 過去-지날 과, 갈 거.前後-앞전, 뒤후. 左右-왼 좌, 오를 우. 父母-아비부, 어미 모. 夫婦-지아비 부, 며느리 부, 아내 부. 男女 사내남, 여자 녀. 여. 富貴貧賤-부자 부. 귀할 귀, 가난 빈, 천할 천. 收入支出-거둘 수, 들입. 가를 지, 날 출. 外內-밖 외, 안내. 表裏-겉 표, 속 리. 深淺-깊을 심, 얕을 천. 自他-스스로자. 다를 타. 主客-주인 주, 손 객. 自由拘束-스스로자, 말미암을 유, 잡을 구, 묶을 속. 民主共産-백성 민, 주인 주. 함께 공, 나을 산. 晝夜-낮 주, 밤 야. 明暗-밝을 명, 어둘 암. 春秋-봄 춘, 가을 추. 夏冬-여름 하, 겨울 동. 暖冷-더울 난, 찰 랭. 精子-쓿은 쌀 정, 씨앗 자. 卵子-알 란. 天干地支-하늘 천, 방패 간,땅 지, 가를지, 長短-긴장, 짧을 단. 遠近-멀 원, 가까울 근. 生剋-날 생, 이길 극. 制和-마를제, 화할 화. 盛滅-담을 성, 멸망할 멸. 順行 逆行-순할 순, 거스릴 역 ,갈 행. 順應-순할 순. 응할 응. 征服-칠 정, 옷 복. 强弱-군셀 강. 약할 약. 旺衰-성할 왕, 쇠할 쇠. 吉凶-길할 길, 흉할 흉. 善惡-착할선, 악할 악. 喜忌-기쁠 희, 꺼릴 기. 露出-이슬로, 날 출. 秘密-숨길 비, 빽빽할 밀. 前進後退-앞전, 나아갈진, 뒤 후, 물러날 퇴. 生死-날생, 죽을 사. 始終-처음 시, 끝날 종. 多少-많을 다. 적을 소. 實許-열매실, 허할 허. 大小-큰대. 적을 소. 大將-큰 대,장차 장. 卒兵-군사 졸, 군사 병. 太過-클 태, 과할과. 不及-아니 불, 미칠 급. 動靜-움직일 동, 고요할 정, 淸濁-맑을 청, 흐릴 탁. 勝敗-이길 승, 패할 패. 깨뜨릴 패. 集散-모일 집. 흩을 산. 得失-얻을 득, 잃을 실. 정신육체, 육체. 소음 소양

2. 오 행(五行)

　서양에서는 과학이 발달되고 원자 핵무기가 개발되며 월(月)세계를 정복하는 인공위성과 우주선이 판을 친다. 하지만 음양학상으론 아직 양자(陽子)와 전자(電子)의 음양을 발견하고 이용할 따름이다. 그에 반해서 동양인은 수 천 년 전부터 음양을 다시 네 개로 분류하는 사상(四象)과 다섯 개로 분별하는 오행설(五行說)을 개발하는 동시에 일상생활과 의약 등 여러 가지로 활용하고 있다.
오행이란? 만물을 형성하는 원기(元氣)를 이르는 부호로써 木火土金水를 오행이라고 한다. 오행이란 상생 상극관계로 생성 소멸의 작용과 변화를 통해 우주 만물의 현상과 인간의 운명 까지도 음양오행의 조화로 알게 된다.
오행의 속성(오행의 변화와 지혜)
오행을 알기 쉽게 물질로 표현하여 설명하자면 다음과 같습니다.
木은 나무요 (木星)-**火**는 불이요 (火星)-**土**는 흙이요 (土星-) **金**은 쇠이니 (金星) **水**는 물이니 (水星)- 이라고 한다.

　위에서 간단히 설명한 것이 음양오행의 근본 이치이지만 음양의 속성이 오묘하므로 지금부터 음양오행에 대하여 자세히 설명하겠다.
음양은 하나 속에 들어있는 둘 이라고 생각하면 된다.
음양은 언제나 함께 붙어 다니는 뗄 수없는 짝이요 파트너.
음양은 짝이 있어야지 혼자는 존재할 수 없는 특별한 사이다.
음양은 뿌리는 하나이지만 영원히 하나가 될 수없는 특별한 관계다.
음양은 대립하면서도 화해하고 융화를 이루면서도 항상 대립한다.
음양은 고정되지 않고 끊임없이 변화하고 때 장소 쓰임새에 따라 변화.
음양은 대자연속에 흐르는 한 줄기기운이며 힘과 량은 항상 반비례 한다.
음양은 우주 삼라만상 보이지 않는 곳이나 보이는 곳 어디에도 존재한다.
음양은 생명체의 근원이요 하늘이나 땅의 모든 길(道)이기도 하다.

3.오행의 속성

 오행은 상생도하고 상극도하며 또한 최종목표는 중화와 공존에 있다. 남는 것은 덜어내고 모자라는 것은 보태주고 상호 상생 상극을 통해서 서로간의 균형을 이루어야 좋은 사주가 된다.

상생 (相生)이란?

서로가 생하여 돕는다. 낳는다. 주다. 나간다의 의미가 담겨져 있다.

木 　계절은 봄이고 색은 청색이며 방향은 동쪽입니다. 목의 성질은(仁) 어질며 인자하고 시작을 의미하고 곧게 뻗어 올라가는 성질이 있다.
木을 인체에 담아 본다면 간 담(쓸개) 맛은 신맛이 된다.

火 　계절은 여름이고 색은 적색이며 방향은 남쪽이다. 火의 성질은(禮)예의 바르며 명랑하고 조급하며 불같은 성격이다. 인체로는 심소(심장과 소장) 맛은 쓴 맛이 된다.

土 　계절은 사계절 색은 황색 방향은 간방(間方)이다. 토의 성질은 (信) 신용을 중요시 한다. 土는 인체로 말하면 비위(비장 지라 위장 밥통) 맛은 단 맛이 된다.

金 　계절로는 가을이요 색은 백색이며 방향은 서쪽이다.
金의 성질은 (義) 의리를 중요시 하고 결단성 있다.
인체로는 폐, 대, (폐 허파 대장)며 맛은 매운 맛이 된다.

水 　계절로는 겨울이요 색은 검정색이며 방향은 북쪽이다.
水의 성질은 (智)지혜와 슬기롭다. 원만하다로 본다.
인체로는 신 방(신장 방광)이며 맛은 짠 맛이 된다.

그러면 지금부터 오행의 상생 상극에 대하여 알아보도록
하겠다.

오행 상생(五行 相生)

木 生 火　　나무는 타서 불이 되니 나무가 불을 생하는 것이다.
火 生 土　　불은 태워서 재를 만들어 흙이 되니 불이 흙을 생산하게 되는 것이다.
土 生 金　　흙은 金을 생산(흙속에서 금이 난다) 흙은 金을 생하는 것이다.
金 生 水　　금은(쇠.바위) 바위 속에서 물이 솟아나니 바위가 물을 생하게 된다.
水 生 木　　물로써 나무를 양육하니 물이 나무를 생하는 것이 된다.

오행 상극(五行 相剋)은 서로가 극한다. 이긴다. 제압한다. 다스린다.

木 剋 土　　나무는 땅에 뿌리를 내리니 흙을 극하는 것이고.
土 剋 水　　흙으로 물길을 막으니 물을 극하는 것이고.
水 剋 火　　물로 불을 끄게 되니 물이 불을 극하는 것이고.
火 剋 金　　불로 쇠를 녹이므로 쇠를 극하는 것이 되고.
金 剋 木　　쇠로 나무를 다듬으니 나무를 극하는 것이다.

오행은 상생 상극만 하는 것이 아니라 반극(反剋)도 있고. 생의 관계가 되더라도 알맞아야 도움이 되며 오히려 지나치면 화가 되어 해가 되고 독이 되기도 합니다.

생(生)도 지나치면 독이 된다.

목다화식 (木多火息)　　木이 너무 많으면 불이 꺼져 버리게 되는 이치다.
화다토조 (火多土燥)　　火가 너무 강하면 흙이 메말라 쓸모없는 땅이 된다.
토다금매 (土多金埋)　　흙이 너무 많으면 금이 파묻혀 버리니 빛을 볼 수 없다.
금다수탁 (金多水濁)　　쇠가 너무 많으면 물이 탁 해지는 이치이다.
수다목부 (水多木浮)　　水가 너무 많으면 나무가 떠내려감. 썩음. 부목(腐木)

4. 생극제화(生剋制化)

오행은 우주만물의 질로서 서로 돕기도 하고 해치기도 하며 뺏기도 하고 희생하기도 하면서 그 역할을 해 내고 있다. 이는 상당히 어렵기도 하면서도 자명(慈明)한 것이므로 자연의 이치를 생각하면서 공부해 나가면 재미도 있다.

우선 돕는 것부터 알아보겠는데, 이것을 『생(生)』한다고 한다.

가. 생(生)

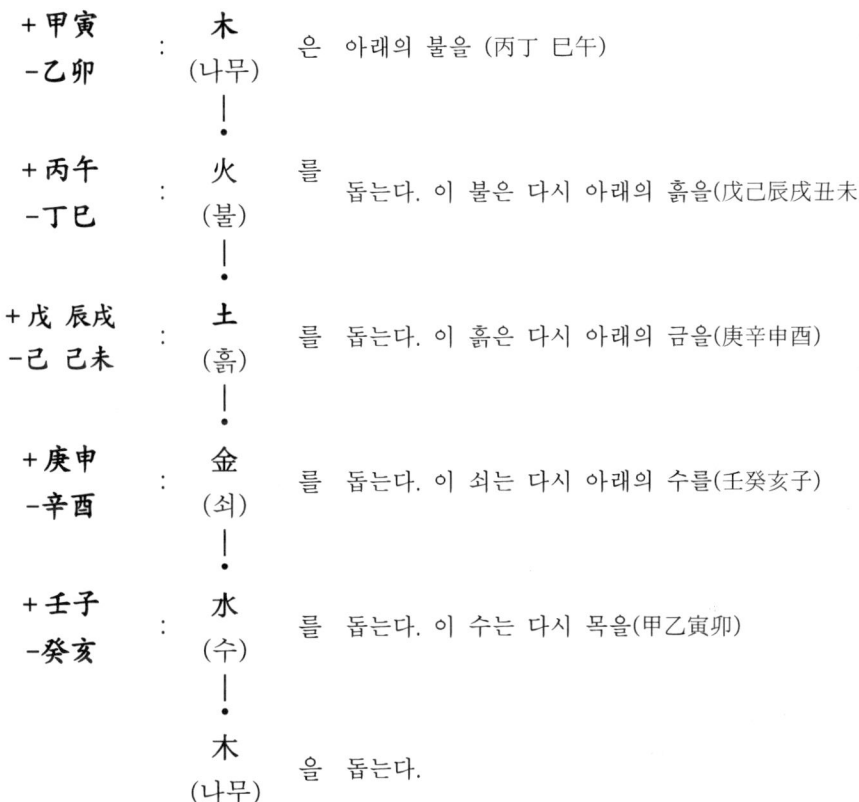

이렇게 서로 생(生)하여 좋은 일을 이루는데, 사주명리에서는 생(生)하는 것도 지나치면 해로운 것이 될 수 있으나, 대체적으로 生하는 것은 도와 주는 것이니 좋은 것으로 본다.

나. 극(剋)

 이번에는 해치는 기운을 알아보도록 하겠습니다. 자연계에는 돕는 것만 있는 것이 아니고 해치는 것도 있어서 그것이 전체적 조화를 이루어 인류가 세세영영 존속해 가고 있다. 즉 적자생존하고 부적자는 도태된다고 하는 것으로서 도태는 슬픈 것이나 거역할 수 없는 우주적 질서이기에 어쩔 수가 없게 된다.

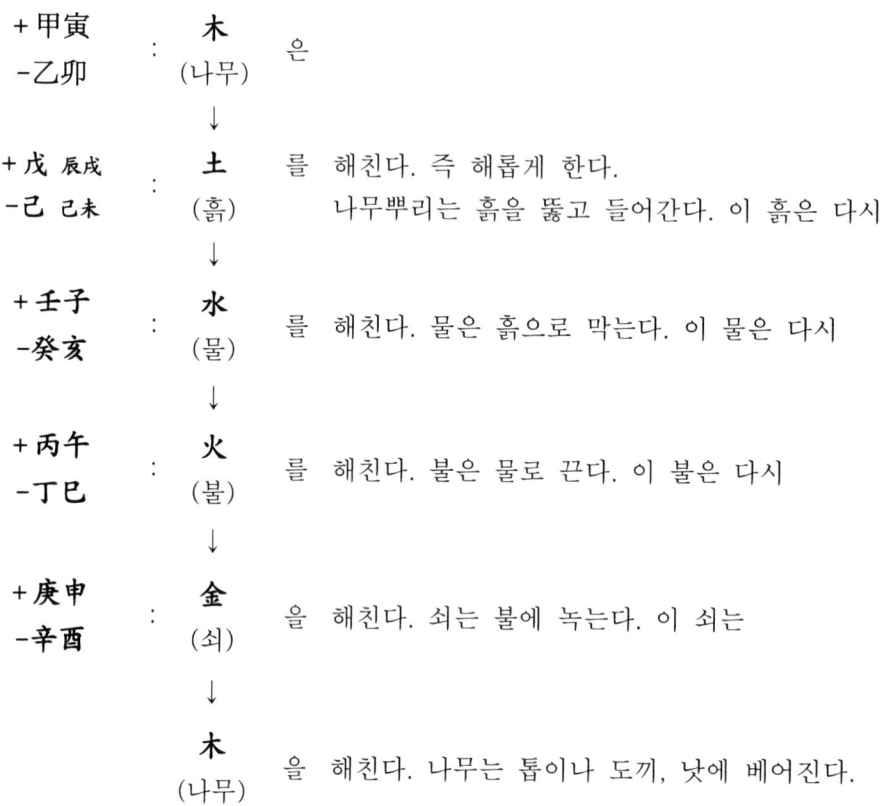

 이것을 소위 制와 洩이라고 하는데 制란 기운을 뺏는 입장으로 상대를 제압(制壓)한다는 표현이고, 설이란 기운을 뺏기는 일간인 천간의 기운을 빼앗긴다, 로 설기(泄氣)라는 말을 쓰는 것입니다. 이를 식신, 상관(食神.傷官)이라고도 하는데, 차차 공부하게 되겠다.

制: 억제할 제 洩: 샐 설, 새어나오다. 制壓: 제압-억제하고 누르다.
泄氣: 설기-기운을 빼내다. 食神 傷官: 식신상관- 육친 상으로 내 기운을 빼내는 오행.

사 상(四象)

　양에 속하는 火와 음에 속하는 水 그리고 火를 생각하는 木과 水를 생하는 金의 네 가지를 사상이라고 한다.
木은 火를 생하고 또 火가 성장하는 양의 소년기로서 소양(少陽)이라 하고 金은 水를 생하고 또 水가 성장하는 소녀기로서 소음(少陰)이라하며 火는 양의 왕성기로서 태양(太陽)이라하고 水는 음의 전성기로 태음(太陰)이라고 한다. 이를 인생으로 비유하면 木은 소년기요, 火는 청년기이며, 金은 장년기요, 水는 노년기다. 나무가 자라나서 꽃이 활짝 핀 것이 火요 꽃이 지고 열매를 맺은 것이 金이며 열매를 짜서 마련한 기름이 水요, 정액에서 발생한 생명이 木이다. 계절상으로는 木은 봄이요, 火는 여름이며, 金은 가을이요, 水는 겨울이며, 방위(方位)로는 木은 동방이요, 火는 남방이며, 金은 서방이요, 水는 북방이다.
소년이 자라나면 청년이 되고 청년이 성숙하면 장년이 되며 장년이 지나면 노년이 되듯이 봄이 가면 여름이 오고 여름이 가면 가을이 오며 가을이 지나면 겨울이 온다. 그와 같이 해는 동방에서 뜨고 남방에서 중천하며 서방에서 저물고 북방에서 잠이 든다.
사상은 곧 인생과 자연과 계절과 방위가 전진하고 변화하는 순서이자 질서이며 영원히 변하지 않는 법칙이다. 이 사상을 의학적으로 응용한 것이 바로 사상의학이다. 木火는 양이니 모든 병이 水의 부족에서 발생하고 金水는 음이니 모든 질병이 火의 부족에서 연유함으로서 木 火에 속하는 체질은 먼저 보음(補陰)하는 약을 써야하고 金 水에 속하는 체질은 보양(補陽)하는 약을 써야하는 것이다.

補陰: 보음-음의 기운을 더하다. 라는 의미로 補 는 기울보자이지만 더하다, 돕다, 의 뜻.
補陽: 보양-양의 기운을 더하다. 돕다, 로보면 된다.

오행에 대한 구체적인 설명

金 木 水 火의 四상을 떠받고 있는 만유의 어머니인 土는 사상처럼 일정한 계절과 방위를 갖지 않고 있지만 사상과 계절 그리고 방위 등에 중요한 역할을 하고 있다. 사상과 土를 합한 것을 오행이라고 한다. 사주는 오행의 이합집산에 의한 변화작용을 관찰하는데 핵심이 있음으로 오행의 근본을 뚜렷이 파악하는 것이 사주를 연구하고 이해하는데 선행조건이라고 하겠다.

목(木)

흔히 木이라면 단순한 나무로만 생각한다. 그러나 오행은 세상만물을 통틀어서 다섯 가지로 분류한 우주의 집약체(集約體) 이듯이 좁은 뜻이 아닌 넓은 의미를 지니고 있다.
木은 한일(一)자의 지평선에 뽀족이 나타나 한 폭의 싹과 그 밑에 세 가닥의 뿌리가 뻗고 있는 형상으로서 이 지구상에 한 점(点)을 차지하고 있는 모든 생물을 가리키는 생물의 대명사이다. 그 여러 가지 생물을 보편적을 대변할 수 있는 상징적 문자로서 木을 택한 것인데 이를 단순한 木이라고 생각하거나 판단한다면 큰 오산이다. 생물엔 동물과 식물이 있고 날으는 새와 물고기가 있으며 맹수와 가축이 있고 거목과 화초 등 다양하다. 어떻게 이 많은 생물을 분류하고 설명할 수 있는가하는 문제가 나오지만 이는 앞서 말한 음양의 이치로서 선명하게 설명할 수 있다. 가령 움직이고 크고 둥글고 밝고 강하고 높고 뜨거운 것은 양의 속성(屬性)으로서 움직이는 동물이나 크나 큰 고래를 비롯해서 높이 나는 큰새. 강한 짐승. 둥근 이파리. 밝은 꽃 열정적인 동물은 모두가 양 나무(甲)에 속하고 움직이지 않는 식물과 약한 동물을 비롯하여 작은 새 모난 이파리 어두운 박쥐 차가운 물고기 등은 모두가 음 나무(乙)에 속한다. 木은 이제 막 싹이 트고 자라나는 어린 시절의 나무요 생물이요 인생이기 때문에 천진난만하고 애정이 풍부하며 희망과 포부가 푸른 하늘처럼 부풀고 착하고 어진 반면에 강한자나 방해자를 만나면 싸우고 극복할 힘이 없음으로서 그대로 굴복하고 순종하는 약점이 있다. 木은 동방에 속하고 봄의 계절이며 아침에 해당함으로 인류사회로는 동양과 동양인에 속한다. 그래서 동양인은 어질고 착한 소년처럼 따뜻한 애정을 즐기고 부모와 남에게 의지하는 마음이 간절하며 강자 앞에 쉽게 무릎을 꿇는다. 역사상 인간이 인간을 지배하는 군주정치가 가장 먼저 발생하고 또 오래도록 유지되는 곳이 바로 동양이라는 사실은 결코 우연한 것이 아니다. 나무는 평소엔 거침없이 뻗어나가지만 바위나 어떤 장애에 부딪치면 그대로 방향을 바꾸고 굽어버린다. 소년은 꿈이 많고 꿈을 먹고 사는 동시에 아직 미성년이기 때문에 기분과 감정에 치우치고 무엇이든 하다가 힘이 겨우면 계속 전진할 힘이 없음으로 그대로 포기하고 딴것을 선택한다. 만사가 시작은 있어도 끝이 없고 꿈은 크나 행동과 실천력은 약하다. 그와 같이 동양인은 꿈이 많고 감정과 기분이 풍부하며 경험 없는 일을 했다가 十중 八九는 도중하차하고 애정과 감정이 생활을 지배하며 강자 앞에 꼼짝을 못하면서 약자 앞엔 큰소리를 친다. 따라서 남에게 의지하려는 의존성이 강하여 성공하고 실패하는 열쇠가 자신의 능력을 떠나서 빽에 달려있다는 풍조와 경향이 있다. 부모를 잘 타고나면 병신도 부귀영화를 누릴 수 있듯이 빽만 좋으면 바보도 성공하는데 반하여 부모덕이 없으면 아무리 똑똑해도 학교에 다닐 수 없고 가난과 천대 속에 몸부림쳐야하며 빽이 없는 사람은 아무리 유능해도 출세할 수가 없다는 것이다. 특히 동양인 중에 사주에 木이 많거나 木日生은 그러한 성정(性情)이 더욱 두드러진다. 그 오행은 말이 없고 형체가 없지만 성품과 기질은 외누리 없이 너무도 뚜렷하게 나타나고 실증된다. 여기 음양과 오행의 신비성 내지 위대한 힘은 있으며 모든 것은 우연이 아닌 음양오행의 소치라는 것을 입증할 수 있다. 그 구체적인 실증을 위해서 다음 오행을 살펴보기로 하자.

화(火)

　　나무가 자라나면 화려한 꽃이 피고 소년이 자라나면 청년이 되며 아침 해가 돋아 오르면 남방의 중천에 이르고 봄이 지나면 뜨거운 여름이 되며 미성년이 배우고 단련하면 물리에 밝고 체격이 강한 성년으로 발전한다. 그 화려한 꽃과 정열적인 청년 뜨거운 정오의 해와 무성한 여름 그리고 문명이 발달하고 사리에 밝은 문화인 등을 상징하는 오행이 바로 火다. 뜨거운 불 밝은 태양과 낮은 대표적인 火의 상징이지만 그것이 火의 전부는 아니다. 火는 남방에 속한다. 그래서 인류문명은 남방에서 싹트고 꽃이 피었다. 어째서인가? 火는 양이요 양은 정신이며 정신은 태양의 정기(精氣)로서 태양과 가까우면 정기와 정신이 왕성하고 정신문명과 정신세계의 개발이 자연적으로 발생하고 촉진 된다. 그와 반대로 태양에서 버림받은 북방은 정기와 정신이 한 냉함으로서 정신문명과 정신세계의 개발이 늦고 외면한다. 남방인이 태양과 신령을 그리는 종교를 생활로 삼고 있는데 반하여 북방인은 종교를 아편이라고 배격하는 것은 바로 그 생생한 대표적 실증이다. 청년기는 정열적이면서 과감하고 무엇이든 확대하고 전진하며 진실을 밝히고 발견하려 든다. 그래서 사주에 火가 많은 사람은 틀림없이 정열과 결단성이 강하고 무척 능동적이고 진취적이며 용감하고 적극적인 성격과 행동을 나타낸다. 남방인이 어느 인종보다도 정열적이고 양기가 왕성하며 과격한 것은 토질 때문이 아니고 오행 때문이다. 만일 남방인이 종교를 통한 정신적 자제와 예의가 없다면 남녀관계가 극도로 어지러울 것이며 정열과 사랑의 도시로 변했을 것이다. 여름의 불길은 뜨겁고 과격하다. 참고 견디는 것이 거의 불가능하다. 그와 같이 남방인 특히 아랍인들은 성미가 급하고 과격하다. 전쟁을 해도 10일 전쟁이니 한달 전쟁이니 하며 후다닥 해치우지 오래 끌거나 견딜 수가 없다. 불이 밝고 사리가 통하면 예의범절을 따지고 소중히 지킨다. 남방인이 어느 인종보다도 남여간의 예의를 비롯하여 엄격한 율법을 지키는 것은 바로 그 火오행의 탓이다.

토(土)

　청년이 되면 아기를 낳듯이 만물은 여름의 무성한 열기속에 제二의 생명을 생산한다. 감나무엔 감이 열리고 호박넝쿨엔 호박이 열리듯이 고구마가 뿌리에선 고구마가 열리고 밤나무 배나무 사과나무 등 모든 과수에선 과일이 열린다. 아기를 낳는 것은 어머니뿐이다. 어머니를 음양에서는 곤(坤)이라 한다. 곤은 땅을 말하니 土를 의미한다. 여름 다음엔 가을의 金이 오는 것이 상식인데 火와 金사이에 土를 넣은 것은 바로 그 어머니의 생산과정을 구체적으로 설명한 것이다. 土는 동서남북 방방곡곡에 있음으로 사상과 달리 일정한 계절이나 방위가 없다. 유독 중앙 土라고 한 것은 땅을 金水木火의 사상에 의해서 동서남북으로 나누다보니 중앙에 공터가 생겼고 土를 배치할 곳이 없다보니 중앙에 배치한 것이다. 사실 金水木火는 저마다 일정한 계절과 방위를 가지고 있는데 반하여 土는 주소가 없다. 金水木火가동서 남북을 점유했으니 설 땅이 없다. 그러나 땅을 동서남북으로 나누다 보니 중앙엔 공지가 있고 그 공지는 같은 땅이면서도 순수하고 알차고 강함으로서 土의 보금자리로는 최고인 것이다. 土는 만물의 어머니요 보금자리로서는 위대한 존재요 작용을 하지만 그 자체는 아무런 힘도 없다. 모든 것이 피동적이다. 나무를 심으면 산이 되고 집을 지으면 집터가 되며 운동장을 만들면 운동장 공원을 만들면 공원 경마장을 만들면 경마장으로 묵묵히 지킬 따름이다. 무엇이든 점유하는 것이 주인이다.

　강자와 약자의 대결장이 바로 土다. 지리적으로 중앙은 중국에 해당한다. 중국사상 전쟁이 끊인 적은 없다. 춘추전국시대를 절정으로 하여 강자와 영웅의 활무대로서 서로 주인공이 되려고 아귀다툼을 했다. 일본이 침략하고 서양인이 쳐들어 왔으며 이제는 공산당이 주름잡고 있다. 누구든 무력으로 점령하면 땅 주인이 주름잡고 있다. 땅은 중앙뿐이 아니고 세계 어느 곳에나 흩어져 있다. 그와 같이 중국인은 이 세상 어느 곳에나 화교로서 흩어져 있다. 金水木火는 성격이나 기질이 명백한데 반하여 土는 그것이 없다.

다만 환경에 따라서 순응하고 동화(同化)할 뿐이다.
봄이 되면 따뜻한 난토(暖土)가 되고 여름이면 뜨거운 조토(燥土)가 되며 가을이면 신선한 건토(乾土)가 되고 겨울이면 차가운 습토(濕土)가 된다. 칠면조처럼 철 따라 변한다. 주체성이 없고 능동성이 없으며 독립성이 없다. 같은 土이면서도 여름土만은 만물을 생산하는 어머니 土(坤土)로서 새로운 제二의 생명을 풍성하게 창조한다. 낳고 기르는 생산과 성장과정이 바로 火와 金사이의 土다. 모든 것은 여름에서 생긴 일임으로 土는 火의 남방에 같이 배치한다. 계절상으로는 여름 다음에 가을로서 火生金이 상식이지만 생명의 진행과정으로서는 분명히 火다음엔 土를 거쳐서 金이 오기마련이다. 여기서의 土는 생명을 부화(孵化)하는 생명의 발전과정으로서 모성(母性)의 역할을 하는 것이 특징이다.

금(金)

봄에 뿌린 씨가 여름내 성장 하거나 여름에 생긴 열매가 뜨거운 폭양속에서 무럭무럭 자라나면 성숙의 계절인 가을이 온다.
가을은 오곡과 백과(百果)가 무르익은 결실의 계절이다. 추수한 곡식과 과실은 상품으로서 시장에 방출하고 현금으로서 교환되니 제물이 생긴다. 그 돈을 金이라 한다. 황금을 말하는 것이다.
황금은 경제의 핵(核)이다. 그와 같이 金은 오행 중 경제를 관장하는 실리와 소득과 부(富)의 별이다. 하루의 해가 서산에 기우러지는 석양과 한해가 무르익어가는 가을과 인생이 알차게 철나는 장년이 金에 해당한다. 아들딸이 주렁주렁 매달린 중년기엔 기분이나 감정을 떠나서 생활과 실리와 경제와 현실에 치중하듯 金은 속이 알차고 빈틈이 없으며 돈과 실리만을 따진다. 벼가 익으면 고개를 숙이듯 철이 난 인생은 친절하고 부지런하다. 金은 서방에 위치하고 자리 잡고 있다. 그래서 서양인은 옛 부터 경제와 실리위주로 생활하고 개발하고 발전함으로서 마침내 세계와 인류경제의 중추적 역할을 하고 있다. 무엇이나 경제와 현실을 떠나서는 생각하고 행동할 수가 없다. 기분이나 감정으로 생활하는 동양인과는 정반대다. 성숙한 장년은 남의 지배를 받지 않고 자주 독립한다. 때문에 서양에서는 인간이 인간을 지배하는 군주정치가 처음부터 싹트기 어려웠고 성장할 수가 없었다. 모두가 대등하고 자유롭고 자주적인 평든 질서 민주사회가 이 지구상에서 가장 빨리 그리고 강력히 싹트고 성장해 왔다. 경제적인 주종(主從)관계는 이루어질 수 있어도 계급적인 군신관계는 성립되기 어려운 것이 서방세계의 풍토다.
장원제도(莊園制度)에 의한 지주와 기사(騎士)는 바로 군신이 아닌 토지라는 경제에서 성립된 주종관계로서 절대적인 군주 앞에 절대 추종하는 동양의 군신관계와는 근본적으로 다르다. 그것은 비단 서양인뿐이 아니고 동양인 중에서도 사주에 金이 왕성한 사람은 그와 똑같이 성격과 기질을 가지고 있다.

수(水)

성숙한 과실이나 참깨를 짜면 꿀 같은 단물과 기름이 나온다. 만물이 먹고사는 생명수다. 쌀이나 밀이나 보리나 생선이나 고기를 먹는 것도 따지고 보면 그 물체 속에 있는 영양질 생명수를 흡수하고 섭취하기 위해서다. 水는 북방에 위치한다. 그래서 북방엔 기름기가 가득차고 북방인은 기름기가 풍만하여 살이 찌고 체구도 크며 강대하다. 나무를 심어도 북방에서는 무럭무럭 자라나고 거목으로서 울창한데 반하여 남방에서는 기름기가 적으므로 가지만 치고 굵게 자라나기가 힘들며 사람의 체질 또한 기름지고 살찌고 거대하기가 어렵다. 북방은 춥고 어둡다. 태양에서 버림받은 물질세계인지라 정신세계와는 거리가 멀다. 모든 것은 본능적이고 육체적이며 현실적이다. 한 냉한 지대인지라 농사가 어렵고 동물사냥에만 의지함으로서 처음부터 산 짐승과 싸우는 수렵과 짐승을 치는 목축으로 생활을 해왔다. 사냥엔 강자가 으뜸이다. 약자는 자연 도태되고 강자만이 생존하고 발전할 수 있다.
짐승을 사냥하든 포수는 점차 먹이가 부족하자 남방의 경작인을 사냥하는 무장 강도로 변전향 했고 그 무장 강도는 무장된 군대로 조직화하여 마침내 인류사회에 살육과 전쟁의 씨를 뿌리었다.
남방의 문화와 평화와 자유를 짓밟은 침략자와 파괴자는 모두가 북방에서 남하한 수렵과 유목자들이며 지금도 북방은 어둠의 장막 속에 가려진체 남방의 평화와 자유를 파괴하려는 침략의 무력준비에 광분하고 있다. 물은 불처럼 밝고 높이 치솟는게 아니고 땅에 엎드려 기어가는 도둑처럼 땅에 밀착하여 소리 없이 흐름으로서 발 뒤꿈치에 닿을 때 까지도 분간을 못한다. 슬며시 와서 와락 휩쓰는 것이 흡사 도둑과 같다. 그래서 물을 밤도둑과 침략군대의 별명인 현무(玄武)라고 말한다.
물은 해가지고 다시 뜨는 사이의 암흑과 밤 그리고 눈보라치는 겨울과 방안에서 누워있는 노년기에 해당한다. 밤과 암흑과 겨울과 노인은 모두가 장막에 쌓이고 울에 갇혀있는 형태로서 햇빛과 평화와 자유가 없다. 살려면 머리를 써야하고 꾀가 많은 사람만이 승리하고 잘 살 수 있다. 그래서 水를 지혜라 하고 권모술수라 한다.
음모와 작전과 술책에 뛰어난 천재의 생산 공장이 바로 북방세계다. 북방 공산국이 하나에서 열까지 모두가 침략을 위한 위장이요 술책이요 작전이라는 사실은 바로 오행의 탓이며 水의 근성을 생생하게 실증하고 있는 것이다.

상생에 대한 구체적인 설명

상생 (相生)

계절은 봄에서 시작하여 여름과 가을 겨울로 질서 있게 순환한다. 봄이 가면 여름이 오고 여름이 가면 가을이 오며 가을이 가면 겨울이 오고 겨울이 가면 봄이 온다.
인생도 마찬가지다. 소년이 가면 청년이 오고 청년이 지나면 장년이 오며 장년이 지나면 노년이 오고 노년이 지나면 다시 인도 환생하여 갱소년(更少年)한다.

봄은 木이요 여름은 火이며 가을은 金이요 겨울은 水다. 봄은 여름을 낳고 그에 상속하니 木生火요 가을은 겨울을 낳고 그에 상속하니 金生水다.

水生木이란 水에서 木이 발생하는 것이 아니고 겨울은 가고 봄이 온다는 자연과 계절의 전진적 발전과 평화적인 교체 그리고 순리적이고 합법적인 변화를 뜻한다.

자연과 계절의 변화는 동서고금을 통해서 언제나 질서정연하고 불변이기 때문에 상생의 법칙은 영원히 지켜지고 반복되는 대자연의 진리다. 여기서 문제되는 것은 여름이 가면 가을이 오는 것이 정상인데 어째서 火生金이 아니고 火生土 土生金인가? 이는 계절의 법칙에 따라 생물의 변화 법칙을 가미한 것이다.

앞서 오행론에서 설명한 바와 같이 여름에는 만물을 생산하는 土가 두각을 나타내고 그 모체에서 발생한 제二의 생명이 성숙한 것이 金이므로 火와 金사이에 土를 끼어서 火生土 土生金이란 변칙이 생기는 것이다.

이는 계절의 이변이 아니고 방위와 계절을 갖지 못한 土를 상생의 순서에 안배하려니간 부득이 火에다 결부시킬 수밖에 없는 것이다. 상생은 자연의 순리적인 진행 법칙이기 때문에 전진과 발전과 평화와 안전을 상징하며 다정한 상속과 교체를 의미한다.

때문에 木이 火를 보면 나무에 꽃이 피듯이 즐겁고 반가운 발전적인 변화가 발생하고 水가 金을 보면 아기가 어머니를 본 것처럼 고생하고 유익한 지원과 상속을 받으니 반듯이 기쁜 소식과 발전이 있다. 木이 火를 보면 어머니가 자식을 낳는 것이니 새로운 발전과 업적이 있고 火가 木을 보면 자식이 부모를 만나는 것이니 힘을 기르고 용기가 생기며 이름을 떨치게 한다.

상극에 대한 구체적인 설명

상극(相剋)

　　오행은 상생의 법칙에 따라서 질서 있게 순서대로 진행하고 변화하게 되었다. 金생水 水생木 木생火 火생土 土生金하므로 水는 金다음에 움직이고 木은 水가 지나간 다음에야 나타난다. 버스나 택시를 탈 때 순서대로 질서 있게 승차하는 것과 똑같다. 그러나 승차하는 승객이 승차의 순서를 무시하고 3번이 1번 다음에 승차하려 할 때는 2번이 가만히 있지 않는다. 불법이요 침해라는 규탄과 더불어 다툼이 발생한다. 이는 법질서보다 힘으로 무찌르는 폭력과 불법행위이니 비록 일시적으론 강자가 약자를 지배할 수 있어도 결과는 시끄럽게 문제화되지 않을 수 없다. 이와 같이 순서를 뒤엎고 질서와 법을 깨며 강제로 뛰어넘는 힘의 충돌과 대결을 상극(相剋)이라고 한다.

水극火 火극金 木극土 土극水가 그것이다.

극이란 지배한다는 것이니 水극火란 水가 木을 거치지 않고 火에 직접 침입해서 강제로 火를 점령하고 지배하는 것이요 火는 무법자 水의 침략에 정복되어 부득이 굴복하고 추종하는 것이다. 그렇다고 火가 순순히 굴복하는 것은 아니다. 火는 비록 水보다 약하지만 온갖 힘을 다해서 반항하고 싸우며 최후의 순간에서 복종한다.

때문에 水는 火를 점령하기 까지는 막대한 힘과 시간을 소비해야 하고 피로에 지친다. 힘이 강대한 자는 넘치는 힘을 처리하고 전리품(戰利品)을 얻으니 일거양득이지만 힘이 약한 자는 무리한 전쟁을 함으로서 도리어 막대한 손해를 본다. 요즘 같은 법치시대엔 힘에 의한 침략과 지배란 있을 수 없다. 피해자는 반듯이 법에 의한 대항과 반격을 한다. 그래서 상극된 사주나 상극의 해와 달을 만나면 불법이나 무리에 의한 말썽과 시비가 발생하여 시끄럽고 복장(服裝)하기 쉽다.

상극은 오행의 순서를 무시한 뛰어넘기 월권에서 발생하는 대결로서 水對火 火대金 金대木 木대土 土대水로 고정되어 있다. 물과 불이 싸우면 불이 꺼지듯이 水는 火를 누르고 지배하며 불과 쇠가 부딪치면 쇠가 불에 녹음으로서 火가 金을 누르고 지배하며 金과 木이 대결하면 나무가 꺾임으로서 金이 木을 다스리고 지배하며 木과 土가 씨름하면 흙이 무너짐으로서 木이 土를 점령하고 지배하며 土와 水가 맞붙으면 흙이 물을 메꿈으로서 水는 土에 굴복하고 지배를 감수한다. 그래서 水는 火를 지배하고 (水극火) 火는 金을 지배하며 (火극金) 金은 木을 지배하고 (金극木) 木은 土를 지배하며 (木극土) 土는 水를 지배 (土극水)하는 것이 만유의 질서와 법칙으로 고정되어 있다. 水는 북방이요 火는 남방이며 木은 동방이요 金은 서방이며 土는 중앙이다. 이 상극의 법칙에서 모든 전쟁은 북방에서 남침하고 서방에서 동양을 공격하며 남방에서 서방을 치고 일본에서 중국을 치며 중국에서 소련을 공격하는 것이 철칙이다.

때문에 남에서 북침하고 중국에서 일본을 침략하며 동양에서 서양을 치고 소련에서 중국을 공격하는 것은 대 자연의 법칙을 무시한 자살행위로서 반듯이 실패한다.

일본이 미국에서 선전포고하고 소련이 중공을 도와 준 것은 바로 자살 행위이듯이 서양이 남방아랍을 경시한 것은 중대한 실책이며 오늘날 아랍의 석유가 서구의 경제를 뿌리 채 뒤엎고 흔드는 것은 오행상 필연적인 현상이다. 그렇다고 水는 무조건 火를 이기고 지배하는 것은 아니다. 火가 많고 水가 적으면 마치 불길이 하늘 높이 치솟는 경우엔 아무리 물을 퍼부어도 소용없듯이 도리어 水가 火에 늘리고 굴복한다. 때문에 상극이라 해서 덮어놓고 水가 火를 극하고 지배한다는 선입감은 버려야 한다.

십간(十干)과 십이지(十二支)

金木水火土 五行을 음과 양으로 나누어 부호로서 사용하는 문자는 甲 乙 丙 丁 戊 己 庚 辛 壬 癸의 10字와 子 丑 寅 卯 辰 巳 午 未 申 酉 戌 亥의 12字등 모두 22字가 있다.

나무 木자가 지평선을 그어서 싹이 나오고 뿌리가 있는 것처럼 음양의 부호(符号)는 나무의 싹처럼 땅위에 있는 것과 나무의 뿌리처럼 땅 밑에 있는 두 가지가 있다.

相生 平面圖 (상생 평면 그림)

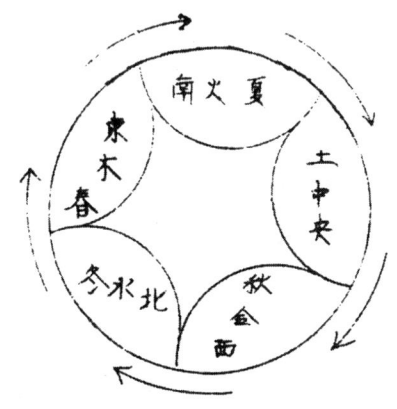

相剋 平面圖 (상극 평면 그림)

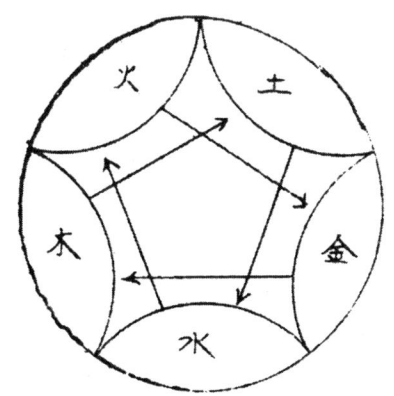

무극(無極) 태극(太極) 양의(兩儀) 사상(四象)

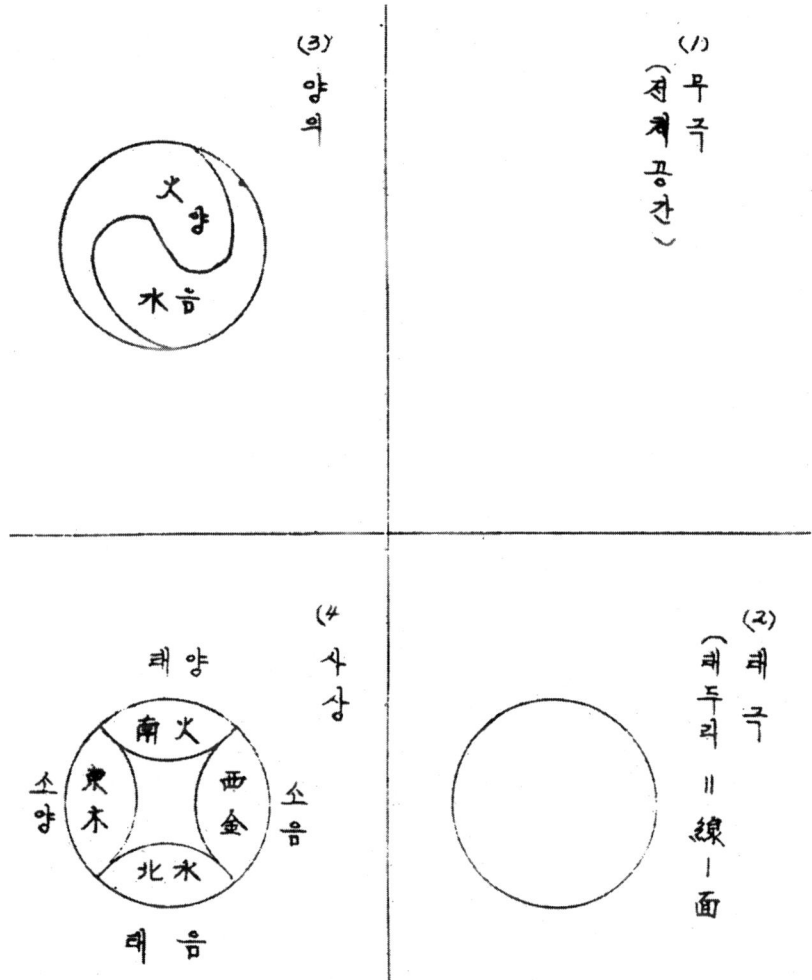

- 37 -

위의 그림처럼 땅위에 있는 것은 하늘로 뻗은 줄기(幹:줄기 간)라 해서 천간(天干)이라 하고 땅 밑에 있는 것은 땅속으로 뻗은 가지(枝:가지지) 라 해서 지지(地支)라 한다.
甲 乙 丙 丁 戊 己 庚 辛 壬 癸는 천간에 있는 10자라해서 十干이라고 하고 子 丑 寅 卯 辰 巳 午 未 申 酉 戌 亥는 지지에 있는 12자라 해서 十二지지라 한다. 十干은 땅위에 솟은 음양오행의 나무줄기요 十二지는 땅속에 숨어있는 음양오행의 뿌리다.

십간(十干)

  十干은 오행을 음양으로 나누어 명시(明示)한 음 오행과 양 오행으로 나누어진다. 甲乙은 木이요, 丙丁은 火며, 戊己는 土요, 庚辛은 金이며, 壬癸는 水다. 甲 丙 戊 庚 壬은 양이요, 乙 丁 己 辛 癸는 음이니 甲은 양木이요, 乙은 음 木이며 丙은 양 火요, 丁은 음 火이며 戊는 양土요, 己는 음 土며 庚은 양 金이요, 辛은 음 金이며 壬은 양水요, 癸는 음水다.
양은 기(氣)요, 음은 체(體)이니 양木은 양 나무가 아닌 생물의 근기(生氣)요, 乙木은 생물의 형체(形體)이며 丙은 火의 근기인 태양이요, 丁은 火의 형체이자 빛인 실화(實火)다. 戊는 제 2의 생명을 부화하는 아버지의 기요, 己는 어머니의 체이며 庚은 만물을 익히는 숙기(熟氣)요, 辛은 이미 성숙한 과실이다. 壬은 水의 근기인 구름이요, 癸는 水의 형체인 이슬비다.
이를 자연적으로 설명하면 甲은 생기로서 만물을 회생 시키고, 乙은 회생한 만물이며 丙은 만물을 따뜻하게 보살피고 기르는 만유의 아버지요, 丁은 씩씩하게 성장한 장정(壯丁)의 모습이며 戊는 다시 제 二의 생명을 창조하려는 무성(茂盛)한 나뭇잎이요, 己는 어린 아기가 만삭이 된 어머니의 불러온 배다. 庚은 모든 과일을 사람이 먹을 수 있도록 익히는 강한 서릿발이고, 辛은 서릿발 속에 익을 대로 무르익은 과실이며 壬은 이미 생물의 농사가 끝남에 따라서 땅의 생기가 하늘로 승천하여 집결한 구름이고, 癸는 다시 회춘함에 따라 땅에 생기를 뿌리는 이슬비다.
이 지구상의 만물이 눈을 뜨고 숨을 쉬고 움직이는 것은 오직 생기가 발생하면서 부터다. 그 생기는 바로 甲이다. 그 생기를 들이키고 뱀처럼 움직이는 형상이 乙이요. 그 생기를 만천하에 고루 퍼지고 섭취토록 날개를 펴는 것이 丙이다. 생기가 지구상에 가득차고 이를 마음껏 흡수 섭취한 만물은 왕성하다. 그 왕성한 정신과 육체를 소유한 꽃이 만발한 성인(成人)의 름 름한 모습을 丁이라 한다. 丁은 곧 만물의 꽃이요 화려한 청춘이다. 힘이 넘치는 장정이 되면 자식을 낳아야 하고 자식을 낳으려면 기운을 저축하고 배양해야 한다. 기운은 땅에서 섭취하는 물질의 기름과 더불어 태양에서 발생하는 양기의 배합에서 조성된다. 사람이나 동물은 콧구멍으로 대기를 흡수 섭취하지만 나무를 비롯한 식물은 잎으로 섭취한다. 여름이 되면 나뭇가지가 무성하듯이 잎이 만발하여 녹음을 이룬다. 그 무성한 나뭇잎은 바로 대기를 흡수하고 기운을 생산하는 호흡기능이다. 때문에 나뭇잎을 훑터내거나 송충이가 솔잎을 갈 가먹듯 좀 먹으면 나무는 탄산가스를 흡수하고 대기를 호흡할 기능이 없음으로 숨구멍이 막힌 사람처럼 기절하고 이내 말라죽는다. 그와 같이 나뭇잎은 단순한 장식물이 아니고 나무의 호흡기능인 폐(肺)요 생명의 수족(手足)이다. 그러기에 모든 과수는 잎이 무성해야 열매가 열리고 힘차게 자라나며 성숙할 수 있다. 나뭇잎 없는 가지에 열매가 열리는 법은 없듯이 여름철에 나뭇잎이 떨어지면 시들지 않는 나무 잎은 없다. 그 무성한 나뭇잎을 통해서 대기에서 흡수 저축한 양기로서 생명의 과실은 창조된다. 닭이 알을 까는 것처럼 많은 생명을 잉태하고 부화(孵化)하는 생명의 생산 공장이 바로 己土이다. 흙속에서 생기는 고구마나 가지에 열리는 복숭아 배 사과 호박 참외 수박 등 모든 과실은 기름진 흙(己)에서 공급하는 물질의 기름과 나뭇잎을 통해서 섭취한 양기의 배합으로 태어난 음양의 조화요 아버지인 戊土와 어머니인 己土의 합작품이다. 己에서 생산된 과실은 어둠의 뜨거운 태양아래 힘차고 빠르게 성장한다. 그 과실을 물질의 기름으로 성숙시키려면 익혀야 한다. 덮어놓고 크기 만해서는 먹을 수가 없다. 익지 않는 과일은 먹을 수가 없듯이 무용지물이다. 그 성장하고 살찐 과실을 무르익게 하는 숙기(熟氣-익히는 기운)가 庚이다. 庚은 이제까지의 타성과 전통과 질서를 총결산하고 새로운 질서를 창조하는 개혁과 혁명의 별이다. 흔히 庚金이라면 숙살(肅殺엄숙할 숙, 죽일 살)의 기(氣)라 해서 살인적인 무기로 생각하는데 사실은 그와 정반대다. 과실을 먹을 수 있도록 익히는 것은 생명의 완성을 촉진하고 보호하는 작용이요 결코 생명을 해치거나 죽이는 것은 아니다. 그 성숙의 기운에 의해서 무르익은 황금의 과실이 바로 辛金이다.

辛은 알찬 과일이기 때문에 최고의 가치와 능력을 가지고 있다. 만물의 영양가로서 만유가 침을 생키 듯 부러워하는 천하의 미인이 바로 辛이다. 과실은 생기를 싫어하고 두려워한다. 생기를 흡수하면 싹이 트고 싹이 트면 과실은 먹지 못하는 패물이 되기 때문이다. 그 과실을 보관하기 위해선 생기를 모두 하늘로 승천시켜서 하늘에 묶어 놓아야 한다. 그 생기를 하늘로 뽑아 올리고 뭉쳐놓은 생기의 저장물인 구름이 壬이다. 壬은 하늘에선 구름이 되고 땅에선 차가운 바람이 된다. 겨울이 춥고 바람이 거친 이유는 생기를 뽑아 올린 壬의 조화다. 겨울이 지나면 만물이 다시 회생하기를 원한다. 그들이 회생하려면 구름에 묶인 생기를 풀고 땅에 되돌려주어야 한다. 구름은 비로 변하여 생기를 땅에 수송한다. 그 생기의 이슬비가 癸다. 癸가 땅에 생기를 촉촉이 뿌리면 깊은 잠에 코를 골든 甲이 다시 눈을 뜨고 지구상에 생기를 공급한다. 이러한 자연의 순환은 예나 지금이나 변함이 없다. 그와 같이 十간의 서열과 진행과정은 불변의 철칙이다.

고전명리파(古典命理派)는 十干을 단순한 음양으로 나눔으로서 甲은 양 나무요, 거목이며 乙은 음 나무요 화초라고 한다. 甲 乙이 단순한 양 나무 음 나무요 거목이나 화초라면 서로 바꿔놓은들 문제될 것은 없다. 화초가 거목보다 앞에 있은들 무엇이 이상하겠는가.

그러나 십간은 그러한 피상적이고 추상적인 넋두리가 아닌 자연의 질서이기 때문에 그 어느 것도 바꿔놓을 수가 없다. 물론 十干은 자연의 질서만이 아니다. 이 세상 만물을 가장 세밀하게 열 가지로 분류한 만유의 십분법(十分法)이다.

그 분류법은 오행을 음양으로 나누는 것이다. 가령 木은 생물이니 이를 甲乙의 음양으로 나누면 수백 수천 종류가 된다.

먼저 양은 높고 크고 둥글고 강하고 뜨겁고 움직이고 밝고 가벼운 것이니 같은 생물 중에서도 크나큰 거목(巨木)이나 거수(巨獸)를 비롯하여 사나운 맹수 움직이는 동물, 높이 나는 새, 둥근 잎의 식물 밝고 붉은 단풍나무 큼직한 고래와 코끼리, 말 잘하는 앵무새, 재주부리는 원숭이, 목이 긴 기린, 재빠른 제비, 무서운 독수리와 솔개, 남자와 장년 왕과 귀족들 무관과 법관 가시나무와 독버섯 등은 甲에 속하고 음은 유하고 네모지고 약하고 작고 낮고 차고 어둡고 고정되고 무거운 것이니 부드러운 화초나 낮은 관목(灌木) 작은새를 비롯하여 동굴 속의 박쥐 귀여운 토끼 기어 다니는 짐승. 움직이지 않는 식물. 칼처럼 뽀족한 나뭇잎. 파리. 모기. 칡넝쿨. 생쥐. 물고기. 땅굴속의 뱀. 지렁이. 조개. 소라. 이끼. 송사리 등은 모두가 乙에 속한다.

丙丁은 火요 빛이요 꽃이요 정신이니 강한 태양이나 산소 불을 비롯하여 강열한 촉광. 널찍하고 둥근 해바라기. 화재의 불기둥. 폭약. 원자탄. 철재의 머리. 왕성한 정신. 석양의 찬란한 태양 빛 강한 의지 등은 丙에 속하고 밤에 뜨는 별과 달, 등불과 촛불, 개나리꽃, 진달래, 여자의 마음 연약한 의지소년, 소녀의 꿈과 희망. 형광등, 반딧불 등은 丁火에 속한다. 戊己는 같은 土이지만 크나큰 태산 높은 봉우리와 성곽 뚝 방 화분 뜰 언덕 사막 백사장 바위 돌 절벽 앞산 굴뚝 등은 戊에 속하고 평지. 길. 논밭. 마당. 하수도. 개간지. 경작지 썩은 흙 진흙 작은 돌 모래 화원 등은 己에 속한다.

庚辛은 같은 금속과 과실이지만 강철 원광(原鑛)도끼, 큰톱, 서릿발, 쇠뭉치, 강철, 큰 칼, 미숙한 과실 가시철사 등은 庚에 속하고 황금.

진주, 보석, 반지, 구슬, 낫, 작은칼, 무르익은 과실 등은 辛에 속한다. 壬癸는 같은 물이지만 흐르는 물, 강물, 큰 호수, 바다, 수돗물, 홍수, 저수지, 구름, 바람, 등은 壬에 속하고 비, 이슬, 샘, 식수, 서리, 눈, 냉수 등은 癸에 속한다.

사주는 음양오행의 건물이요, 十干은 음양오행의 전부이기 때문에 十干의 참뜻과 근본을 뚜렷이 알면 사주는 스스로 통달할 수 있다. 여태까지의 고전사주가 어렵고 애매한 이유는 여러 가지 있겠지만 가장 큰 이유는 십간의 근본이 애매하고 귀걸이 코걸이니 식으로 갑론을박을 되풀이하고 있는데 있다. 이 十간법에 대해서는 앞으로 보다 구체적으로 설명하고 통변할 기회를 갖겠지만 온 관심과 정성을 여기에 기우려야 한다.

이 세상 모든 것은 음양으로 이루어 지지 않은 것이 없습니다. 음양오행 편에서 자세히 설명하겠지만 우선 음양오행의 이치를 알아야 이해하기 쉽기에 간단하게 설명하고자합니다. 하늘은 양이요 땅은 음이며 남자는 양이고 여자는 음입니다. 이와 같은 이치로 십간을 음양으로 나누어 甲은 陽이고 乙은 陰으로 나누었고 음이 물체라면 양은 기체이고 음이 형상이라면 양은 운기이며 만물을 발생하는 木은 운기에서 발생하고 火의 운기에서 성장하듯이 먼저 운기가 발생한 다음에 형상이 나타나게 됩니다. 우주에 처음 나타난 것이 운기이고 운기에서 나타난 것이 삼라만상입니다.

오행도 이런 이치로 木은 발생하는 운기인 생기에서 비롯되고 생기가 지구상에 넘치고 가득하면 만물이 생기에 의해서 새싹이 트고 발생합니다. 생기에 의해서 나타난 생물이 음으로 먼저 나타난 목의 운기이자 생기를 상징하는 것이 甲이고 생기에 의해서 발생한 생물을 상징하는 것이 乙이 됩니다. 甲乙은 같은 木이지만 甲은 陽의 생기이고 乙은 陰의 생물이기 때문에 양 음으로 나누는 것이지요, 그런가하면 한자(漢字)는 표의(表意)문자이자 표상(表象)문자이기에 뜻과 상을 나타내어 甲은 밭전(田)자 밑에 한 가닥이 세로로 그어져 甲이라는 글자가 형성 되었는데 밭전은 땅과 흙과 밭을 상징하고 아래로 그어져 있는 것은 한 가닥의 뿌리를 상징한 것으로 생기가 지하에서 발생해서 땅속에 넘치고 가득 차 있음을 의미합니다. 고로 생기는 만유를 잉태하고 부화시키는 것으로 甲은 木의 生氣에 의해서 만물을 잉태하고 바야흐로 부화시키는 과정과 형상인 것입니다.

이제부터 甲乙 木에서 부터 壬癸 水까지 음양오행으로 구분하여 설명 할까합니다. 이것은 참고사항으로 이해를 돕기 위해 설명하는 것이고 "고등반"에 가면 10간론을 다시 설명하게 됩니다.

1. 甲乙 木(갑을 목)

봄에 씨를 뿌리면 지하수에 의해서 씨가 생명으로 부화되고 생물로 발생한다. 콩을 심으면 콩이 싹이 틔우고 싹은 지상으로 고개를 쳐들고 나타난다.
甲의 콩이 생기를 얻어서 생물로 부화되고 흙을 머리로 밀어내면서 바야흐로 발생하는 모습이다. 아직은 지상으로 나타나지 않았지만 흙이 갈라지면서 새싹이 움트고 있는 모습이다. 이는 甲의 생기에 의해서 만물이 부화되고 발생하는 과정이요 모습이다. 생기에 의해 부화되고 지상으로 고개를 쳐들고 나오는 만물의 형상이 乙이다. 乙은 글자 그대로 생물이 지상으로 분명히 나타나고 용솟음치듯이 구비처자라는 모습이다. 처음 나타나는 새싹은 뾰족하지만 자라나면서 싹은 갈라지고 굽어지며 위로 치솟는다. 乙은 갈라지고 굽어지며 위로 치솟는 생물의 발생과정과 형상을 그대로 나타내고 있다. 甲은 乙을 탄생시키는 생기요 乙은 甲의 생기에서 탄생한 생물이다. 목은 부화하는 생기와 발생하는 생물로 나누어지듯이 火 土 金 水 역시 운기와 형상으로 나누어진다.

2. 丙丁 火(병정 화)

 火는 성장을 상징한다. 만물이 성장하려면 먼저 성장시키는 운기가 나타나야 한다. 지구상에 성장을 촉진하는 열기와 화기(火氣)가 넘치고 가득하면 만물은 저마다 뜨거운 운기에 의해서 성장하고 번창한다. 그 뜨거운 성장의 운기를 丙이라고 하며 丙의 운기에 의해서 확산되고 팽창되어서 성장한 만물의 형상이 丁이다. 丙은 태양과 빛과 열을 상징한다. 태양은 하늘의 정기이다. 하늘 천(天)자가 양쪽으로 날개를 내린 형상이다. 그것은 암탉이 병아리를 보살피기 위해서 날개를 감싸고 품어주는 형상이다.

만물을 발생시키는 봄 날씨는 따스하지만 아직은 바람이 차고 변덕이 심해서 마음을 놓을 수가 없다. 어린 병아리를 기르려면 암탉이 품어주고 보살펴 주어야 하듯이 봄에 발생한 만물을 보살피고 성장시키려면 하늘의 태양이 날개를 내리고 뜨거운 열기를 내뿜고 베풀어야 한다. 발생하는 운기(雲氣-生氣)가 나타나면 만물은 부화되고 나타나듯이 성장하는 운기(열기)가 나타나면 만물은 무럭무럭 자라나고 번창한다. 하늘높이 치솟은 성장의 표본이 丁이다. 한 일자와 세로로 그어진 한 가닥은 대나무처럼 곧게 치솟고 뻗어난 모습이다. 지하의 만물이 하늘높이 성장한 형상이다. 丙은 만물을 성장시키는 뜨거운 운기를 상징하듯이 丁은 성장을 촉진하는 열기에 의해서 힘차고 무성하게 자라난 만물을 상징한다. 만물을 발생 시키는 것은 봄의 따스한 햇빛이 듯이 만물을 무럭무럭 자라나게 하는 것은 여름의 뜨거운 햇빛이다. 만물을 발생시키는 것도 태양이요 성장시키는 것도 태양이다. 태양은 무에서 유를 만들어내고 어린것을 왕성하게 성장시킨다. 그 태양에 의해서 힘차게 자라나고 지상에 우뚝 치솟은 천하장성이 丁이다. 木은 어린 소년 소녀로서 미성년인데 반해서 火는 성장된 청년이요 성년이며 장정이다.

3. 戊己 土(무기토)

土는 음과 양이 하나가 되어서 제2의 생명을 잉태하고 부화하는 태기요 태아이다. 태기는 아버지의 정기에 의해서 나타난다. 아버지의 정기를 받아서 생명을 잉태하고 부화하는 것은 어머니의 자궁이요 난자이며 양수이다. 戊는 생명을 잉태하는 태기요 己는 잉태해서 부화되는 태아이다. 나무는 잎을 통해서 산소를 호흡하고 섭취한다. 산소는 하늘의 정기이자 생명의 태기이다. 나무가 열매를 맺으려면 하늘의 정기를 대량으로 섭취해야 한다. 하늘의 에너지를 섭취하는 작용을 광합성이라고 한다. 광합성은 지하수와 태양의 화합작용이다. 광합성은 엽록소인 잎을 통해서 이루어진다. 광합성이 왕성하려면 잎이 무성해야 한다. 잎이 무성한 밤나무에는 밤이 많이 열리지만 잎이 여윈 밤나무에는 밤이 열리지 않는다. 잎이 무성한 土를 戊라고 한다. 戊는 무성할 무(茂)를 상징한다. 무성한 잎을 통해서 태기를 얻고 태기에 의해서 잉태되고 부화된 태아를 상징하는 오행이 己이다. 여성이 임신을 하면 태아가 생긴다. 태아가 자라나면 아랫배가 부풀어 오른다. 임신한 여인의 아랫배가 불룩하게 부풀려진 모습이 己이다. 만물은 잉태하는 운기에 의해서 생명을 잉태하고 태아를 가질 수 있다. 태기가 없으면 생명을 잉태할 수 없듯이 만물은 戊의 태기에 의해서만이 새 생명을 잉태하고 부화할 수 있다.

4. 庚辛 金(경신금)

오곡백과는 성숙해야만 먹을 수 있다. 만물은 음과 양의 화합인 광합성에 의해서 에너지를 생산 섭취하고 성장한다. 열매를 익히려면 성장을 멈추어야 하고 성장을 멈추려면 광합성을 단절시켜야 하며 광합성을 단절 시키려면 엽록소를 파괴시켜야 한다. 엽록소를 파괴하는 것은 살생이 아니고 성숙시키는 것이다. 열매를 성숙 시키려면 엽록소를 파괴하는 숙기(熟氣)가 있어야 한다. 오곡백과를 성숙시키는 운기와 더불어 그 운기에 의해서 성숙된 열매를 金이라고 하며 金은 庚과 辛으로 나누어진다. 庚은 성숙시키는 운기요 辛은 그 운기에 의해서 알차게 성숙한 오곡백과요 열매이다. 과연 엽록소를 파괴할 수 있는 운기는 무엇이며 어떻게 나타나는가? 그것은 늦가을에 내리는 하얀 서리(霜-서리상)이다 서리는 고춧잎을 비롯해서 오곡백과 잎을 파괴하고 시들게 해서 광합성을 단절시킨다. 잎을 잃으면 광합성이 불가능한 동시에 성장 또한 불가능하다. 서리는 차고 하얗다. 그래서 金이 백금(白金)이라고 한다. 하얀 金이 아니다. 하얀 서리를 의미한다. 서리가 내리면 열기가 가시고 한기가 스며든다. 서리가 내리고 한기가 나타나는 음력 구월(九月)을 한로(寒露)라 한다. 만물은 성장을 촉진하는 운기인 庚에 의해서 성장을 마무리하고 성숙을 서둘러서 결실한다. 결실된 벼와 콩은 쇳덩이처럼 단단하고 야무지다고 해서 金이라고 한다.

쇠나 金이 아니고 쇳덩이와 금덩이처럼 야무지고 단단한 열매를 의미한다. 수분이 많은 과일은 수분이 풍요함으로써 포도 알처럼 물렁하고 풍성하다. 성숙한 곡식과 열매는 인간을 먹이고 살찌움과 동시에 돈과 부를 마련한다. 金은 황금알을 낳는 부와 경제의 핵이기도 하다. 오곡백과를 비롯하며 가을의 모든 열매는 하나같이 성숙의 운기인 庚의 소생이듯이 庚 의 운기에 의해서 성숙된 열매요 물질인 辛은 인간에게 빵과 돈과 부를 공급하는 노다지이다. 태양이 성숙한 것은 하루의 일과를 다한 것이다. 만물은 木에서 발생하고 火에서 성장하며 金에서 성숙한다. 성숙한 것은 성장을 다한 것인 동시에 할 일을 다 하고 결실을 맺는 것이다. 태양이 하루의 일과를 다하면 지평선으로 거두어지듯이 오곡백과를 비롯한 만물이 성숙하면 거두어진다. 金은 성숙과 더불어 거두는 것이다. 庚은 익히는 숙기(熟氣)인 동시에 거두는 수기(收氣)이듯이 무르익은 오곡백과를 비롯해서 거두어진 열매들은 하나같이 수물(收物)이다 인간은 곡식을 거둬들이기 위해서 한해의 농사를 짓듯이 거두어들인 곡식으로 생존하고 부를 이룬다. 辛은 빵이자 돈이며 경제이자 부를 상징한다.

5. 壬癸 水(임계수)

　거두어들인 오곡은 저장을 잘해야 한다. 밤이나 감자를 따스한 방에 저장하면 새싹이 튼다. 싹이 튼 밤과 감자는 영양가를 상실함으로써 상품으로 거래할 수가 없다. 곡물을 변치 않게 저장하려면 싹이 트지 않도록 냉장을 해야 한다. 냉장은 한기(寒氣)만이 가능하다. 한기는 물질의 변질과 부패를 방지한다. 한기는 겨울의 운기이다. 태양이 무력한 겨울이면 차디찬 운기가 천지를 휩쓴다. 한기는 생명을 위축시키고 위협한다. 한기가 몰아치면 벌레들은 지하로 깊숙이 숨어든다. 생기는 만물을 지상으로 발생시키는데 반해서 한기는 만물을 지하로 갈무리한다. 음식물은 냉장고에 갈무리됨으로써 변치 않듯이 생물은 지하에 갈무리됨으로써 생명을 유지한다. 음식을 냉장시키는 것은 한기이듯이 생물을 지하로 갈무리 시키는 것도 한기이다. 한기는 곧 갈무리 시키는 장기(藏氣-감추는기운)이다. 우주와 만유는 운기의 소생이요 화상(化象)이다. 생기가 나타나면 만물이 발생하고 열기인 화기(火氣)가 나타나면 만물이 성장하며 수기(收氣-거두어드리는기운)가 나타나면 만물이 거두어지고 장기(藏氣)가 나타나면 만물이 갈무리 된다. 만물을 갈무리하는 한기이자 장기를 壬이라 한다. 壬은 한기와 장기를 상징한다. 壬의 운기가 나타나면 천지는 한기로 가득 찬다. 따스한 생기를 비롯해서 뜨거운 열기는 씻은 듯이 사라지고 살기 찬 한기에 만물은 와들와들 떨고 있다. 한기에 의해서 내장된 물질을 비롯해서 지하에 갈무리된 생물은 장물(藏物)로서 癸라고 한다. 壬은 갈무리 시키는 운기이고 癸는 갈무리된 물체이다. 태양을 갈무리 시키는 운기 또한 壬이다. 壬에 의해서 지하로 갈무리된 태양은 癸이다. 태양이 갈무리 되면 캄캄한 밤이 된다. 밤은 모든 것을 숨기고 갈무리 한다. 태양을 비롯해서 모든 것을 집어 삼키고 갈무리하는 壬은 죽음이나 종말이 아니다. 아침이 되면 태양이 다시 동방에서 떠오르듯이 해가 뜨면 사라진 삼라만상이 다시 제 모습을 나타낸다. 壬은 오늘을 마감하고 갈무리함과 동시에 내일을 잉태하고 새롭게 부활시킨다.

제 2 장
제합(諸合)과 제살(諸殺)

1. 合. 沖. 刑. 破. 害. 와 간지의 변화

천간과 지지는 서로 만나면서 합(合)도 하고 충(沖)도 하는 등 많은 변화를 나타내는데 오행의 만남과 합 충 등 변화와 조화로 길흉(吉凶) 화복(禍福)의 작용을 하는 것입니다.

이 세상 우주만물은 순환운동과 4계절의 흐름에 따라 변하고 천지간의 기운이 합하여 한서풍우(寒暑風雨)를 만들어 내듯이 남여가 화합하여 자손을 생산하는 것이다. 이와 같이 합이란 음양오행의 속성이 다른 두 종류의 간지가 서로 어우러져 결합하여 정을 통하고 또 다른 물질을 만들어내는 것이 합이요 합은 목적이 있어 그 목적을 달성하기위해 끌어당기는 것을 우리는 합이라고 하는 것이다. 합은 합할 합(合)자로 합하여진 후에는 본래 간지의 속성이 변하거나 상실하기도하고 상호간을 묶어놓기도 하며 다른 한편으로는 오행의 세력이 강해지거나 아예 타 오행으로 변해지는 경우도 있게 된다. 그래서 우리는 합을 자세히 관찰하고 합하여 변화된 상태와 주위의 다른 간지와의 조화 등을 살펴서 판단해야만 오류를 범하지 않게 된다. 오행은 원형 그대로를 정 오행(正五行)이라하고 합하여 변화한 오행을 화기오행(化氣五行)이라고 한다.
합의 종류로는 천간의 합과(간합:干合)지지로는 삼합(三合)육합(六合)방합(方合:방향의합) 또는 절합(節合:계절의합) 등이 있는데 그 외에도 합은 조건과 상태에 따라 반합(半合)명합(明合)암합(暗合) 근합(近合)원합(遠合)쟁합(爭合)투합(妬合)진합(眞合)가합(假合) 등의 많은 용어가 등장하는데 이런 합은 앞으로 차차 자세히 배우게 됩니다.

천간의 합과 충은 속성속패로 빠르게 변화를 나타내지만 지지의 합 충 형 파 해는 정적이면서 서서히 느리면서도 집요하게 그 작용을 나타내므로 이러한 변화의 기운을 자세히 관찰하여 파악 해야만 길 흉화복을 정확히 감명 할 수 있습니다.

간 합(干合.-천간의합)

강자가 약자를 누르고 지배하는 것이 상극인데 반하여 강자가 약자와 정을 통하고 다정하게 부부가 생활하는 것을 간합(干合)이라고 한다. 간 합은 서로 상극된 사이면서 음양이 배합되기 때문에 서로 정이통하고 스스로 강자에 시집가는 음양의 결합을 말한다. 때문에 간 합은 반듯이 양이 강하고 음이 약하며 서로 상극된 오행에서 이뤄진다. 金극木 木극土 土극水 水극火 火극金 의 상극관계에서 강자가 남자요, 약자가 여자며 남자는 양간이 되고 여자는 음간이 되어야 한다. 이러한 배합은 양간에서 여섯 번째의 음간과 이루어짐으로서 육합(六合)이라고 한다. 가령 甲인 경우 甲에서 여섯 번째의 음간은 己(甲乙丙丁戊己)土에 해당함으로 甲과 己는 木극土로서 본시 대립된 상극관계이지만 甲은 양이요 己는 음인 즉, 서로 정이통하고 사랑함으로서 마침내 부부의 인연을 맺고 하나로 뭉친 것이다

<간 합은 다섯 양간과 다섯 음간으로 이뤄지는데 그 내막은 다음과 같다.>

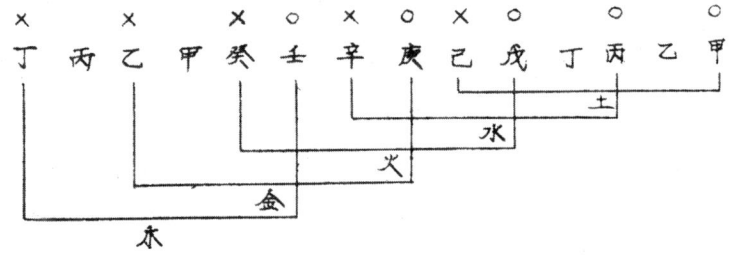

간합이 이뤄지면 양간의 오행이 변화하는데 이를 화오행(化五行)이라고 한다.(化는 될 화자로 변질되었다는 말이다.)

<화오행(化五行)은 다음과 같다.>

甲己化土(갑기합화토)　庚乙化金(을경합화금)　丙辛化水(병신합화수)
壬丁化木(정임합화목)　戊癸化火(무계합화화)

合은 서로 단합된 유정지상(有情之象)으로서 合이 있으면 다정하고 원만하여 사교적인 반면에 적극성이 없고 소극적이며 시종일관하기가 어렵다고 하는데 반듯이 그러한 것은 아니며 다만 合이 여럿 있으면 다정다감한 경향이 있어서 여자는 곤란하다는 것이다. 흔히 甲己合은 바르고 庚乙合은 의로우며 丙辛合은 권위가 있고 丁壬合은 음란하며 戊癸合은 무정하다고 말하지만 이는 추상적인 견해일 뿐 사실과는 다르다. 合은 그 위치와 경우에 따라서 좋고 나쁜 것이 달라지고 작용하는 힘의 비중(比重)도 달라지는 만큼 일률적으로 판단하기는 어렵다. 가령 사주의 년간에 甲이 있고 월간에 己가 있어서 甲己合이 되며 이는 사주의 주체인 일간과 분리되고 외면한 것으로서 사실상 아무런 작용을 하지 않은 것으로 보고 日간이 甲인데 월간에 己가 있거나 시간(時干)에 己가 있어서 日간과 간합이 되었으면 같은 신하이면서 군주와 결합한 신하임으로 그 己土는 어느 신하보다도 강한 힘을 가지고 있다. 이는 왕과 결혼한 왕비이니 왕 다음의 힘을 가지고 있는 중신(重臣)으로 보아야 한다. 년과 월은 부모 중에 해당함으로 年月이 干合하면 부모가 서로 껴안고서 애정에 빠진 나머지 군주인 日干을 외면하고 전혀 돕지 않는 형상이니 부모와의 인연이 박하고 부모를 모실 수 없게 된다. 부부는 일남일녀(一男一女)에서만 이뤄지듯이 간합은 一陰一陽에서만이 성립된다. 가령 一甲一己 一庚一乙 一丙一辛 一壬一丁 一戊一癸는 정당한 부부로서 간합이 이뤄지나 二甲一己 二己一甲은 여자 하나에 두 남자가 붙고 한 남자에 두 여자가 붙은 격이니 서로 질투하고 싸울 뿐 정식 결합인 간합은 성립될 수 없다. 이를 투합(妬合)이라고 한다.

간충(干冲=七殺.-천간의충)

상극하는 사이라도 양이 음을 보거나 음이 양을 보면 정이통하여 유정지합이 되는데 반하여 양이 양을 보거나 음이 음을 보면 원수가 원수를 본 것처럼 비호처럼 달려들어서 충돌한다. 이러한 간충은 자기위치에서 일곱 번째의 천간으로서 이를 칠살(七殺)이라고 한다. 가령 甲은 甲에서 일곱 번째의 천간이 庚임으로 甲庚冲이 되고 庚이 七살이 된다. 살(殺)은 칠살을 뜻함으로 甲은 庚을 보면 토끼가 범을 만난 것처럼 庚에 의해서 정복된다. 한번 정복된 자는 호랑이가 존재하는 한 아무런 작용도 못하고 죽은 듯이 꼼짝을 할 수가 없다. <이를 십간별로 살펴보면 다음과 같다.(X표는 七殺)>

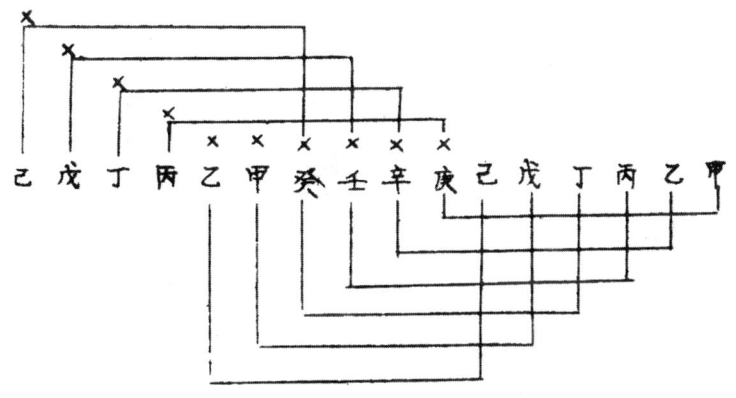

　　金 극 木　甲冲庚　乙冲辛　庚剋甲　辛剋乙
　　木 剋 土　戊극甲　己극乙　甲극戊　乙극己
　　土 剋 水　壬극戊　癸극己　戊剋壬　己剋癸
　　水 剋 火　丙冲壬　丁冲癸　壬剋丙　癸剋丁
　　火 剋 金　庚극丙　辛극丁　丙剋庚　丁剋辛

甲冲庚이란 甲은 庚에게 정복되고 굴복한다는 뜻이고 庚剋甲이란 庚은 甲木을 지배한다는 뜻이다. 冲은 七살이라고도 함으로 甲殺庚 乙殺辛 이라고도 한다. 甲은 庚을 살해하고 乙은 辛에게 살해된다는 뜻이다. 七살을 만나면 산채로 사로잡혀 산송장처럼 묶여 있는 것이니 사실상 살해된 것과 다를 바 없다.

그래서 충과 七살을 사주에서는 가장 두려워하고 싫어한다. 그러나 간충(七살)은 오행에 따라서 차이가 있다. 金과 木(甲庚, 乙辛) 水와 火(丙壬, 丁癸)의 충은 정충(正冲)으로서 가장 큰 타격을 받고 火와 金(庚丙, 辛丁) 土와 水(壬戊, 癸己)의 충은 타격은 있으나 치명적이 아니며 木과 土(戊甲, 己乙)의 충이라기보다 극으로 도리어 기뻐한다. 金 水 木 火는 충을 당하면 반듯이 상처가 발생하지만 土는 木이 쟁기요, 호미로서 木을 만나면 도리어 숨을 쉬고 농사를 지을 수 있으니 기쁨을 얻는다.

충이 발생하면 약자는 강자에게 치명적 상처를 당하는 반면에 강자는 막대한 힘의 소모와 출혈을 함으로서 양자가 모두 다 같이 마이너스를 가져온다. 때문에 충이된 두간(二干)은 사실상 서로 싸우고 얽매이고 지쳐서 별다른 작용을 하지 못한다.

왜냐? 하면 정복된 약자는 기회만 있으면 반격하고 도망칠 준비를 하고 있으므로 강자는 한시도 약자 곁을 떠날 수 없다. 마치 죄수를 지키는 간수가 똑같이 울안에 갇혀 있는 것처럼 서로 얽매여 있다.

<u>간충은 년간과 월간 월간과 일간 일간과 시간의 이웃 사이에서만 성립되고 년과 일 월 과 시 년과 시처럼 한 다리나 두 다리를 건너서는 충이 성립되지 않는다.</u>

고전 명리에서는 이를 날라서 충 한다하여 비충(飛冲)이라고 했지만 그 작용은 전혀 무력하다. 따라서 일간에서 월간이나 시간을 충하는 것은 충이 성립되지만 월간이나 시간에서 일간을 충 하는 것은 충이 성립되지 않는다. 왜냐하면 일간은 군주요 월시는 신하로서 비록 신하가 강하다고 해도 군주를 정복하거나 살해할 수는 없기 때문이다. 이럴 땐 다만 일간을 충 하는 七살이 군주 앞에 거만하고 말썽을 부릴 따름이다.

충은 1대1의 경우에만 성립되고 2대1 3대1의 경우엔 성립되지 않는다. 충은 쌍방의 전투인데 1대1의 경우엔 한번 싸움직하고 또 싸움이 성립될 수 있지만 2대1이나 3대1의 경우엔 약자가 대항하지 않음으로서 싸움이 성립되지 않는다. 다만 약자가 2이고 강자가 1인 경우엔 2대1이라 해도 도리어 싸움이 치열하게 붙는다. 약자가 둘이 합하면 강자에게 선수를 치고 도리어 七殺작용을 하는 것이다. 가령 庚이 둘이고 甲이 하나면 甲은 겁이 나서 덤비지 못하는데 반하여 甲이 둘이고 庚이 하나면 甲이 평소의 굴욕을 설욕(雪辱)하려고 庚에게 싸움을 거는 것이며 이때엔 庚이 수세에 몰린다. 같은 甲庚이라해도 계절에 따라서 힘의 강약이 달라진다.

가을철의 甲庚은 庚이 압도적으로 강하고 甲을 자유자재로 지배하지만 봄철의 경우엔 甲은 왕성하고 庚은 노쇠함으로서 도리어 甲이 庚을 극하고 지배한다.

<더 자세히 보기>
1. 천간의합 (干合)

 천간의 합에 대하야 자세히 설명하려고 한다.
10천간이 6번째 오행과 만나 합이 되므로 일명 육합(六合)이라고도 한다. <u>간 합은 음과 양이 만나 합이 되기 때문에 애정지합 이라고 한다.</u> 십간이 합하면 오행이 달라진다. 甲己가 합하면 土가 되듯이 乙庚이 합하면 金이 되고 丙辛은 水요 丁壬은 木이며 戊癸가 합하면 火가된다. 이를 일컬어 화오행(化五行) 이라한다.

  甲己 合 土   중정지합(中正之合) 치우치지 않는 성격의 소유자
               중심적이고 당당하여 자비와 이해심이 있다.

  乙庚 合 金   인의지합(仁義之合) 인정과 의협심강하여 의리가 있
               고 결단력이 있다.

  丙辛 合 水   위엄지합(威儼之合) 냉혹하고 편협 되어 인정이 없
               고 색을 좋아한다.

  丁壬 合 木   인수지합(仁壽之合) 성격이 민감하고 맑아 자기도
               취에 빠지기 쉽고 주색을 좋아하기 때문에
               일명 음란지합 이라고도 한다.

  戊癸 合 火   무정지합(無情之合) 냉정하고 박정하여 인정에 야
               박한 면이 있다. 그러나 아름다움을 좋아하
               지만 결혼이 늦어진다.

사주에 합이 많으면 강인함이 없다. 정이 많다. 여명(女命)에 합다(合多)하고 官殺(관살) 혼잡하면 정조관념이 없다. 이런 말은 지금은 이해를 잘 못하지만 진도가 좀 나가면 이해가 될 것이다.

2. 천간의 충(干冲)

　10천간이 7번째 오행과의 만나면 충돌하게 되는데 이것을 간 충 또는 충(冲)이라 하여 충돌 분쟁 쟁투 파괴 등으로 나타내게 되는데 속성속패의 빠른 작용력이 있다. 십간의 음과 양이 만나면 합이 되는데 반해서 <u>충은 양은 양끼리 음은 음끼리만 충을 하게 된다.</u> 甲庚이 만나면 甲庚 沖, 乙辛, 丙壬, 丁癸,가 바로 충이되는데 서로 만나면 충이 된다 하여 상충(相沖)이라한다.

　　甲庚　冲　　甲木과 庚金이 만나면 강하게 충돌한다.
　　　　　　　　甲庚相 冲이라고 한다.

　　乙辛　冲　　乙木과 辛金이 만나면 충이 되는데 화초가 칼날을 만
　　　　　　　　나면 상하게 됨을 상기 하면 된다.
　　　　　　　　乙辛相冲 이라고 한다.

　　丙壬　冲　　丙火와 壬水가 만나면 강하게 극충을 한다.
　　　　　　　　丙壬相冲 이라고 한다.

　　丁癸　冲　　丁火가 癸水를 만나면 충이 되는데 초불이 이슬을 만
　　　　　　　　나면 꺼지게 됨을 상기하면 된다.
　　　　　　　　丁癸相冲 이라고 한다.

　그 외의 오행은 충보다는 극으로 활용함이 타당하다 예를 들어 보면 戊甲 己乙 庚丙 등을 말한다.
육신(六神)상의 庚금은 甲목의 칠살(七殺)이 되듯이 辛금은 乙목의 칠살이 된다. 육신상 칠살은 살기가 등등한 호랑이처럼 무섭고 두렵고 무정한 육신이다. 간충(干沖)을 나타나면 산중에서 범을 만난 것처럼 무슨 변이 생길지 전전긍긍한다. 그래서 간충이 나타나면 불길한 징조로서 무척 불안하고 두려워한다. 지금은 이런 말이 무슨

말인지 이해가 안 될 수 있다, 그러나 좀 진도가 나가면 아하! 그게 그런 것이었구나 하고 알게 된다. 우리는 아직 육친이란 것을 배우지 않은 상태이기 때문이다. 너무 염려 말고 따라 가다보면 이해가 되기 시작 한다. 혹 나는 좀 둔해서 그런 것은 아닌지 의아해 할 때가 있다, 전혀 그래서가 아니라 새로운 학문이기 때문에 이런 현상은 당연한 것이다.

十二支(支)

음양오행을 표면적으로 나타낸 음양오행의 싹이 十干 이듯이 음양오행을 내면적으로 나타낸 음양오행의 뿌리를 十二支라고 한다. 子 丑 寅 卯 辰 巳 午 未 申 酉 戌 亥가 바로 그것이다. 十二支는 十干처럼 음양으로 구성되어 있다. 子寅辰 午申戌은 양이고 丑卯巳 未酉亥는 음이다. 十二支는 방위와 계절과 달과 시간을 분간하는 기준으로서 여러 가지로 응용된다.

방 위(方位)

亥子丑은 水의 고장으로서 북방에 위치하고 寅卯辰은 木의 고장으로서 동방에 위치하며 巳午未는 火의 고장으로서 남방에 위치하고 申酉戌은 金의 고장으로 서방에 위치한다. 이를 좀 더 구체적으로 설명하면 子는 정북방(正北)이고 卯는 정동(正東)이며 午는 정남(正南)이고 酉는 정서(正西)다. 戌亥는 서북간으로서 건방(乾)이고 丑寅은 동북간으로서 간방(艮)이며 辰巳는 동남간으로서 손방(巽)이고 未申은 서남간으로서 곤방(坤)이다. 흔히 풍수에서 子좌 午향이니 건방이니 손방이니 하는 것은 모두가 十二支의 방위를 말하는 것이다.

계 절(季節)

亥子丑은 北方이니 춥고 어두운 겨울철이고 寅卯辰은 동방이니 따뜻하고 밝은 봄철이며 巳午未는 남방이니 뜨겁고 더운 여름철이요 申酉戌은 서방이니 선선한 가을철이다. 이를 구체적으로 분별하면 寅卯辰은 삼춘(三春)으로서 寅은 초춘(初春)이요 卯는 중춘(仲春)이며 辰은 만춘(晚春)이고 巳午未는 삼하(三夏)로서 巳는 초하(孟夏)요 午는 중하(仲夏)이며 未는 만하(晚夏-季夏)이고 申酉戌은 삼추(三秋)로서 申은 초추(初秋)요 酉는 중추(仲秋)이며 戌은 만추(晚秋)이고 亥子丑은 삼동(三冬)으로서 亥는 초동(初冬)이고 子는 중동(中東)이며 丑은 만동(晚冬)이다. 이를 다시 달로 분별하면 초춘인 寅이 정월이고 卯가 二月이며 辰이 三月이고 巳가 四月이며 午가 五月이고 未가 六월이며 申이 七月이고 酉가 八月이며 戌이 九月이고 亥가 十月이며 子가 十一월이고 丑이 十二월이다.

시 각(時刻)

하루의 시간은 子에서 시작된다. 子는 하루의 일진(日辰)이 바뀌는 분기점이자 하루의 시발점이다. 이를 십이지별로 살펴보면 다음과 같다.<정시법을 말하는 것이다>

子 시 23시부터 0시 59분 59초
丑 시   1시부터 2시 59분 59초
寅 시   3시부터 4시 59분 59초
卯 시   5시부터 6시 59분 59초
辰 시   7시부터 8시 59분 59초
巳 시   9시부터 10시 59분 59초
午 시 11시부터 12시 59분 59초
未 시 13시부터 14시 59분 59초
申 시 15시부터 16시 59분 59초
酉 시 17시부터 18시 59분 59초
戌 시 19시부터 20시 59분 59초
亥 시 21시부터 22시 59분 59초

일반사회에서는 0시부터 24시까지를 하루로 계산하지만 음양학계에서는 子시부터 亥時까지를 하루로 계산하니 밤 11시(23시)가 되면 자동적으로 날짜가 바뀌고 새날이 시작된다. 고전 명리파는 하루의 시각이 子시부터 시작되는 것은 인정하면서 야자시(夜子時) 명자시(明子時-朝子時)로 나누어서 24시 이전의 子시는 그 전날의 일진을 쓰고 子시만을 다음날 子시로 쓰며 24시 이후의 子시에 한해서 그날의 일진과 子시를 쓰는데 이는 뒤에서 구체적으로 설명하겠지만 子시와 일진의 근본을 모르고 하는 착오임으로 재론할 필요가 없다.(본 글은 정시법을 말한 것이고 현재는 30분법을 적용하는 경우가 많다. 다만 30분법에 대한 설명은 다음과 같다.)

<참고>한국의 표준시

우리나라는 조선시대까지 해 시계를 중심으로 한 전통적인 방법으로 시각을 측정해왔는데 1908년 2월 7일(양력) 대한제국 표준자오선이 공표됨에 따라 우리나라는 동경 127도 30분을 표준 자오선으로 사용하게 되었습니다. 그러나 한일 합방 이후 1912년 1월 1일(양력)을 기해 일본은 우리나라의 표준시를 동경 135도를 기준으로 하는 자국의 표준시로 바꾸게 됩니다.

그러다가 해방 이후 1954년 5. 16 이후 다시금 우리나라의 표준 자오선을 동경 135도선으로 변경하여 오늘에 이르고 있습니다.

지구는 태양을 공전(公轉)하면서 서(西)에서 동(東)으로 자전(自轉)하고 있는데 한번 자전하는데는 24시간(하루)이 걸리게 됩니다. 따라서 원의 각도인 360도를 24시간으로 나누면 지구는 1시간에 15도씩 자전하게 됨을 알수 있는데 우리나라와 일본은 7도 30분의 편차(135도-127도 30분)가 나기 때문에 약 30분의 시간차가 생기게 됩니다.

그러므로 우리나라의 십이지(十二支)상의 시각은 30분 단위로 구분해서 사용해야 합니다.

각 국가별 표준시는 그 해당 국가의 위치가 태양을 수직으로 통과하는 시각으로서 정오시(正午時)를 말합니다.(흔히 태양이 남중(南中)할 때를 말하는데, 막대기를 땅에 꽂아 놓았을 때 그 막대기의 그림자가 가장 짧을 때)따라서 우리나라의 정오시(正午時)는 낮 12시 30분이 되며 루가 바뀌는 자정(子正)은 밤 12시 30분이 되는 것입니다.

그러므로 오시(午時)는 11시부터 오후 1시가 아니라 11시 30분부터 오후 1시 30분이 되는 것입니다.

12지1(十二支)의 평면그림

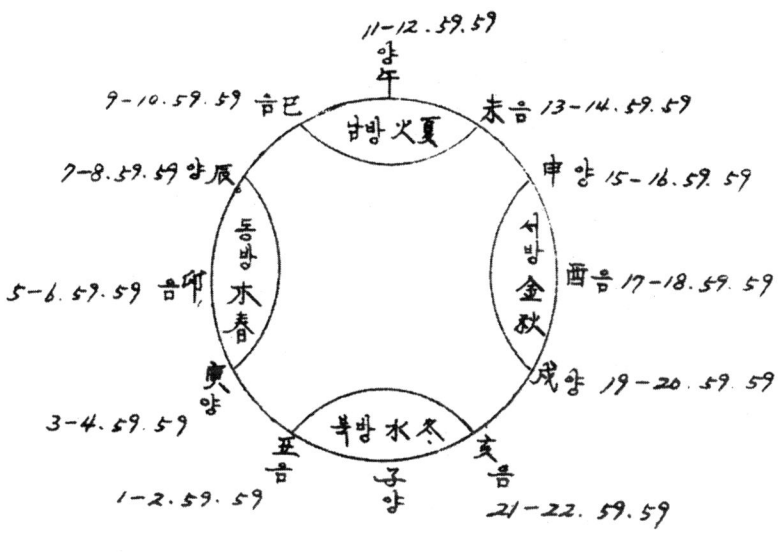

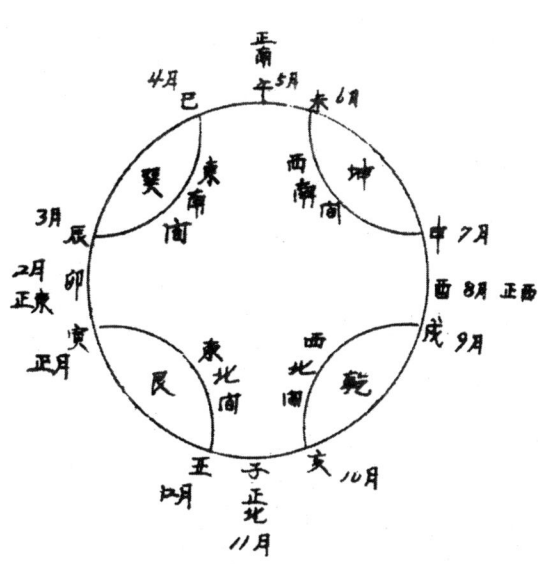

지 합(支合)

　천간이 음과 양으로 간 합을 이루듯 지지에서도 음과 양은 합을 이룬다. 이를 지 합이라고 한다.
간 합은 서로 상극된 관계에서 양이 음을 보면 정이통하여 합이 되지만 지지는 생물이나 물체가 아닌 오행의 근기(根氣)로서 합하는 근거가 전혀 다르다.
먼저 지지의 합을 소개하면 子丑合土(자축합토) 寅亥合木(인해합목) 卯戌合火(묘술합화) 辰酉合金(진유합금) 巳申合水(사신합수) 午未(오미 합은 불변<不變>)합으로 되어있다.
어째서 子丑은 土가 되고 寅亥는 木이 되며 卯戌은 火가 되고 辰酉는 金이 되며 巳申은 水가 되고 午未는 合이 될 뿐 변화가 없는가?
子는 水요 丑은 土다 水는 바다요 土는 육지를 의미하니 바다와 육지가 합하면 지구가 된다. 지구는 土의 근본이니 子丑이 합하면 土가 된다는 것은 자연을 표현한 것이다.
午는 해(日)요 未는 달(月)이니 하늘에선 일월이 음양으로서 부부를 맺는다. 해가 양이요 남성이며 달이 음이요 여성이다. 해와 달은 합쳐서 하늘을 형성하는데 오행상 土는 있어도 하늘 천(天)은 없다. 그래서 午未는 합할 뿐 지구와 같이 다른 물질로 변하지는 않는다. 午未합 또한 자연적 현상일 뿐 다른 뜻은 없다.
지합은 하늘과 땅 사이에 발생하는 자연적 변화와 현상을 계절로서 설명한 자연의 이치다.
첫째 땅에선 생물이 발생하고 계절은 봄에서부터 시작한다. 그 생물과 봄은 木의 상징으로서 子丑합 다음의 寅亥합에서 발생하는 자연현상은 木이 된다.
木이 성장하면 꽃이 피고 봄이 가면 여름이 온다. 그 꽃과 여름은 火의 상징으로서 寅亥합 다음의 卯戌합에서 발생하는 자연현상은 火가 된다. 꽃이 지면 열매가 생기고 여름이 가면 가을이 오며 열매가 무르익으면 기름이 생기고 가을이 가면 겨울이 오듯이 卯戌합 다음에 오는 辰酉합에선 가을과 열매의 상징인 금이 오고 그 다음의 巳申합에선 가을과 열매다음의 겨울과 기름을 상징하는 水가 온다. 水 다음엔 높고 맑은 하늘이 나타나고 하늘 아래 펼치는 땅에서 새봄과 새싹이 아지랑이 속에 모락모락 피어오른다.
이는 오행의 섭리이자 대자연의 진리로서 고금동서를 통하여 변함없이 질서 있게 영원히 진행되고 반복되는 음양오행의 순환이요 행진곡이다.
지합에 대해서는 월장(月將)설을 쓰기도 한다.

월장은 다음과 같다.

	正	2	3	4	5	6	7	8	9	10	11	12
月	寅	卯	辰	巳	午	未	申	酉	戌	亥	子	丑
月將	亥	戌	酉	申	未	午	巳	辰	卯	寅	丑	子

가령 정월(寅)엔 亥가 장성이고 2월엔 戌이 월장이 된다. 월장은 해와 지구가 얽히는 방위와 지점으로서 그 달의 주장(主將)과 같다.
월은 음이요 여성이니 부부의 결합을 의미하는 지합은 달의 여주인공과 주장이 결합함을 뜻하는 것이다.
합을 남녀의 결합으로 따질 때 지합은 월녀(月女)와 월장(月將)의 결합으로 보는 것이 원칙이지만 음양의 근본은 단순한 남녀가 아닌 우주와 대자연으로서 기합 또한 대자연의 법칙과 질서의 관점에서 관찰하는 것이 보다 애국적이고 합리적이라 하겠다. 지합은 간합과 같이 유정한 결합으로서 정에 빠지고 만사를 외면함으로서 사실상 코를 골고 자는 남녀와 같이 아무런 작용을 하지 않는다. 이름과 숫자만 있을 뿐 아무런 힘과 도움이 되지 못함으로서 그에 의하는 전간은 뿌리가 있으면서 없는 것과 똑같이 무력하고 실각하게 된다. 때문에 지합이든 간합이든 합이 있거나 많은 것은 다정다감한 동시에 정에 얽히어서 대사를 그르치고 자립할 기회를 얻지 못하는 경향이 있다. <초지일관하지 못하고 도중에 변동이 무상함도 자명지사다.>

지합(支合)의 평면그림

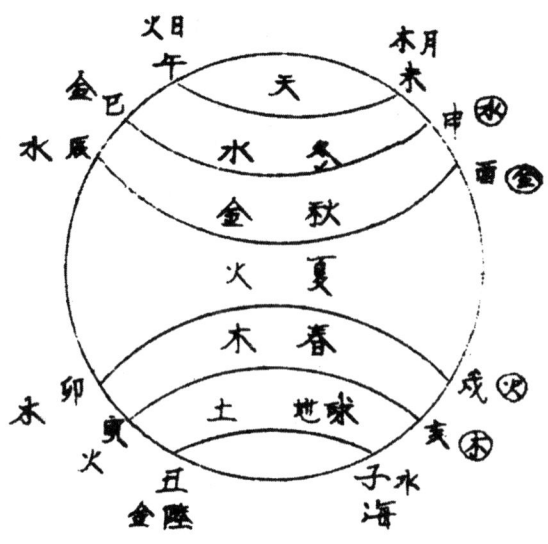

지충(支沖)

정북인 子에서 정남이 午로 향하여 직선을 그어가고 午에서 子로 향하여 직선을 그어 가면 반듯이 중간지점에서 정면충돌 하듯이 정동인 卯와 정서인 酉에서 동시에 반대방향을 향하여 직선을 그어가면 중간지점에서 맞부딪치게 된다.

丑과未 寅과申 巳와亥 辰과戌이 반대편을 향하여 동시에 직행하는 경우도 똑같다. 중간에서 반듯이 충돌하게 되어 있다. 이러한 일직선의 쌍방지지가 중간에서 맞부딪치는 충돌을 지 충이라고 한다.
서로 앞을 가려고 양보하지 않고 또 빗겨 설 자리도 없는 외나무다리에서 한 치도 물러서지 않고 서로 떠밀고 싸우다 보면 서로 전진하지 못하고 마침내는 서로 지쳐서 쓰러진다. 흔히 지 충이라면 자동차가 부딪치는 것과 같다 해서 교통사고나 무서운 재난이 일어난다고 해서 교통사고나 무서운 재난이 일어난다고 해서 무척 두려워하지만 사실은 전혀 다르다.

무엇보다도 지지는 뿌리요 싹이 아님으로서 머리와 머리가 부딪혀 싸우는 간 충과는 달리 뿌리와 뿌리가 서로 영양분을 생산 하다가 정면으로 부딪치자 서로 양보함이 없이 자리를 다투다 보니 서로 얽히고 엉키어서 생산은 할 수 없고 싸움만 일삼으니 마침내 그에 의지하든 천간이 굶주려 쓰러지고 집안에 뜻하지 않는 사고로 큰 소동이 벌어지는 것이다. 이는 빵을 생산하는 수족이 생산은 아니하고 싸움만 하다 보니 수족에 의지하든 머리와 기계가 영양부족으로 고장이 생기고 파괴되는 것과 같다.

태산처럼 믿었든 수족이 뜻하지 않은 싸움으로 생산과 공급을 중단하고 주인공을 골탕 먹이듯이 사주에 충이 있거나 충을 만나는 경우엔 틀림없이 약속되고 또 진행될 것이 어떠한 뜻하지 않은 방해와 사고로 어긋나고 실패하는 것이다. 가령 은행에서 돈을 대부받는 경우 충이 발생하면 도중에서 좌절된다. 당사자는 은행 책임자와 가까운 사이고 또 확약을 받았는데 무슨 소리냐? 고 펄쩍 뛴다. 어느 모로 보나 그럴 수가 없다는 것이다. 그럴 땐 뜻밖에 은행 책임자가 전근이 된다거나 정책상 대부가 중단 되거나하는 불행한 사태가 발생하여 기대가 빗나가게 된다.

따라서 지충은 서로가 쓸 데 없는 싸움으로 본분을 망각하고 시간과 정력을 낭비하는 것처럼 되지도 않을 부질없는 일에 신경을 쓰고 헛되이 얽매이다가 뜻을 이루지 못하고 낭패를 당하는 것이다.

다음 그림에서 보는 바와 같이 지 충은 일직선의 쌍방이 동시에 출발 할 경우 중간 지점에서 맞부딪치는 외나무다리에서의 정면충돌이다. 그러나 지 충의 근본원인은 앞으로 설명되는 삼합(三合)에서 발생하는 집단적인 전쟁으로서 같은 지 충이지만 저마다 뜻과 내용과 형태와 결과가 다르다. 때문에 직선을 통한 지 충을 충의 전부라고 생각하는 것은 속단이다. 이는 단지 충을 겉으로 보는 피상적이고 추상적인 관찰에 지나지 않는다. 이는 비단 지충뿐이 아니고 모든 면에서 그러하다. 그러한 추상적 관찰이 추상적인 판단을 가져올 것은 필연적 사실이다. 여기 고전 명리파의 고충은 있다.

지충(支沖)의 평면그림

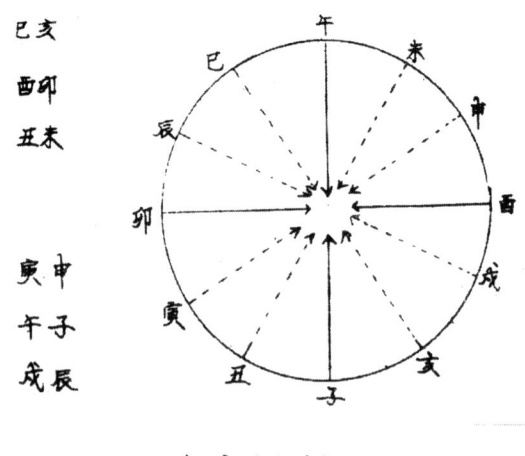

육해 (六害)

육해(六害)

지합은 남녀 부부가 베개를 베고 나란히 누워있는 형국이다. 서로 사랑하고 즐거워하기 때문에 언제나 그 자리에서 서로 껴안고 있는 것이다. 이 평화스럽고 금실 좋은 가정에 충이 뛰어 들어오면 전투가 발생하고 희생자가 나타나며 단단했던 부부생활은 파괴가 되고 쑥밭이 된다.

가령 子와 丑은 합으로서 부부생활을 즐기는데 난데없이 午가 뛰어들으면 子와 싸움이 붙고 서로 피투성이가 되어서 병원으로 입원하게 되니 丑은 하루아침에 남편을 잃고 과부가 된다. 丑의 남편 子를 상이용사로 만든 것은 午이니 午는 丑의 부부생활을 방해하고 파괴한 침략자다. 그래서 丑은 午를 싫어하고 미워하며 경계하고 저주한다. 그 午를 丑은 육해살(六害殺)이라고 부른다. 가정생활의 방해자라는 의미다. 이러한 방해자는 十二支의 가운데 여섯 개가 있으니 육해라고 한다.

午의 경우는 어떠한가? 午는 未와 합이 되어 멋지게 부부생활을 한다. 丑이 뛰어들어서 아내인 未를 충하면 未는 부득이 싸움터에 나가고 상이용사가 되며 결과적으로 午는 홀아비가 된다.

丑이 午의 가정생활을 짓밟고 파괴를 하였으니 丑에서 볼 때엔 午가 남편인 子를 짓밟은 파괴자이지만 午의 입장에서 볼 때엔 丑이 더없는 파괴자요 방해자다. 결과적으로 丑과 午는 서로 파괴하고 방해하는 적대자로서 불구대천의 사이다.
이를 그림으로 살펴보기로 하자.

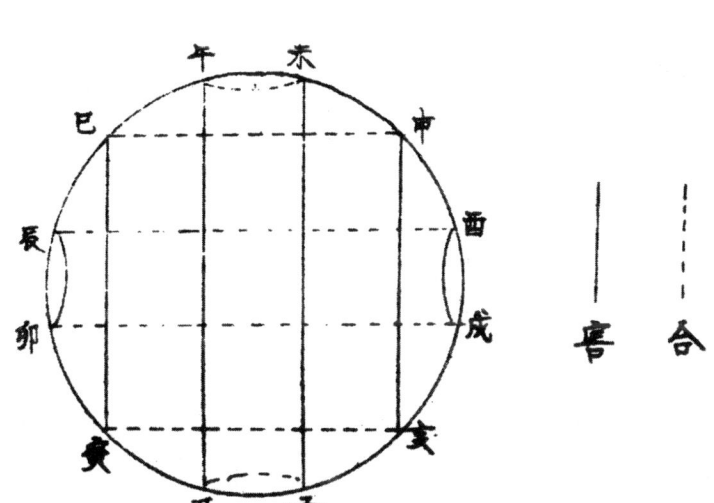

六해는 단결과 화목과 금실을 깨는 별로서 사주상 육해가 있거나 만나면 무엇인가 방해자가 나타난다.
마치 두 남년가 멋있게 놀러가는 터에 제 3자가 불쑥 나타나서 애인을 가로채고 도망치는 것과 똑같다.
때문에 약혼이나 결혼을 비롯해서 친목계나 조합 또는 단체의 결성을 하는 데는 육해의 일진을 피해야 한다.
六해의 날을 선택하면 생각지도 않은 침입자나 방해자로 인해서 평지풍파를 일으킨다. 그렇다고 六해의 날은 만사가 불성이라는 것은 아니다. 다만 그러한 방해나 지장이 발생할 암시와 우려가 있다는 것이다.

<참고>
<2> 지지의 합충형파해(地支의 合冲刑破害)

지지에서 여러 가지 합과 충과 형 등이 있는데 간략하게 요약해 보면 방합-방향의합 지합은 일명 6합 또는 삼합- 세 가지 오행이 만나 합이 되는 것이 있으며 반합 즉 반만 합이 되는 것도 있다.

1. 지합 (支合)

십이지지도 음과 양이 만나 합하는 것을 지합(支合)이라고 한다. 子와 丑이만나면 합을 하고 寅과 亥, 卯와 戌, 辰과 酉, 巳와 申, 午와 未, 가 바로 그것(支合)이다.

子와 寅과 辰과 午와 申과 戌은 양이고 丑, 卯, 巳, 未, 酉, 亥, 는 음이다. 십간의 음과 양이 만나 합이 되듯이 지지도 음양이 만나 합을 이룬다. 甲己가 만나면 土로 변하는 화오행(化五行)이 발생하듯이 지지도 "화오행"으로 변한다. 子丑이 만나면 土가되고 寅亥가 만나면 木이 되고 卯戌은 火요, 辰酉는 金이고, 巳申은 水요, 午未는 합은 이루어지지만 化五行 으로 변하지 않는다하여 무변(無變)이라한다. 午는 태양이고 未는 달로서 하늘을 상징하고 子는 바다요, 丑은 육지로서 땅을 상징한다. 하늘과 땅 사이에 춘하추동 절기가 돌고 도는 것이 지합의 화오행이다. 목은 봄이요, 화는 여름이고, 금은 가을이고, 수는 겨울이다. 땅은 토의 오행에 속하는데 반해서 하늘은 어느 오행에도 속하지 않는다. 그래서 子와 丑은 土의 화오행이 되지만 午未는 화오행이 없이 단지 합만 할 뿐이다.

2. 지충 (支冲)

十二지지의 음과 음 양과 양이 만나는 것을 지충 이라한다. 子와 午가 만나면 충을 하고 丑과 未가, 寅과 申이, 卯와 酉가, 辰과 戌이, 巳와 亥가 바로 그것이다.

子와 午, 寅과 申, 辰과 戌,은 양이고 丑과 未, 卯와 酉,

巳와 亥는 음이다. 음과 양은 한 쌍의 부부로서 유정하듯이 간합과 지합은 음과 양으로서 유정한데 반해서 음과 음 양과 양은 남과 남, 여와 여, 로서 서로 대립하고 반목하며 무정하다. 음과 음 양과 양으로 이루어지는 간충과 지충은 적대관계로서 무정하다. 干沖이 나타나면 만사가 불성(不成)이고 불길한 사태가 발생하듯이 支沖이 나타나면 되는 것이 없고 불행한 사태가 발생한다고 해서 무척 두려워한다. 그렇지만 지충의 충은 부딪치고 싸우는 충이 아니라 화합할 충이다. 음과 음 양과 양이 만나면 여성과 여성 남성과 남성이 만나듯이 서로 시기질투하고 미워하며 대립하고 반목하는 적대관계인데 음과 음 양과 양이 상충하는 支 沖이 화합하는 까닭은 무엇인가? 子와 午는 같은 양지(陽支)이지만 子는 水이고 午는 火이며 水는 陰이고 火는 陽이다.

水와 火는 음과 양으로서 천생연분인 한쌍의 부부이다. 서로 사랑하고 화합하며 의지하고 상부상조한다. 巳와 亥는 음지이지만 巳는 火이고 亥는 水로서 火는 양이고 水는 음이다. 子午와 같이 음과 양이 만나는 것이니 천생연분으로 화합할 것은 당연하다. 卯와 酉는 같은 음이지만 卯는 木이고 酉는 金이며 木은 陽이고 금은 처녀로서 천생배필이니 만나면 화합할 것이 당연하다. 寅과 申은 같은 陽支이지만 寅은 木이고 申은 金이며 木은 양이고 金은 음이다. 卯酉와 같이 음과 양이 만나는 것이니 서로 사랑하고 화합하기 마련이다. 辰과 戌, 丑과 未는 土이다. 辰과 丑은 陰土(濕土)이고 戌과 未는 陽土(燥土)이다. 비록 같은 土이지만 丑은 음이고 未는 양이며 辰은 음이고 戌은 양양이다. 음과 양이 만나는 것이니 화합하는 것은 당연하다.

음과 음이 양과 양이 부딪치고 싸우는 충과 음과 양이 화합을 해서 하나가되는 충은 하늘과 땅의 차이만큼 크다. <위 글에서 말한 음양은 약간 헛갈릴 수 있다. 음양의 이치를 잘 생각하면 이해 할 수 있다. 음은 차고, 양은 덥다, 로 보아 수는 음이고 화는 양이며, 습토는 물 토로 음 토이고 조토는 마른 흙으로 양 토 (조토)로 보는 것이다. 지금은 처음단계라 이해가 잘 안되지만 차차 이해가 될 것이니 너무 염려할 사항은 아니다.)

3. 충 형 파 해 방향

충(冲)은 양과 양 음과 음끼리 만 충 하는 것이 있다.

형(刑)은 삼형살이 있는데 3자가 모여 강하게 형합 하여 삼형 살 이고 형살은 육형(六刑)과 자형(自刑)이 있다.

파(破)는 육파(六破)라는 것이 있는데 파기하고 분리한다는 의미가 된다.

해(害)는 육해(六害)가 있는데 합하고 있는 사이를 방해 해로움을 끼 친다는 의미가 있다.

십이운성(十二運星)

　사람이 어머니의 자궁에 잉태하면서부터 출생하고 성장하고 왕성하고 노쇠하고 병들고 죽어서 무덤에 묻히기까지의 일생일대의 모든 과정을 세밀히 분석하고 질서 있게 체계화 한 인생의 이정표를 十二運星이라고 한다.
고전 명리파 에서는 이를 하찮은 별로 여기고 그 해석 또한 지극히 피상적이고 추상적이어서 배우는 학도(學徒-學人)또한 거의 무관심하게 도외시하고 있지만 사실은 12운성이야 말로 인간의 오장육부로서 가장 소중하고 신비한 운명의 열두 가락 거문고다. 거문고가 열두 줄에서 온갖 소리를 내고 사람을 울렸다 웃겼다 하듯이 十二운성은 인생의 성격과 직업을 비롯해서 부모 형제 처자의 인연과 그 후박(厚薄)을 소상히 알 수 있고 소년시대와 청년시대 그리고 장년과 만년의 운명을 관찰할 수 있다.
사람팔자는 十二운성의 곡조에 맞추어서 읊는 노랫가락이라는 것이 가장 적절한 표현일 만큼 12운성은 여태까지 상상조차 할 수 없는 무궁한 신비성을 간직하고 있다. 이 금단의 수수께끼는 다음 12운성론에서 구체적으로 밝히려니와 여기서는 그 개념만을 간단히 소개하겠다.

1. 장생(長生)
　사람이 출생하고 어머니의 젖꼭지를 물고 있는 동안을 장생이라고 한다. 인생의 첫 출발이자 따사로운 모정을 듬뿍 누릴 수 있는 가장 순진난만하고 행복한 시절이다. 성격이 원만하고 호인이며 모방성이 뛰어나고 예능에 소질이 풍부하다.

2. 목욕(沐浴)
　흔히 목욕이라면 어린아이가 출생하면 맨 먼저 목욕을 시킨다 해서 장생은 출생이고 목욕은 첫 번째 목욕인양 해설하고 잇는데 이는 어머니의 젖꼭지를 떠나서 저 혼자 마음대로 행동하면서부터 성년이 되기 이전의 미성년시대를 말한다. 세상물정을 모르고 육체 또한 미완성한 단계에서 무엇이든 기분과 감정에 따라서 천방지축 경거망동하니 실패와 변동이 무상할 수밖에 없다. 다정다감하고 갈팡질팡하여 기분 나는 대로 감정적으로 덤비고 행동하니 어찌 꼴불견이 아니겠는가, 인생으로서 가장 성패와 기복과 변동이 무상한 시기다. 풍류를 좋아하고 멋을 먹고살며 시작은 있으나 끝이 없다.

3. 관대(冠帶)

나이를 먹고 육체적으로 성숙하였으니 성인이라 하여 결혼을 시키고 살림을 나누어 분가시키니 자주독립하는 첫 과정이다. 비록 육신은 성숙되었으나 정신면은 텅 빈 미완성 단계임으로 반 조각 성인이다. 마치 벼 이삭이 처음 열리는 상태와 같이 겉은 완성되었으나 속은 빈 쭉정이다. 그래서 익지 않는 벼이삭은 고개를 바짝 쳐들고 숙일 줄을 모른다. 그와 같이 관대는 저 잘난 멋에 누구에게나 어른노릇만 하려들고 고개 숙일 줄을 모른다. 어른 공경하고 섬기는 법을 모르고 안하무인이며 천상천하 유아독존으로 행동하기 때문에 모가 나고 적이 많으며 좌충우돌이다. 경험 없이 닥치는 대로 덤비고 뛰어들기 때문에 실패가 거듭되고 고집과 우월감 때문에 고생을 사서한다. 백전백패하면서 백절불굴의 패기와 투지가 있어서 끝내는 성공을 하지만 아량과 관용성이 없어서 고독을 자초한다. 장생과 목욕과 관대는 부모슬하의 시절임으로 이 세 가지별은 모두 부모궁에 있다. 부모는 나를 생해주는 것이니 木으 水生木하여 水가 부모가 되고 火는 木生火하니 木이 부모가 되며 土는 火生土하니 火가 부모이고 金은 土生金하니 土가 부모이며 水는 金生水하니 金이 부모가 된다. 때문에 甲 일생은 亥子丑 북방 水가 부모궁이고 丙 일생은 寅卯辰 동방 木이 부모궁이 되며 戊일생은 중앙 土로서 방위가 없고 토궁(土宮)이 따로 없음으로 丙火에 같이 묶어 놓는다. 丙火는 하늘이요 戊土는 땅인데 하늘과 땅은 하나요, 땅이 소속할 곳은 하늘뿐 이라 해서 丙火에 종속시킨 것이다.
그래서 戊土는 丙火와 같이 寅卯辰 동방 木을 부모궁으로 삼는다.

木은 土를 극한다고 했는데 어떻게 해서 극하는 것이 부모가 될 수 있느냐? 반문하겠지만 앞서 오행상극란에서 말했듯이 金水木火의 四象은 극을 만나면 크게 상해됨으로 두려워 하지만 土만은 木이 쟁기요 호미로서 木이 극하면 도리어 생기를 얻고 기운이 생긴다. 부모궁은 생기와 기운을 얻는 곳이니 土가 木을 부모궁으로 삼는 것은 당연하다. 그렇다고 土를 火와 동일체로 삼는 것이 전적으로 옳은 것은 아니다. 왜냐하면 하늘은 양이요 땅은 음인고로 음양이 유별한데 음이 양으로 둔갑할 수는 없는 것이다. 땅은 어디까지나 음이요 양이 될 수는 없다. 그래서 중국 명리계에서는 土를 水와 결부시키어 12운성을 논한다.

土는 육지요 水는 바다로서 육지가 바다와 한 몸이 되는 것은 자연의 섭리 라는 것이다. 음양으로 따지면 土가 음이요 水가 음이며 土가 땅이요 水가 바다이니 土가 水와 합치는 것은 당연하다 하겠다. 그러나 土와 水는 엄연히 상극된 오행으로서 상극이 하나로 뭉친다는 것은 있을 수 없는 이변(異變)이다. 문제는 土가 어디에 속하느냐? 하는 것인데 土는 종속물이 아닌 만큼 어디에도 속하지 않는다. 다만 12운성상 丙火에 잠시 엎여가는 것뿐인데 사실은 土는 金水木火처럼 죽고살고 흥하고 망하는 생사 왕 쇠가 없음으로 생사 왕 쇠를 분별하는 12운성을 그대로 적용하기에는 여러 가지 어려운 문제가 있다. 차후에 구체적인 설명이 있겠지만 이 점을 참작하여 12운성을 관찰해야 할 것이다. 이러한 난점은 金의 12운성에서도 발견할 수 있다. 金은 土가 부모궁인데 방위상 土궁이 없다. 그래서 부득이 여기서도 土는 火와 공동체라는 견지에서 巳午未火宮을 庚의 부모궁으로 삼게 되었다.

壬水는 申酉戌 서방 금이 부모궁이니 오행은 저마다 부모궁을 가지고 있다. 같은 부모궁이라 해도 순서에 따라서 장생, 목욕, 관대로 분류된다. 甲木은 亥子丑이 부모궁이니 순서대로 따져서 亥는 장생이 되고 子는 목욕이 되며 丑은 관대가 된다.

이를 그림으로 표시하면 좀 더 쉽고 구체적으로 이해할 수 있을 것이다.

4. 건록(建祿)

정신적인 미완성을 완성시킴으로서 정신육체 양면으로 성숙한 완성된 인간이 건록이다. 속이 꽉 차고 빈틈이 없는 벼이삭처럼 무게가 있고 침 참하며 자주 독립할 수 있는 능력이 완전하다. 옛날엔 벼슬을 하고 독을 먹는 것이 자립하는 첫 과정이었다.

오래서 건록이라 했고 임관(臨官)이라고도 한다. 부모의 슬하를 완전히 떠나서 자기 나라를 세우고 독립하는 과정이므로 남의 지배와 간섭을 거부하고 주도 치밀하며 자신만만하다. 인덕이 없고 자수성가하며 고도의 지성으로서 기획과 설계에 능하다.

건록은 육신과 정신은 완성되었으나 아직 실제경험은 격지 못했으므로 수완이 부족하다. 융통성이 없고 처세가 원활치 못한 것이 흠이다.

5. 제왕(帝旺)

벼슬하고 녹을 먹으면서 산전수전을 겪고 사회물정에 통달하여 처세가 능소능대 한 것이 제왕이다.

일생일대의 전성시대요, 정상으로서 천하의 왕자로 군림하는 왕업

(王業)을 꿈꾸는 것은 필연적이다.

수완역량이 비범하고 백절불굴이며 어떠한 간섭이나 지배도 받지 않고 자력으로서 대규모의 사업을 일으킨다. 남에게 지지 않으려는 패기는 관대와 비슷하나 관대는 유용무모(有勇無謀)하고 제왕은 유용유모(有勇有謀)한 것이 큰 차이다.

6. 쇠(衰)

장년시대가 지나고 초로에 들면 정신은 멀쩡하나 몸이 쇠퇴한다. 아직 독립할 능력은 있으나 천하를 다스리는 무거운 짐은 감당할 수 없다. 노련한 경험을 살리어 한 부분적인 직분을 만족으로 삼는 마지막 활동기다. 패기가 없는 대신 온순하고 침착하며 소극적이고 헌신적이다. 봉직생활로써 가장 적합한 시기요 마지막 봉사의 기회다. 건록과 제왕과 쇠는 자기고장으로서 형제들이 살고 있는 형제궁이요, 자수성가하는 독립궁이다. 甲木은 寅卯辰 동방목궁에 해당하고 丙火戊土는 巳午未 남방화궁에 해당하며 庚金은 申酉戌 서방금궁이 壬水는 亥子丑 北方水궁이 각각 형제궁이요, 독립궁이다.

이를 그림으로 잠시 살펴보기로 하자(別表)

7. 병(病)

초로를 지나면 몸이 쇠퇴하여 병이 든다.
병들면 만사가 정상적이 아니며 감상적이고 비관적이다. 병들면 자식에게 의지함으로 이때부터 인생은 자식궁으로 옮겨 산다. 병들면 입원하고 입원하면 가장 기다려지는 것이 문병객과 음식 선물이다. 서로 대화하고 회식(會食)하며 남의 신세를 기뻐하듯이 그 자신 남을 간호하고 보살피는 것을 즐겨한다. 몽상이 많고 잔소리가 많은 것이 특징이다.

8. 사(死)

사람이 죽음에 임박하면 물욕이 없어지고 담백하며 취미를 살리고 종교와 철학 등 인생을 연구하고 학문을 닦는데 주력한다. 몸이 노쇠하니 육체적 활동은 어렵고 정신적이고 기술적인 업무로서 생계를 유지한다.

9. 묘(墓)

인생은 무덤에 들어가면 모든 것이 끝장이다. 아직 무덤에 들어간 것은 아니지만 무덤에 갇힌 것처럼 수족이 움직이지 않고 앉아서 산다. 남과 같이 활동하고 벌기가 어려우니 있는 것을 절약하고 아껴 쓸 수밖에 없다. 한 푼이라도 더 모여서 하루라도 더 오래 살려고 저축심이 대단하고 사치를 모르고 실리만을 따지는 구두쇠다. 안정된 직업과 고정된 수입을 원한다.
병 사 묘는 자식궁에 있음으로 甲일생은 木생火하니 巳午未 남방화궁이 丙戊日생은 申酉戌 서방金궁(宮)이 庚金은 亥子丑 북방수궁이 壬水는 寅卯辰 동방 木궁이 각각 자식궁에 해당한다.
丙火는 土가 자식이나 土궁이 없으므로 火궁 다음의 金궁을 자녀집으로 삼은 것이다.

이를 그림으로 살펴보기로 하자.

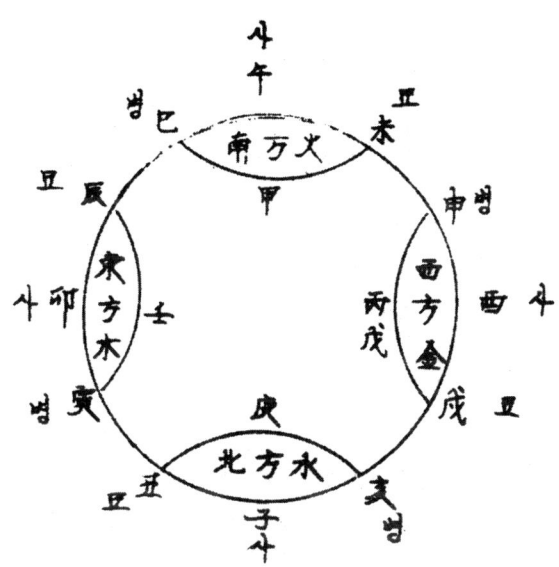

10. 절(絶)

사람은 묻히면 허무로 돌아간다.

이미 죽어 묻힌 몸이 되살아 날수는 없다. 예수는 무덤에서 부활했다지만 음양오행 학으로서는 전혀 생각조차 할 수 없다.

육신은 세포활동이 중지되면 썩고 썩은 시체는 물과 한줌의 흙으로 돌아갈 뿐 되살아 날수는 없기 때문이다. 그러나 땅에 묻히고 썩는 것은 몸에 속하는 육신일 뿐 양에 속하는 기는 아니다.

만물은 기와 체의 결합으로서 생명이 발하고 존재하는데 기와 체가 분리되면 생명과 존재는 몰락한다. 육신이 땅에 묻히면 기는 하늘로 승천하니 그 육신과 영혼(氣)이 서로 분리되고 단절된 상황을 절이라고 한다. 절은 기가 있을 뿐 육신이 없음으로서 가장 허약하고 불안한 상태이며 새로운 육신을 찾아서 대기속에 떠돌고 있는 과정이니 마음이 통하고 새로운 변화를 찾는 변동기를 의미한다. 어차피 죽은 몸과는 살수 없으니 새로운 몸을 찾을 수밖에 없다. 그것은 甲은 甲이되 죽은 A甲이 아니고 전혀 새로운 B甲을 찾고 있는 것이다.

A甲에서 B甲으로 몸을 옮기듯 절은 거구영신(去舊迎新)하는 새 출발의 별이다. 이미 끊어진 육신에게 새 육신을 구하고 만나는 것을 절처봉생(絶處逢生)이라고 한다. 절은 언제나 새로움과 변화를 즐기고 무엇이든 시종일관을 하지 못하며 마음이 단순하고 결백하여 속는 일이 많다. 몸이 없는 영혼 뿐으로서 아무리 붙잡으려해도 잡을 수가 없듯이 사랑할 때는 뜨거워도 헤어질 때는 걷잡지 못한다.

11. 태(胎)

육신을 찾아 헤매든 영혼이 새로운 육신을 찾아서 생명으로 재생 잉태한 것이 태다. 비록 잉태는 하였으나 아직 아들딸의 성별이 분별되지 못하고 또 만삭이 되지 않음으로서 장차 어떻게 될 것인지 불안하고 초조하기 그지없다. 뱃속에서 놀고 있기 때문에 마냥 즐기고 놀기를 좋아하며 순진하고 여성적인 반면에 변화를 즐긴다. 낙태를 가장 두려워하듯이 폭력을 가장 싫어하고 아들이다 딸이다 하는 이성의 분별은 운명을 좌우하는 중대사로서 같은 중성 간에는 누구와도 교제하지만 이성교제에 대해서는 심각하고 굳은 표정이다. 뱃속에서 무엇이든 척척 청탁을 받듯이 남의 청탁을 너무 쉽게 받아들이고 실천하지 못해서 사서 고생하고 신용까지도 잃기 쉽다.

12. 양(養)

잉태한 태아가 완전히 성숙해 만삭이 된 것을 양이라고 한다. 아직 출생은 하지 안했지만 인간으로서의 형성이 완성되었기 때문에 불안과 근심이 없다. 여유 있고 안정된 상태에서 원만하고 자신이 있으며 노신사처럼 둥글둥글하고 팔방미인이다.

절, 태, 양은 생명의 형체(육신)가 바뀌고 새로운 생명이 형성되는 과정으로서 상극되고 가장 허약한 별이다.

그림으로 설명하면 더욱 쉽게 알 수 있다.

음생양사(陰生陽死)와 양생음사(陽生陰死)

12운성은 양과 음이 서로 다르다. 같은 火라 해도 丙은 寅에서 장생인데 丁은 酉에서 장생이며 丙의 장생지에서 丁은 사가 되고 丁의 장생지 (酉)에서 丙은 사가 된다.
丙(양)이 생하는 곳에서 丁(음)은 사가 되고 丁이 생하는 庚에서 丙은 사가되니 정반대. 그와 같이 같은 木이면서 甲은 亥에서 장생하고 午에서 사하는데 乙은 午에서 장생하고 亥에서 사하며 庚辛은 같은 金이지만 庚은 巳에서 생하고 子에서 죽는데 반하여 辛은 子에서 생하고 巳에서 죽는다.
壬癸도 같은 水이지만 壬은 申에서 生하고 卯에서 죽는데 癸는 卯에서 생하고 申에서 죽는다. 戊己土는 丙丁火와 같을 뿐 아니라 근본적으로 생과 사가 없기 때문에 문제밖이지만 같은 오행이면서

12운성이 상반된 까닭은 무엇인가? 이는 기와 체의 본질이 다른데서 오는 필연적 현상이다. 기는 물체를 생산하는데 반하여 형체는 기를 소모하고 있다. 甲은 생기요 乙은 생물로서 甲은 乙을 생산하고 육성하는데 반하여 乙은 甲을 먹어 없앤다. 가령 나무인 乙木은 午月에 가서 가지와 잎과 꽃이 만발하여 전성기를 맞는데 반하여 甲은 모든 생기를 탕진하고 더 지탱할 수 없음으로서 지쳐 쓰러진다. 왜냐? 乙木의 형체인 가지와 잎과 꽃은 바로 갑의 생기로서 만들어진 기의 화상(化象)으로서 잎과 꽃이 만발한 것은 甲이 지니고 있는 생기가 외부로 만발하여 완전히 탕진되고 탈기(脫氣)상태에 빠진 것이다. 반대로 乙木은 무르익은 생명체로서 제 二의 생명을 생산한다. 밤나무에선 밤이 생기고 배나무에선 배가 열린다. 그 새로운 생명이 발생하는 것을 음의 장생이라고 한다. 음은 물질이기 때문에 같은 물질을 생산하는 것이 장생이 된다. 그래서 乙木을 甲이 죽는 午에서 장생이 된다.

亥월이 되면 서리가 내리고 나뭇잎이 우수수 떨어지며 가지만 앙상히 남아있다. 누가 보아도 죽은 나무와 다를 바 없다. 그래서 乙木은 亥에서 죽는다. 甲의 기운을 먹고 사는 잎과 꽃들이 떨어지니 甲은 비로소 생기가 저축되고 부풀어 간다. 그래서 甲은 亥에서 장생한다. 생기가 생산되고 회복된다는 뜻이다.

丙丁火의 경우도 똑같다. 丙은 태양이요 丁은 달이다. 태양은 아침 庚에서 뜨고 저녁 酉에서 지는 것이 정상인데 반하여 달은 저녁 酉에서 뜨고 아침 庚에서 지는 것이 상식이다. 달이 뜨면 해가 지고 해가 뜨면 달이 지듯 丙이 생하는 곳에선 丁이 사하고 丁이 생하는 곳에선 丙이 사한다. 이러한 음양의 상반성은 태양과 지구의 공전(公轉)에도 연유한다.

하늘을 대표하는 태양은 좌회전 하는데 반하여 음을 대표하는 지구는 우회전한다. 그래서 양간의 12운성은 좌로 순행(順行)하고 음간의 12운성은 우로 역행(逆行)한다. 한 가지 더 예를 들어보기로 하자. 양은 남자요, 음은 여자다. 남자는 양기로 살고 여자는 정력으로 산다. 남자는 어머니 뱃속에서 출생할 뿐 자식을 낳지 못하는데 반하여 여자는 자식을 낳는다. 그래서 양기는 생해주는 어머니 궁에서 장생하는데 반하여 음은 자식을 놓는 자식궁에서 장생한다. 따라서 양기는 대기에서 숨을 통해서 흡수하므로 항상 들어 마시는 공기의 모체가 상생인데 반하여 정력은 물질로서 휘발유와 같다. 휘발유는 소모하는데서 열이 발생하고 기운이 발동함으로서 음은 언제나 힘을 설기하는 자식궁에서 장생하는 것이다. 같은 12운성의 장생이면서 기운을 흡수하는 양의 장생이 기운을 소모하는 음의 장생에 비하여 생산적이며 건전하며 유력할 것은 자명한 사실이다.
음양의 12운성을 그림으로 살펴보기로 하자.

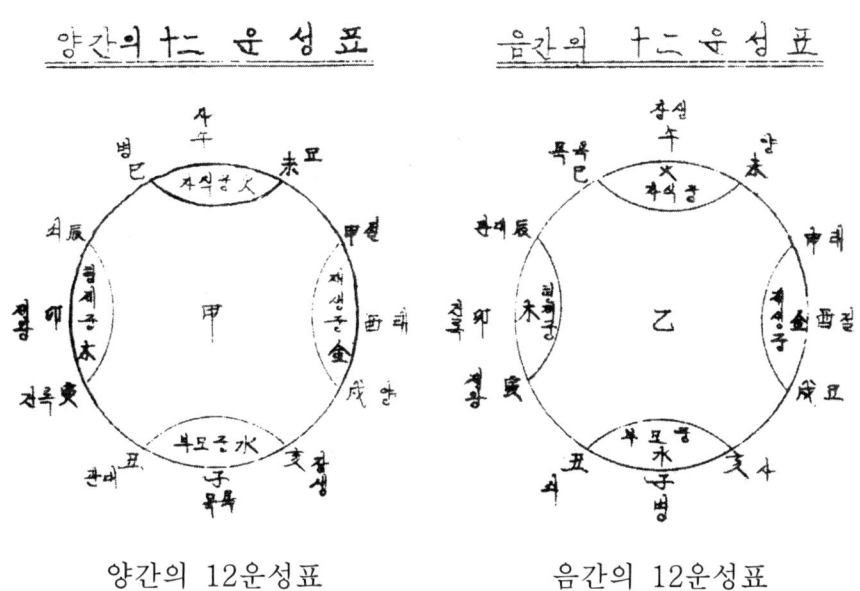

양간의 12운성표   음간의 12운성표

12 運星 一 覽 表

10干 / 12運星, 生 浴 帶　祿 旺 衰　病 死 墓　絶 胎 養

	장생 목욕 관대	건록 제왕		
甲	亥 子 丑	寅 卯 辰	巳 午 未	申 酉 戌
乙	午 巳 辰	卯 寅 丑	子 亥 戌	酉 申 未
丙 戊	寅 卯 辰	巳 午 未	申 酉 戌	亥 子 丑
丁 己	酉 申 未	午 巳 辰	卯 寅 丑	子 亥 戌
庚	巳 午 未	申 酉 戌	亥 子 丑	寅 卯 辰
辛	子 亥 戌	酉 辛 未	午 巳 辰	卯 寅 丑
壬	申 酉 戌	亥 子 丑	寅 卯 辰	巳 午 未
癸	卯 寅 丑	子 亥 戌	酉 申 未	午 巳 辰

24절기(二十四절기)

 사람들은 절기에 대한 감각은 느끼고 살아가면서도 24절기를 잘 아는 사람들은 드물다. 특히 현대인들은 24절기라는 단어는 익숙치 않고 춘하추동 4계절정도를 절기라고 생각하고 살아가게 된다. 메스컴이나 달력을 통해서 절기를 더러 듣고 볼 수 있지만 달력도 불교달력은 정확하게 절기나 음력을 표시하지만 현대식 달력들은 전혀 찾아보기 어려울 정도다. 그러나 24절기가 언제 어떻게 이루어졌는가를 제대로 알고 나서야 우리는 과학적이고 활용가치가 얼마나 소중한가를 알게 된다.

농경민족이었던 우리 조상들은 한난조습(寒暖燥濕)이라는 계절의 변화를 파악하여 농사를 지었다고 한다. 달이 차고 이지러짐을 기준으로 하는 음력과 태양을 중심으로 하는 양력은 1년에 약 11일의 혼란이 생기며 달의 부활이 시작되는 음력 초하루를 한 달의 시작으로 하고 윤년을 더하면 달력의 날 수와 기후의 차이는 10일~20일 정도가 난다.

이와 같은 상황에서 예 현인들은 수많은 연구관찰을 통해서 계절의 변화와 일치하는 기준을 찾게 된다. 그것이 바로 계절과 기후가 일치하는 기준점을 근원으로 달력의 날을 나누어 정한 것이 24절기인 것으로 1년중에 밤낮의 길이가 같은 춘분과 추분, 그리고 낮이 가장 긴 하지와 밤의 길이가 가장 긴 동지 날을 기준한 것이다. 처음에는 24절기의 구분을 동지를 기점으로 1년을 24등분하여 15일마다 한 절기를 두고 그 계절에 맞추어 이름을 붙였으나 먼 훗날 춘분을 기점으로 해서 지구에서 태양이 보이는 궤도인 황도 360도를 24등분 하여 15도씩 황도의 위를 움직이는 위치에 해당하는 날을 24절기로 정하게 되었다. 그러므로 중국이나 우리나라는 1년의 시작을 동지로 했으나 후대인 한나라시대에 입춘을 기준하여 한해가 바뀌는 것으로 정했던 것이다. 우리 역학에서는 연월일시를 정할 때 과학적이고 합리적인 절기를 기준하여 기록하고 있다.

1. 절기와 기온의 차이

입춘은 글자그대로 봄이 들어섰다는 말인데 사실상 가장 추운 때이기도 하다 그러나 입춘이 지나고 나면 따스한 햇살이 피부에 와 닿으면서 봄을 맞이하게 된다. 그런가하면 절기와 기온차이가 지역마다 다르게 느껴지는 것은 절기법이 중국 황하유역을 기점으로 시작된 것도 원인이고 우리나라에서도 위도차이로 인한 기온이 약간씩 다를 수 있다는 점도 감안해야 한다.

2. 사주와 절기

사주를 정할 때 정월 초하루로 하는 것이 아니라 입춘을 기점으로 해가 바뀐다는 점을 반드시 기억해야하고 월을 정할 때도 12절기를 잘 보아서 기록해야지 잘 못하면 월이 바뀔 수 있다는 점 기억해야한다. <자세한 것은 다음 장에서(사주기록 법 편)자세히 설명할 것임>

3. 절기란 무엇인가?

절기란 계절적 구분을 말하는 것인데 1년을 360일로 하여 24등분한 한 절기가 15일이 되고 그 한 절기를 3등분하여 5일씩 나누어 1년을 72후(候)로 나누게 되는데 5일을 1후라 하고 3후를 1기(氣)라 하여 1년을 72후와 24절기로 나누게 된다. 이때에 월초에 해당하는 것을 절(節)이라 하며 월중(月中)에 있는 것을 기(氣)라고 한다. 절기는 12기와 12절로 나뉘게 되는데 이것을 통틀어 24절기라 말하게 된다.

이와 같이 기후의 변화는 갑자기 일어나는 것이 아니라 1후에 해당하는 5일정도의 시간차에 따라 변화하게 되고 1후인 5일이 지나면 한서(寒暑)의 기운과 조습(燥濕)의 변화가 두드러지게 나타난다. 대체적으로 꽃들도 꽃망울을 터트린 날로부터 5일이 지나면 만개(滿開)하고 풀도 5일정도 지나면 새 모습으로 자라 나타나는 자연의 변화는 신기하기 한이 없다. 그리고 기후변화의 최소단위가 후가 된다.

4. 24 절기의 특성

우리 조상들은 24절기의 특성을 활용하여 지혜롭게 살아 왔으므로 절기는 절대 무시할 수없는 자연의 법칙이라는 것을 알아야 하기에 24절기를 자세히 기술하고자 한다. 다만 사주팔자에 적용하는 것은 12절이라는 점을 잊어서는 안 된다.

寅卯辰은 봄이요, 巳午未는 여름이며, 申酉戌은 가을이요, 亥子丑은 겨울이다. 이를 세분하면 寅은 정월(正月)로서 초춘인 맹춘(孟春)이고, 卯는 2월로서 중춘(仲春)이며 辰은 3월로서 만춘(晩春)이다. 巳는 4월로서 초하(初夏)인 맹하(孟夏)이고 午는 5월로서 중하(中夏)이며, 未는 6월로서 만하(晩夏)이다. 申은 7월로서 초추(初秋)인 맹추(孟秋)이고, 酉는 8월로서 중추(仲秋)이며, 戌은 9월로서 만추(晩秋)가 된다. 亥는 10월로서 초동(初冬)인 맹동(孟冬)이고 子는 11월로서 중동(中東)이며, 丑은 12월로서 만동(晩冬)이다. 사주에서는 달을 절기 위주로 한다.

정월은 입춘(立春)이고 2월은 경칩(驚蟄), 3월은 청명(淸明), 4월은 입하(立夏), 5월은 망종(芒種), 6월은 소서(小暑), 7월은 입추(立秋), 8월은 백로(白露), 9월은 한로(寒露), 10월은 입동(立冬). 11월은 대설(大雪), 12월은 소한(小寒)이다. 달은 초하루부터 말일까지이지만 절기는 다르다. 정월의 절기인 입춘은 빠르면 12월 15일에서 들고(입절) 늦으면 1월 15일에 든다. 다른 절기도 모두 마찬가지다. 미리 앞당겨서 드는가 하면 뒤늦게 들기도 하는 등 뒤죽박죽이다. 사주는 절기가 위주이다. 절기는 입추, 입하, 입동에서 시작하고 一年의 태세(太歲)는 입춘에서 비롯된다. 입춘이 들면 태세와 절기가 다 같이 바뀐다. 가령 癸酉년 12월 24일 오전 10시 28분에 입춘이 들면 그 시각부터 태어난 사람은 甲戌년 정월(입춘:立春)생의 사주를 타고난다. 반대로 癸酉년 정월 13일 상오 4시 35분에 입춘이 드는 경우에는 비록 癸酉년 정월에 태어났다 하더라도 입춘이 늦어짐으로써 입춘 시각인 13일 상오 4시 34분 59초 이전의 태생은 임신(壬申)년 12월(소서:小暑)의 사주를 타고난다. 그것은 달의 절기도 마찬가지이다.

3월중에 입하가 들면 3월 태생이면서 4월 태생의 사주를 타고나고 4

월에 태어나도 입하가 이전이면 3월태생의 사주를 타고난다. 절기는 사주를 구성하는 음양오행의 왕 쇠 강 약을 가리는 기본이 된다.
봄에는 木이 왕성하고 金이 쇠하며 火가 강하고 水가 약하듯이 오행의 절기에 따라서 왕하고 쇠하며 강하고 약하다. 절기는 춘하추동 사절기이고 한 절기는 3개월로 구성된다. 이제 12달의 절기를 하나하나 살펴보기로 한다.

1. 입춘(立春)

정월(인:寅)의 절기를 입춘이라고 한다.
입춘은 봄의 기운인 木기가 발생하고 정월절기가 시작되는 기점이면 시점이다. 木기는 따스한 생기이다. 입춘이면 지구상에 당장에 봄이 오는 것이 아니다. 봄기운이 나타나기 시작할 따름이다. 봄이 오려면 겨울의 한기가 물러가야 한다. 입동에서 3개월 동안 설치고 판을 친 동장군은 천하장사인데 비해서 이제 막 태어난 봄의 木기는 여리고 여려서 무르익은 겨울 水와는 감히 맞설 수가 없다.

그렇지만 천지운기를 장악하고 주재하는 조물주는 준엄하고 절대적이다. 일단 입춘이 되면 동장군인 水기는 철수를 시작해야 하고 봄의 木기는 전진을 시작해야 한다. 겨울의 水가 한걸음 후퇴하면 봄의 木은 한걸음 입성하듯이 봄이 한 발짝 들어서면 겨울은 한 발짝 물러서야 한다. 누가 먼저이고 뒤인가가 없다. 동시에 오고간다. 한치의 오차도 없이 평화적으로 신진대사 한다. 겨울이 완전히 철수하는 데에는 한 달이 걸리듯이 봄이 완전히 입성하는 데에는 또한 한 달이 소요된다. 입춘 후 15일 전에는 水가 우세하지만 15일 후에는 木이 우세하다. 15일째에는 水와 木이 평등하고 막상막하이다. 입춘은 겨울이가고 봄이 옴과 동시에 임금인 세군(歲君)이 바뀌는 거구영신과 신진대사의 절기이다. 달만이 바뀌는 것이 아니고 해도 바뀐다. 하나는 전진하고 하나는 후퇴하는 일진일퇴를 거듭하면서 겨울은 미련 없이 물러가고 봄은 지체 없이 천하를 챙긴다.

봄은 봄이되 요지부동한 것이 입춘이다. 춘래불사춘(春來不似春)이 바로 입춘의 절기이다. 그렇지만 겨울은 입춘에서 마무리를 지어야 한다. 입춘이 가고 2월의 경칩이 오면 겨울은 완전히 사라짐과 동시에 봄의 절기는 완연하다.

지금도 역술계의 어느 학파에서는 동지를 기점으로 한 해가 바뀌었다고 주장하는 곳이 있는데 그 이유는 중국 전한시대에 동지를 년초로 정했는데 그 이유는 동지가 1년중에 낮이 가장 짧고 밤이 가장 길므로 이는 음의 기운이 극에 달해서 이 시점부터 음이 끝나고 양의 기운이 새로 시작된다하여 일양시생(一陽施生)의 날로 보고 이렇게 주장 하는 것이다.

입춘에 얽힌 세시풍속이야기

우리 조상들은 立春 날에 立春大吉 建陽多慶 또는 笑門萬福來 라는 글귀를 붓으로 써서 대문이나 방 입구 벽에 붙였는데 이를 春祝 立春詩라 말한다. 그런가하면 만물이 생기를 얻어 소생하는 시기라 하여 전쟁은 물론이고 신에게 제사를 지낼 때도 생명을 잉태 생산하는 암컷은 쓰지 않았으며 특히 새끼 밴 짐승은 물론 애벌레 같은 작은 생물까지도 죽이지 않았으며 봄기운인 仁을 해치면 자연을 거스른다 하여 천재지변 등 큰 재앙을 받거나 자신도 건강을 해칠 수 있다고 생각하여 살생을 꺼렸다고 한다. 그런가하면 입춘날의 일진이나 일기를 통해 그해의 길흉을 점치었는데 만약 甲乙일이면 풍년이 든다했고 丙丁일이면 그해는 유난히 무덥고 戊己일이면 논밭의 곡식에 피해가 크고 庚辛일이면 사회가 불안하고 壬癸일이면 홍수나 폭설로 피해가 크고 또 입춘날 청명하면 풍년 들고 비가내리면 그해 폭설이 쌓이고 동풍이 불면 사회가 안정되고 평화롭지만 서풍이 불면 나라가 시끄럽거나 태풍이 크고 남풍이면 무덥고 가물며 북풍이면 장마가 길다 하였다.

1-2. 우수(雨水): 입춘과 경칩사이에 드는 절기이다.

우수경칩에 대동강 풀린다는 말이 있다. 입춘이 지나고 보름정도 지나면 우수다. 우수에는 눈과 얼음이 녹아내리고 하늘에서 비가 내리는 寅월의 中氣를 말한다. 이 시기부터 천지만물은 음양의 기운으로 소생하고 만물이 활발하게 활동하는 활동기이며 산천초목은 비를 맞고 윤택하게 성장하는 성장의 시기이다.

2. 경칩 (驚蟄)

2월(卯)의 절기를 경칩이라고 하다. 경칩은 다른 말로 계칩(啓蟄)이라고도 하는데 啓는 열 계자로 열린다는 뜻이요, 蟄은 숨을 칩 자로 벌레가 움츠리고 숨는다는 모습으로 겨울잠에서 깨어난 벌레들이 지하의 문이 열리니 지상으로 기어 나오기 시작하는 시기를 말한다. 그러므로 2월부터 봄의 윤기는 무르익는다. 봄의 운기는 木이고 木은 생기(生氣)이다. 경칩이 되면서 천지간에는 생기가 가득히 차고 왕성하다. 땅 속에서 잠을 자던 온갖 생물이 생기를 얻으면 눈이 떠지고 정신을 차린다. 이미 겨울이 가고 봄이 온 것을 알게 되면 생물은 저마다. 기지개를 펴고 활동을 시작한다. 겨우내 지하에서 동면하던 개구리 등이 봄이 생기에 깜짝 놀라서 지상으로 뛰쳐나오는 모습을 상징한 것을 경칩이라고 한다. 모든 벌레들은 앞을 다투어서 지상으로 기어 나오는 경칩은 지상에서 봄소식을 완연하게 알리는 형상이요 물상(物象)이라 하겠다. 완전무결하고 순수한 봄의 운기는 경칩부터 시작해서 두 달 동안 계속된다.

2-4.춘분(春分):봄의 한 가운데로서 봄이 앞 뒤 둘로 나누어지는 분기점이다. 낮과 밤의 길이가 같은 날로서 이날부터 낮의 길이가 길어지기 시작한다.

3. 청명 (清明)

3월(辰)의 절기를 청명이라고 한다. 입춘에서 발생하기 시작한 봄의 운기는 경칩에서 무르익고 왕성하다. 얼어붙은 땅덩이에 생기를 불어 넣어서 잠자든 중생을 깜짝 놀라게 하고 저마다 봄맞이를 서둘게 한다. 지상에 생기가 가득차고 넘치면 파란 새싹이 트고 잎이 피어서 봄의 훈기가 충천한다. 땅덩이를 생기로 가득 차게 한 봄의 木기는 마침내 하늘로 치솟아서 음산하던 하늘의 기상을 따스하고 맑으며 밝게 바꾸어 놓는다. 이를 청명(清明)이라고 한다. 청명이 되면 경칩은 봄이 무르익는 땅의 모습이요 현상이듯이 청명은 봄이 활짝 열리는 하늘의 모습이요 기상이다. 청명이 되면서 발생하는 봄의木기운은 하늘과 땅의 사이에 가득차고 넘치며 극치에 이른다.

4. 입하(立夏)

  4월(巳)의 절기를 입하라고 한다. 여름이 성큼 들어서는 것이 아니고 이제 부터 여름의 운기가 서서히 피어오르는 것이다. 절기는 천지의 정기(正氣)요 정기는 천지간에 군림하고 삼라만상을 다스리는 군왕이다. 여름의 군왕이 군림하려면 봄의 군왕이 물러가야 한다. 나라의 군왕은 하루 동안에 능히 거구영신 할 수 있지만 운기의 군왕은 거구영신 하는 데에 꼭 한 달 걸린다. 봄기운은 하루에 30분지1씩 물러가듯이 여름기운은 하루에 30분지1씩 전진한다. 매우 평화적이면서 율법이 엄격하다. 입하가 시작 된지 15일면 봄기운은 반을 후퇴하고 여름기운은 반을 전진함으로써 봄과 여름이 반반이며 한 달되는 날에 비로소 봄은 완전히 철수하고 여름기운이 완전히 입성한다. 봄은 발생하는 기운인데 반해서 여름은 성장하고 발전하는 기운이다. 봄의 木기는 따스한데 반해서 여름의 火기는 뜨겁다. 따스한 생기는 삼라만상을 발생시키는 어머니의 품인데 반해서 뜨거운 열기는 발생한 만유를 힘차게 기르고 무성하게 번창시킴으로써 천하장사를 만드는 아버지의 기상이요 용맹과 같다.

5. 망종(芒種)

  5월(午)의 절기를 망종이라고 한다. 망종이란 익어가는 보리이삭의 꺼끌꺼끌한 꺼끄러기(꺼럭)를 일컫는다. 절기의 양상은 땅(음)에서 나타난 다음에 하늘(양)에서 나타나듯이 여름의 절기 현상 또한 땅에서 피어오르고 다음에 하늘로 가득히 충만하다. 여름을 알리는 땅의 모습은 천이요 만이지만 가장 대표적인 상징은 무르익어가는 보리 이삭이다. 보리가 누렇게 익어가고 꺼끌꺼끌한 이삭이 영그는 5월이면 여름의 운기를 물씬 느낄 수 있다. 이제부터 완연한 여름철인 것이다. 여름은 뜨겁고 무더운 더위가 극성이다. 더위는 무에서 유를 창조하는 기화(氣化)작용을 왕성하게 촉진함으로써 만물의 성장과 발전(변화)을 극대화 한다. 나무 잎이 만발하고 숲을 이루며 만유가 힘차게 확산하고 번창하며 무성하다.

6. 소서(小暑)

　6월(未)의 절기를 소서라고 한다. 땅에 가득 찬 여름의 기운이 하늘로 치솟아서 온천지가 여름의 장관을 이루고 있는 것이다. 여름의 기상은 뜨겁고 무더운 불덩이 같은 열기이다. 더위는 대서(大暑)와 소서(小暑)의 두 가지로 나눈다. 글자대로 풀이하면 대서가 크고 소서가 작은 더위이다. 그렇지만 더위는 소서에서 극성을 부리고 절정을 이룬다. 그 이유는 무엇인가? 모든 에너지는 운동에서 발생한다. 운동이 없으면 에너지가 발생하지 않음으로써 변화가 없다. 지상의 기온은 원자의 소립자(小粒子)운동에서 발생한다. 운동이 빠르면 온도가 내린다. 소립자의 운동이 빠르면 운동반경이 짧고 작으나 운동이 느리면 운동반경이 길어지고 커진다. 소서는 입자의 운동이 극대화한 반면에 입자의 운동반경이 극소한 상태로서 열기와 무더위가 가장 극심한 상태를 의미한다. 이 얼마나 과학적인 상징인가?

7. 입추(立秋)

　7월(申)의 절기를 입추라고 한다. 여름은 물러가고 가을이 접어드는 거구영신의 환절기이다. 극성스러운 여름의 무더위는 입추가 되면서부터 한 발짝씩 철수를 하는 반면에 신선한 가을 기운이 하늘과 땅 사에서 차분하게 입성한다. 불덩이 같은 열기는 하루가 다르게 식어가고 시원한 가을바람이 더위에 지친 나무 잎들을 싱싱하게 흔들어 준다. 그것은 바람이 아니고 생기이다. 기진맥진해서 축 늘어진 중생들은 저마다 가을을 반기면서 알찬 성숙을 거둔다. 가을은 거두는 계절이다. 저녁은 무르익은 하루의 해를 거두듯이 가을은 성숙한 오곡백과를 비롯해서 무덥고 뜨거운 태양의 열기를 고두기 시작하는 것이다. 여름이 가고 가을이 오는 환절의 행진은 꼭 한 달 동안 계속된다.

8. 백로(白露)

　8월(酉)의 절기를 백로라고 한다. 오행은 저마다 색깔을 가지고 있다. 봄의 木은 푸른 청색이고, 여름의 火는 붉은 홍색(紅色)이며 흙의 土는 누런 황색이고 가을의 金은 하얀 백색이며, 겨울의 水는 검은 흑색이다. 백로는 가을의 빛과 색깔이 나타나는 것을 상징한다. 가을이 되면 여러 가지 변화가 꼬리를 물지만 대표적인 것은 하얀 서리이다. 서리는 엽록소를 통한 광합성을 차단하기 위해서 내린다. 생기를 죽이는 살기가 아니다. 열매를 거두기 위해서 성숙을 촉진하는 숙기(熟氣)이다. 서리가 내리면 고춧잎이 시들면서 고추가 빨갛게 무르익는다. 그것은 하얀 서리와 더불어 가을 을 가장 실감나게 상징한다. 지상에 서리가 내리면서 만물을 성숙과 거둠의 가을의 기색이 완연해지는 것이다.

9. 한로(寒露)

　9월(戌)의 절기를 한로라고 한다. 백로 한 달 동안 지상을 가득히 물들인 가을의 기운은 한로가 되면서 하늘로 치솟는다. 선선했던 가을의 기상이 아침저녁으로 차가운 한기로 변하기 시작한다.
가을이 무르익어가는 것을 피부로 느낄 수 있다. 서리가 내리고 쌀쌀한 한기가 하늘과 땅 사이에 가득하면 만물은 생기를 잃고 시들어 간다. 낙엽이 하나둘 떨어지고 황혼을 붉게 장식하는 단풍이 바람과 함께 사라진다. 스산한 가을바람이 나뭇가지에 매어달린 채 흐느껴 우는 나뭇잎들을 사정없이 내리치고 말끔히 거두어들인다. 알차게 무르익은 오곡백과 또한 서둘러서 거두어 인다. 남은 것은 앙상한 가지뿐이다. 화려했던 옷가지들을 가을이 몽땅 거두어드림으로써 벌거숭이 알몸을 드러내는 것이다.

10. 동(立冬)

　10월(亥)의 절기를 입동이라고 한다. 가을이 가고 겨울이 오기 시작하는 입동은 한 달에 걸쳐서 거구영신을 이룩한다. 싸늘한 한기가 차디찬 한기로 바뀌는 입동은 조석으로 겨울의 입김이 거칠어간다. 그렇지만 아직은 겨울이 아니다. 그렇다고 가을도 아니다. 가을 같기도 하고 겨울 같기도 하면서 가을도 아니고 겨울도 아닌 것이 입동이다. 가을이 가면 겨울이 오고 겨울이 오면 가을이 가는 환절의 행진은 소리 없이 진행되지만 보름이 지나면 겨울기색이 피부에 완연하다. 철두철미하게 평화적이면서 합법적이고 순리적인 신진대사가 이뤄지는 것이다. 한 치의 과속이 있을 수 없듯이 한 치의 지각도 있을 수 없다. 천지의 운기는 자율적이지만 엄숙하고 불문율이지만 준엄한 것이다.

11. 대설(大雪)

11(子)의 절기를 대설이라고 한다. 이제부터 겨울의 운기가 왕성한 것이다. 겨울을 알리고 상징하는 것은 눈(雪)이다. 큰 눈이 펑펑 쏟아지면 겨울의 풍경이 지상에 가득 찬다. 눈은 알몸이 된 삼라만상을 하얀 옷으로 갈아입히고 포근하게 감싸준다. 모든 것은 눈덩이 속에 갈무리되고 죽은 듯이 동면을 시작한다. 삭풍에 휘날리는 눈보라는 얼음덩어리와 더불어 온 세상을 불모의 동토로 꽁꽁 얼려붙인다. 생기가 없는 겨울 땅에서 살아남기 위해서는 땅속 깊이 갈무리되어야 한다. 땅은 눈 속에 갈무리되고 중생은 땅속에 갈무리됨으로써 기나긴 겨울잠에 들게 되는 것이 대설의 지상광경이다.

12. 소한(小寒)

12월(丑)의 절기를 소한이라고 한다. 땅에 가득 찬 겨울의 운기가 하늘까지 충만해서 겨울의 기상이 천지간에 극성을 부리는 계절이 바로 소한이다. 여름의 소서는 매서운 무더위이듯이 겨울의 소한은 매서운 추위를 상징한다. 땅덩어리는 꽁꽁 얼어붙어서 생기라고 찾아볼 수 없는 혹한의 계절이 소한이다. 무엇이든지 지상으로 나타나기만 하면 사정없이 내리치고 얼려버리는 소한의 추위는 살기가 등등하다. 왜 봄기운은 따스하고 여름기운은 무더우며 가을 기운은 선선하고 겨울기운은 차디찬 것인가? 태양의 빛과 열의 조화 때문이다. 태양의 운기가 발생하면 기온이 따스하고, 운기가 성장하면 기온이 뜨거우며, 운기를 거두면 기온이 선선하고, 운기를 갈무리하면 기온이 차디찬 것이다. 절기는 곧 태양의 운기가 발생하고 성장하며 거두고 갈무리 하는 과정과 형상을 상징한다.

新四柱學講義錄

(初等班 第2部)

目次

삼 합(三 合) / 95
방 국(方 局) / 99
충(沖) / 100
형(刑) / 104
파(破) / 108
사주의 구성 / 110
공 망 / 115
공 망 응용 / 120
지장간 / 121
월지장간 해설 / 125
사주는 군신체제 / 131
대운 / 133
왕 쇠 강 약 / 137
사주팔자 기록법 / 144

삼합(三合)

　十二운성을 세 가지로 크게 나누면 장생과 제왕 그리고 묘로 나눌 수 있다. 장생은 처음 출생한 어린이로서 순박하고 착하며 부모와 어른의 뜻에 따르고 제왕은 가장 왕성하고 수완 역량이 비범한 최고의 인생으로서 능히 나라를 세우고 다스릴 수 있으며 묘는 늙어서 살림과 경제에만 치중함으로서 가정과 나라살림을 꾸려나가는 알뜰한 주부인 동시에 인간이 먹고사는 먹이를 생산하는 유일한 토지로서 모든 경제는 여기서 생산되고 공급되고 유지되는 황금의 창고다. 이를 오행상으로 나누어 보면 다음과 같다.

<장생-長生>
甲木(亥) 丙火(寅) 庚金(巳) 壬水(申)
<제왕-帝王>
甲(卯) 丙(午) 庚(酉) 壬(子)
<묘-墓:庫支>
甲(未) 丙(戌) 庚(丑) 壬(辰)

　寅申巳亥는 金水木火의 장생(長生)이 되고 子午卯酉는 제왕(帝王)이 되며 辰戌丑未는 묘(墓)에 해당한다.
장생은 어리고 약한 반면에 생기가 발랄하고 윗사람이 시키는 대로 순종함으로서 일하는 종으로 쓰기에는 가장 적합하고 제왕은 씩씩하고 억세며 수완이 비범하고 통솔력이 강대함으로서 최고 책임자로 선발하기에 적합하며 묘는 늙은 주부이자 땅임으로서 생활과 경제의 기반으로 삼는 것이 타당하다.
　이 세 가지를 묶어서 형성한 것이 가정이요, 사회요, 단체요, 나라다. 장생은 가정을 꾸미는 처자이자 단체를 구성하는 회원이요 사회를 형성하는 사회인이자 나라를 구성하는 순박한 백성이요 제왕은 가정을 꾸려가는 가장이요 사회를 관장하는 지도자이며 단체를 통솔하는 책임자요 나라를 다스리는 왕자이며 묘는 가정의 재산이요 사회의 경제이며 단체의 재정이요 나라의 영토와 재정이다. 백성과 군주와 영토의 세 가지로 구성된 것을 나라국(國)이라 하듯이 장생 제왕 묘의 연합을 삼합국(三合局)이라고 한다.

가령 甲木의 경우 亥는 水요, 北이자 木의 백성에 해당하고, 卯는 木이요, 東이자 木의 군주에 해당하며, 未는 土요, 곤(坤)이자 木의 영토와 재산에 해당한다.

亥와 卯와 未는 木의 백성과 군주와 영토로서 木의 나라를 형성하되 이는 동방 木과 북방 水와 중앙 土가 합해서 한나라를 세운 것이니 三合木局이 라는 것이다. 여기서 三合이란 동서남북 여러 사람이 하나로 뭉친 것을 뜻하고 국(局)이란 나라 국을 의미한다. 비록 성이 다르고 고향은 다르지만 동서남북의 여러 백성이 모두가 하나로 뭉쳐서 나라를 세웠으니 그 힘과 조직력이 막강한 것은 불문가지다. 세상은 자고로 나라를 위주로 생활하고 활동하고 운영되듯이 인간만사는 바로 이 삼합을 위주로 결정되고 처리된다.

첫째 생활형태부터가 그러하다. 이 지구상엔 수십억의 인류가 살고 있지만 그들은 저마다 독립되고 흩어져있는 것이 아니고 나라단위로 조직화되고 집단화 되었으며 잘 살고 못사는 것은 자기 능력보다도 일차적으로 나라에 달려있다. 미국 같은 자유스럽고 부자의 나라에 태어났으면 자유와 여유 있는 생활을 할 수 있고 아랍의 후진국처럼 가난하고 무지한 나라에 태어난 백성은 배고프고 불우하며 사람을 짐승처럼 가둬놓고 고삐로 묶는 공산국에 태어나면 평생 자유와 평화를 모르고 고삐에 묶인 농우처럼 채찍과 감시 하에 얽매여 살아야 한다.

음양오행은 이를 네 가지로 크게 나누었으니 이는 곧 우주천하를 네 가지로 등분해서 그 어느 한나라에 속하도록 만든 것이다. 이를 金水木火와 12운성의 장생, 제왕, 묘의 별로 소개하면 다음과 같다.

오행	장생	제왕	묘	국
甲	亥	卯	未	木
丙	寅	午	戌	火
庚	巳	酉	丑	金
壬	申	子	辰	水

 이를 간단히 설명하면 木나라는 亥의 백성과 卯의 국왕과 未의 영토로서 세워지고 火나라는 백성 된 寅과 군주 된 午와 영도인 戌로서 세워 졌으며 金나라는 유순한 백성의 巳와 씩씩한 군주의 酉와 넓은 땅의 丑으로서 세워지고 水나라는 양 같은 申과 향우 같은 子와 기름진 辰土로서 세워진다.
 十二지지는 저마다 나라를 세우고 나라별로 소속되고 단결되고 행동하며 장생은 백성으로서 종노릇을 하고 제왕은 군주로서 통치권을 행사하며 묘는 영토로서 경제를 공급한다.
 寅申巳亥는 나라의 백성이자 가정의 자손이며 조직의 구성원으로서 남을 위해서 윗사람을 섬기는 벼슬아치와 봉직생활에 적합하고 자손과 인연이 있다. 본시 백성은 벼슬이 소원이고 출세임으로서 벼슬하는 봉직계통이 적성이고 많이 진출하며 말단직에서부터 최고 관직에까지 오른다. 백성보다 자손이 많고 또 빨리 번창하는 증식은 없다. 그래서 풍수에서는 寅申巳亥 방위를 자손의 궁이라고 한다. 방위로 따지면 寅申巳亥는 동서남북의 성문(城門)으로서 벼슬아치는 바로 나라의 성문을 지키고 백성을 보호하는 나라 지키기와 같다. 동서남북의 성문을 통솔하고 호령하는 것은 일인지하 만인지상인 재상이다. 사주에 寅申巳亥가 모두 있으면 이는 동서남북의 네 문을 모두 가지고 있고 또 다스리는 것이니 재상임을 의미한다. 그래서 사주에 寅申巳亥가 전부 있으면 재상이라고 하는데 이는 寅申巳亥의 뜻을 말할 뿐 반드시 그러한 것은 아니다. 사주에 높은 벼슬과 권력을 잡을 수 있는 힘이 갖추어 있어야만 비로소 큰 벼슬을 할 수 있는 것이다.

　子午卯酉는 한나라의 왕자로서 권력을 잡는 왕업(王業)을 천직으로 하는 영웅이다. 그러나 나라는 하나요, 영웅은 천이요, 만이니, 한 사람을 제외하고는 모두가 실업자요 나라 없는 망명객으로서 나그네처럼 떠돌이를 할 수 밖에 없다. 그래서 이 세상에서 가장 안절부절 하고 정처 없이 떠도는 것이 子午卯酉의 王별이다.
그들은 어떻게든 실권을 잡기위해서 심혈을 기우린다. 나라를 잃고도 자립하는 길은 자본을 형성하는 것이다. 그래서 子午卯酉는 경제와 기업계에서 두각을 나타내고 나라를 상대로 하는 장사~무역을 해서 종사한다는 뜻은 이를 두고 한말이다.

　그러나 왕관도 경제권도 잡지 못한 사람은 나그네 생활이 불가피하되 이 나라 저 나라를 두루 다닌다. 그래서 卯酉子午가 있으면 외국에 나가기 쉽고 보따리를 싸가지고 동서남북을 유랑한다. 총을 가지고 무력을 관장하고 정치에 참여하여 실권을 잡는 것도 왕권을 잡는 빠른 길임으로 무관과 정계에 진출하여 성공하는 경향도 많다.

　풍수에서는 子午卯酉를 귀(貴)로 보고 있는데 이는 왕권을 의미하는 것이다. 辰戌丑未는 경제의 보금자리로서 부지런하고 검소하고 저축하고 치부하는데 친부적인 소질을 가지고 있는 반면에 벼슬과 자손의 인연이 박하다. 만사는 돈이 위주라는 배금사상과 경제지상주의를 고집함으로서 돈을 모으고 절약하며 치부 하는데 만 열중하고 실리(實利)가 없는 명예나 자손에는 관심이 적다. 구두쇠처럼 돈을 모으는데 만 흥미를 가지고 노다지판을 찾기에 일생을 바친다.
풍수에서 辰戌丑未를 부(富)라고 하는 이유는 여기에 있다. 이는 12운성의 중요한 근본으로서 명심해야할 신비로운 비결이다.

　동서남북의 여러 군중이 동일한 목적아래 거대한 조직으로 형성한 정치적 또는 사회적 집단인 삼합국은 국가구성과 같이 백성과 주권과 영토의 세 가지가 구비되어야만 성립되는 것이 원칙이지만 나라의 주체는 주권으로서 주권만 있으면 영토 또는 백성만 으로서도 나라의 체통을 형성할 수 있다. 그러나 왕관과 주권이 없는 나라는 있을 수 없듯이 제왕을 떠나선 三합이 성립될 수 없다.

가령 亥卯未 三합의 경우 주권은 제왕인 卯에 있음으로서 세 가지가 모두 구비되지 않더라도 卯만 있으면 亥나 未의 하나만 있어도 합이 이뤄질 수 있지만 卯가 없이는 전혀 성립될 수 없다. 卯와 亥는 비록 영토는 없어도 군주와 백성은 단합이 되었으니 반 토막이나마 망명정부를 세울 수 있고 卯와 未는 비록 백성이 전란이나 질병으로 모두 사망했다고 해도 주권과 영토는 있음으로서 반 토막이지만 나라는 성립되고 존재하는 것이다. 이를 반합(半合)이라고 한다. 반합은 三합에 비하여 그 비중이 극히 적지만 합으로서의 기능은 가지고 있다. 卯가 없이 亥와 未만 있다면 주권이 없는 백성과 영토만이 존재함으로서 나라와 三合은 성립될 수 없다. 주권 없는 나라와 조직은 아무런 권리도 능력도 기능도 없음으로서 합이 이뤄질 수 없다. 그것은 이미 항복하거나 합병된 나라의 영토와 백성에 지나지 않으며 멀지 안 해서 새로운 주권자에게 흡수 될 전리품이자 포로와 같다.

방국(方局)

亥子丑은 북방水에 속하고 寅卯辰은 동방木에 속하며 巳午未는 남방火에 속하고 申酉戌은 西방 金에 속한다. 이 방위에 속하는 세 가지의 지지가 모두 있으면 방국(方局)을 형성한다. 방국은 순수한 동족끼리의 결합으로서 단일 민족국가와 같다. 三合처럼 서로의 이해관계와 목적을 위해서 결합된 정치적 집단과는 달리 순수한 혈족에 의해서 뭉쳐진 씨족 집단으로서 三합국과는 성질과 비중을 달리한다. 첫째 방국은 이해득실과 정치적 목적을 떠나서 동일성의 오행이 순수하게 뭉쳐진 집단이요, 나라로서 혈통을 근본으로 하고 둘째는 三合이 장생과 제왕과 묘의 연합체인데 반하여 방국은 건록과 제왕 그리고 쇠의 공동체로서 三合보다 월등한 최대의 힘을 가지고 있다.

三合처럼 어린 백성과 강대한 제왕 그리고 노쇠한 노병으로 구성된 권력체제가 아니고 같은 혈족간의 연령의 차이에 따라서 직분을 분담하고 있는 명실상부한 단일공동체로서 왕과 백성이 구분되고 계급적 차별이 있거나 정치적 권력이 있는 것도 아니다. 서로 같은 혈통이 모이다보니 강대한 나라를 자연적으로 형성한 것이다. 때문에 <u>방국은 세 가지가 모두 갖춤으로서만이 형성되고 한 가지라도 없으면 방국은 성립되지 못한다.</u>

　정치적 집단인 三合은 권력자만 있으면 둘이서도 반 토막이나마 성립이 되지만 방국은 같은 씨족이 한 방위를 점령하다시피 번창하고 발전하여 자동적으로 하나의 국가를 형성하게 된 자연 발생적 씨족국가로서 어느 한 구석만 비어있어도 국가로서의 방국은 성립될 수 없다. 방국이 성립되면 넘치는 막강한 세력으로서 어떠한 힘도 대항할 수 없으며 충(沖)이나 합이 와도 탱크처럼 끄떡도 하지 않는다. 충과 합이 성립되지 않는 것은 三合의 경우도 마찬가지다. 거대한 국가체제는 누구도 파괴할 수 없기 때문이다.

충 (沖)

　앞서 충에 대해서 설명한바와 같이 충의 근본은 개인적인 충돌이 아니고 집단적인 대결에서 연유한다. 三合論에서 밝힌바 있듯이 이 세상 모든 것은 국가단위로서 발생하고 결정되며 처리된다. 충은 그 대표적인 집단적 대결이다. 五行상 대결은 상극을 의미하고 상극은 金과 木, 木과 土, 土와 水, 水와 火, 火와 金에서 발생한다. 집단적 상극은 三合의 상극으로서 寅午戌 火局대 申子辰 水局 巳酉丑 金局대 亥卯未 木局의 상극을 말한다. 이를 정리하면 申子辰水局 巳酉丑金局 寅午戌火局 亥卯未木局 의 대결이 된다.

水극火이니 申은 寅을 극하고 子는 午를 극하며 辰은 戌을 극하고 金극木하니 巳는 亥를 지배하고 酉는 卯를 누르며 丑은 未를 다스린다. 같은 沖이라 해도 寅申巳亥는 어린 소년소녀의 대결이요, 子午卯酉는 천하대권을 잡은 장정의 대결이며, 辰戌丑未는 노쇠한 남녀의 대결이니, 그 성질과 내막이 전혀 다르다.

<寅 申>-인신 상충(寅申 相沖이라 함은 寅과 申이 서로 부딪힌다는 말이다).

공주와 황태자가 맞부딪힌 것이니 비록 나라는 싸우는 상극지간이지만 음양이 합치고 정이통하니 그대로 있을 수 없다. 서로 끌고 서로 잡아당기며 서로 쫓고 포옹하니 뜨거운 열기를 걷잡을 수 없고 몸을 가다듬을 수 없다. 그렇다고 상극된 나라인지라 결혼을 할 수 없으니 일생을 두고 상사하고 몸부림친다. 그와 같이 사주에 寅申이 있으면 (특히 日月이나 日時에) 애정이 일찍부터 싹트고 평생에 애정관계가 뜨거우며 자칫하면 애정으로 인한 풍파를 격기 쉽다. 인귀상침(人鬼相侵)이라 해서 이성문제로 가정에 파탄과 일기 쉽고 그러한 애정은 평생 가시지를 않는다.

<子 午>-자오 상충

남왕과 여왕이 맞부딪힌 것이니 나라의 주권투쟁이 초점이다. 서로 나라를 먹겠다는 사생결단이 발생하니 권력의 변동과 인명의 살상이 불가피하다. 그러한 국제무역을 통한 경제전쟁도 있으니 반듯이 전쟁만으로 단정할 수는 없다. 사주가 경제적으로 구성되었으면 국가단위의 경제거래인 무역과 상거래로서 막강한 경제권을 장악함을 암시한다.

<辰戌>-진술 상충

늙은 할아버지와 할머니의 다툼이니 사랑싸움도 아니요 주권다툼도 아니다 늙으면 돈이 제일이라고 오직 경제의 주권을 누가 갖느냐? 하는 다툼뿐이다. 서로 아름 목 차지하고 금고를 독점하려하니 정이 없고 무기력하다. 경제관념이 강하고 자립하며 겸손하고 부지런하며 부부의 애정보다 살림살이에 더욱 치중한다. 그래서 여자가

辰戌이 있으면 홀로 벼개 베고 눈물 흘리는 독수공방이 많고 고독하여 과부팔자라고 하는 동시에 궁합상 크게 꺼리는 경향이 있지만 이는 시대적 큰 착오다. 옛날엔 과부거나 고독한 독신이 아니면 여자가 경제를 관장하는 법이 없지만 오늘과 같이 여성 직업시대에 있어선 결혼하고도 부부가 다 같이 직업전선에 나서는 것이 보통이다. 서로 벌고 잘 사는 것이 어찌 박복한 과부팔자라 하겠는가? 여자가 너무 살림에만 치중하고 애정을 소홀히 하면 신혼시절의 남편으로선 불만이 있고 혹 애인의 아기자기한 사랑에 빠져서 외박을 하는 통에 아내가 가끔 공방을 지키는 경우가 있을지는 모르나 그것이 부부생활에 파탄이 생기고 해로하기 못하며 과부가 되는 조건이 될 수는 없다. 특히 고전 명리파 에서는 아직도 시대착오를 하여 여자 사주에 辰戌이 있으면 관대호봉(冠帶互逢)이라 해서 무조건 과부팔자라고 혼담을 깨는 경향이 있는데 이야말로 멀쩡한 사람 병신 만들고 다정한 천생연분을 깨는 크나큰 과오로서 대오 반성해야 한다. 다만 辰戌을 가진 여성에겐 경제 위주에서 애정 위주로 남편에게 보다 많은 관심과 정열을 쏟도록 권유하는 것이 올바른 음양학적 생활지도라 하겠다.

<巳亥>-사해 상충

　金木은 음양의 보좌이니 남종과 여종의 신분이다.
巳亥는 장생이니 어린 남녀의 종과 같다. 공주와 왕자는 순수한 애정을 구하지만 좋은 애정과 더불어 배경을 따진다. 경찰서의 사관이 경찰관 행세를 하듯이 장관의집 식모는 세도가 당당하다.
종과 종은 서로 주인의 세도를 믿고 호가호위하기를 즐긴다. 하찮은 쓰레기를 가지고도 서로 치우라고 다툰다. 어린이 싸움이 어른 싸움이 된다고 종 싸움이 주인 싸움으로 번지니 작은 일이 크게 벌어진다. 그와 같이 巳亥 충은 세도를 좋아하고 하찮은 일이나 감정이 크게 확대되어 재난을 초래한다. 철부지 종은 아무리 나무래도 똑같은 일을 되풀이 하듯이 巳亥는 평생에 걸쳐 작고 같은 일로 재난을 거듭하게 되니 무슨 일이든지 처음에 깨끗이 매듭지어야 한다. 특히 어린 종은 교양부족이고 감정본위로서 경거망동하기 쉬우니 무엇이든지 자중하고 다시 한번 생각한 다음에 행동해야 한다.

<卯酉>-묘유 상충

　장년의 남녀의 종이자 종의 두목이니 애정이나 기분보다는 권리와 이해관계가 초점이다. 좋은 왕권을 가질 수 없기 때문에 권력은 바랄 수 없고 단지 벼슬과 돈이 소망이다. 감투에 대한 애착과 집념이 강하고 돈에 대한 탐욕 또한 대단하다. 실리를 위해선 신의도 저버리고 주도권을 잡기위해선 수단과 방법을 가리지 않는다. 그러나 장년 된 남녀의 주도권 쟁탈전인 즉 생사를 좌우할 만큼 치열한 다툼이 발생하고 자칫하면 몸을 상하고 불구가 될 수도 있다. 그렇다고 주도권이 흔한 것은 아니다. 그래서 卯酉는 여간해서 안정된 직장이나 사업 또는 가정을 갖기가 어렵고 멀리 떠도는 나그네처럼 이동이 심하다. 한편 12운성으로는 子午卯酉가 金水木火의 목욕에 해당함으로서 도화로 보는 경향이 많다. 사실 목욕인 경우 철부지 같은 애정관계로 풍파가 적지 않다. 그래서 卯酉가 있으면 자식을 두고도 달밤에 정부와 도망친다는 설이 있기도 하다. 卯酉는 종의 신분으로서 경거망동하기 쉽다. 그러나 子午卯酉는 목욕만이 아니고 장생도 되고 제왕도 됨으로 일간의 목욕인 경우에 한해서만 애정위주로 관철하는 것이 옳다.

<丑未>-축미 상충
　늙은 남녀의 종이요 살림하는 주부이니 서로가 돈과 이해관계를 위주로 하고 인정과 신의는 외면하는 경향이 있다. 그래서 동기간이나 친구 간에 냉정하고 타산 적이며 아집과 탐욕이 강한 경향이 있다. 그래서 동기간이나 친구와의 인연이 박하고 고독하며 도량이 적고 인색한 편이다. 이와 같이 충은 三合의 조화로서 12운성에 따라서 성격이 판이하다. 장생은 부드럽고 제왕은 강대하며 묘는 실리적이다. 그러나 충의 근본은 서로 얽히고설키어서 작용을 못하는 것이니 새로운 수족과 뿌리를 찾지 않을 수 없다. 그와 같이 충이 있으면 한 가지를 시종일관 할 수 없이 도중하차하고 바꿔 타기를 자주하게 되며 그만큼 성패와 기복이 무상하다. 사주에 충이 있으면 평생 그러한 변전을 되풀이 하고 대운에서 충을 보면 10년간 활동이 부진하거나 변동이 심하며 세운에서 충을 보면 一년간 풍파와 변동이 오락가락한다.

충은 힘과 힘의 대결로서 강자와 약자 사이에서만이 성립되는 것이 원칙이지만 강약의 차이가 너무 심하면 약자가 피하고 충을 하지 않는다. 가령 七월 申금이 둘이고 寅이 하나면 본시 申이 강한데다 물이 있으니 寅은 무조건 항복할 뿐 충돌은 하지 않는다. 그래서 2대 1은 충이 성립되지 않는다고 한다. 그러나 七월 申금이 하나이고 寅이 둘이면 힘이 비슷함으로서 도리어 二寅이 申과 대결코자 달려드니 2대 1이란 힘의 비중을 말한 것이요, 결코 개수(個數)의 비중과는 무관하다.

형<刑> - 형살

형에는 寅巳申 丑戌未 삼형(三刑)이 있고 子卯상형(相刑)이 있으며 辰辰 午午 酉酉 亥亥의 자형(自刑)이 있다. 삼형은 다시 寅巳 巳申 申寅 丑戌 戌未 未丑으로 나누어 육형(六刑)이 된다. 흔히 형이 있으면 형사사건의 관재가 발생한다고 해서 무척 두려워하고 중요시하는 경향이 있다. 형에 대한 설명도 구구하다 고전명리에 의하면 寅巳申 삼형은 지세지형(持勢之刑)이요, 丑戌未삼형은 망은지형(忘恩之刑)이며 子卯 장형은 무례지형(無礼之刑)이요, 자형은 침소봉대하는 자초지형(自招之刑)이라고 한다. 그래서 사주에 형이 있으면 덮어놓고 배은망덕 하느니 세도를 즐기느니 버릇이 없느니 의심이 많으니 좋지 않게 관찰한다. 그러나 형이 있다고 해서 반듯이 그러한 결점이 있는 것은 아니다. 수양과 지성에 따라 서는 형이 있어서도 군자의 품위를 내 품고 있음을 얼마든지 발견할 수 있다. 어째서인가? 형의 진상을 발견하려면 먼저 형이 성립되는 근본부터 규명해야 한다. 이세상의 만사는 三合의 조화라고 말했듯이 형은 三합의 작당에서 형성된다. 어떻게 작당했는가? 그 전모부터 밝혀보자,

亥子丑	寅午戌	巳酉丑	申子辰
亥卯未	巳午未	申酉戌	寅卯辰
자 삼 삼	삼 자 삼	삼 자 삼	삼 상 자
형 형 형	형 형 형	형 형 형	형 형 형

<1>
亥 子 丑
亥 卯 未 亥卯未 木局은 강대한 국가체제로서 어떠한 침해도 물리칠 수 있다. 여기에 亥子丑 北方水局이 산더미 같은 식량과 무기를 가지고 와서 합세하니 木局이 하루아침에 힘이 넘치고 걷잡을 수가 없다. 이에 水局은 木局을 선동하여 한바탕 싸워서 영토를 확장할 것을 종용한다. 이미 두 나라가 합치고 국력이 도를 넘쳤으니 木局은 어깨가 으쓱하고 무엇이든 부닥치면 한바탕 하고 싶어 어찌할 줄을 모른다. 이는 술이 거나하게 취한 천하장사와 같다. 공연히 시비를 걸고 싸우고만 싶어진다. 그러한 경우에 무엇이 부닥치면 기다렸다는 듯이 시비가 폭발한다. 그와 같이 마음이 차분하고 온화하지 못하고 무엇인가 부닥치고 싸우고 싶은 심술과 호전성과 모가 나는 심정을 형이라고 한다. 형은 시비하는 별이다. 시비가 커지면 싸움이 되고 싸움이 커지면 문제가 생긴다. 관재와 손재 그리고 온갖 풍파가 연발한다. 남을 헤치려는 호전성이 가슴에 가득 차 있으니 웃음과 원만을 모른다. 언제나 차가운 냉기가 돌고 말이 없으며 화기를 찾아볼 수 없다. 그러니 부모 형제와도 다정하지 못하고 친구와도 멀다. 고독하고 냉정한 기질 속에서 평생을 웃음 없이 살

아야 한다. 만일 亥子丑이 없었다면 어찌 되었을까? 亥卯未 木局은 옛 그대로 안정되고 차분하며 평화로운 자유천지를 누렸을 것이다. 亥子丑이라는 무리와 작당하면서부터 문제는 발생한 것이다. 그와 같이 형은 배경과 빽과 무리를 즐기고 그 때문에 시비하는 기질이 폭발한다. 평소엔 무기력하고 얌전한 사람이 어떤 배경을 가지면 공연히 우쭐대는 버릇이 있듯이 그 배경에서 발생하는 우쭐함이 바로 형인 것이다. 이러한 형은 亥子丑이 주동이고 亥卯未가 피동이니 亥子丑이 주형(主刑)이 되고 亥卯未가 피형(被刑)이 된다. 그러니깐 亥형亥 子형卯 丑형未가 되는 것이다.

<2>

寅午戌
巳午未 巳午未 남방 火局이 천지를 주름잡고 있는 터에 寅午戌 三合火局이 와서 합세하고 선동하니 方局이 안하무인격으로 오만불손하게 되었다. 불길이 하늘을 찌르듯 치솟으니 어찌 가만히 있겠는가? 亥子丑의 합세로 亥卯未 木局이 기고만장하여 시비와 싸움을 일삼는 것과 똑같다. 寅午戌이 主刑이고 巳午未가 被刑이니 寅刑巳 午형午 戌형未가 된다. 만일 寅午戌火局이 이제라도 후회한다면 어찌 되겠는가? 巳午未남방火局은 원형대로 안정과 평화를 찾고 질서 있는 정상으로 돌아갈 수 있다. 그와 같이 남의 형을 업거나 믿고서 남을 침해하려는 모나고 냉혹한 시비의 기질도 자연 소멸된다.

<3>

巳酉丑
申酉戌 申酉戌 西方大金局이 위세가 당당한데 巳酉丑合 金局이 상륙하여 합세하니 金氣가 하늘을 찌르고 땅을 덮는다. 살기가 서릿발 같이 동등한데 巳酉丑 合局이 선동하니 어찌 그대로 있겠는가? 무엇이든 쳐들어가고 싶고 부딪치고 싶어서 몸이 근질거린다. 그와 같이 마음도 항상 충돌과 시비와 싸움과 냉혹을 즐기고 가시

가 돋우어있다. 巳酉丑이 主刑이니 巳刑申 酉刑酉 丑刑戌이 된다.

<4>
申 子 辰
寅 卯 辰 寅卯辰 東方大木局이 늠늠하게 군림하고 있는데 申子辰 水局이 살찌고 기운 나는 산삼특용과 식량을 산더미처럼 싣고 상륙 하니 水局이 술에 취한사람 모양 기운에 취하여 넘치는 힘을 걷잡 을 수 없다. 여기에 水局이 침략과 전쟁을 선동하니 木局은 술 취 한 장사처럼 안하무인이요 횡포함이 그지없다. 닥치는 대로 주먹을 휘둘으고 부수고 짓밟고 뚜들기고 야단이다. 모든 것이 水局이 바 람을 넣고 정신을 들게 만든 것이니 水局이 主刑이다. 申刑寅 子刑 卯 辰刑辰이된다. 이와 같이 刑은 제 三의 힘이 합세하고 선동하여 기세가 충천하고 정상을 잃음으로서 공연히 남을 업신여기고 시비 와 다툼을 즐기며 평온이 없는가, 가시밭길을 걷게 된다. 남을 업고 위세를 부리며 빽을 맞세워 호가호위(狐假虎威)하는 버릇이 있다.

때문에 刑이 있는 사람은 언제나 권위와 독선 그리고 지배를 좋아 한다. 성미가 급하고 자제력O 약하며 도량과 아량과 이해성이 적 고 주관적이며 작은 일을 시비와 고집으로서 크게 확대시킨다.

남에게 머리 수그리기를 싫어하고 타협을 기피하며 한번 다투면 마 음속에 언제나 보복의 칼을 가는 경향이 있다. 뱀처럼 차고 냉혹한 면이 있다. 그래서 같은 부모 형제간에도 정이 없고 고독하며 친구 간에도 다정하지 못하다. 모든 사람과 시비와 싸움을 즐기니 언젠 가는 형사 문제에까지 번지여 관재를 초래하기 쉽다. 해서 刑은 刑 으로 통하기도 한다. 그렇다고 刑이 있으면 반드시 오만 불손하고 냉정하며 싸움을 즐기는 것은 아니다. 비록 刑이 있다 해도 사주에 덕망의 별인 인수(印星)와 인격의 별인 정관(正官)이 있거나 의식주의 별인 식신이 있으면 자제하고 중화하여 원만하고 다정하게 처세한 다. 신살(神殺)을 위주로 하는 고전명리파 에서는 형을 무척 중요시 하고 두려워 하지만 신사주에서는 단지 성격상으로 참고할 뿐 실제 응용 면에서는 거의 도외시 한다. 운명을 좌우하는 것은 천하운세

(天下運勢)이지 신살 이나 형이 아니기 때문이다.

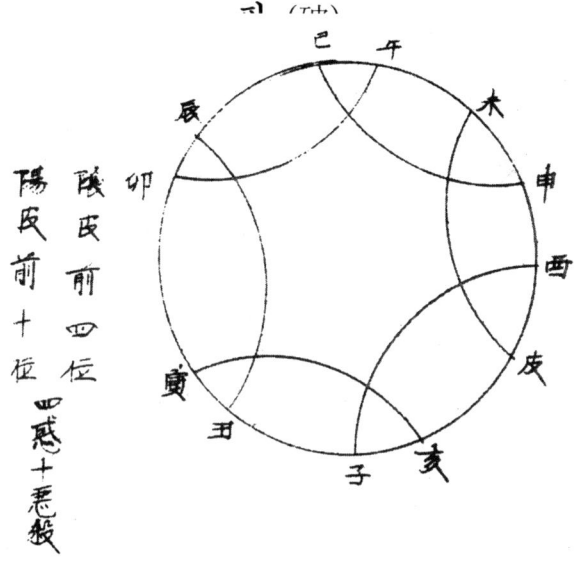

파는 十二지의 음지에서 네 번째의 양지와 양지에서 10번째의 음지에서 발생함으로 이를 사혹십악(四惑十惡)이라고도 한다. 네 살과 열 살 차이는 서로 유혹하고 파괴하는 악한으로서 궁합상 가장 나쁘다는 것이다. 어째서 酉는 子에서 파가 되고 亥는 寅에서 파가 되며 巳는 申에서 파가 되는 것인가? 酉와 子는 金生水요 寅과 亥는 水生木이 아닌가? 인간 만사는 삼합의 조화라고 했듯이 파의 근본도 삼합에 있다. 먼저 파의 구성부터 알아보기로 하자.

<子酉> <寅亥> <丑辰> <巳申> <未戌>

亥卯未　木局　　　巳酉丑　金局
寅午戌　火局　　　申子辰　水局

亥卯未 木局이 제대로 형성되고 건전한데 寅午戌火局이 찾아와서 木氣를 모조리 설기하니 木局은 파괴되고 빈 껍질만 남는다. 木은 火의 부모요 火는 木의 아들딸이다. 자식이 부모집에 와서 파먹으나 거절할 수는 없다. 이는 시집간 딸이 시집 식구를 모두 끌고 와서 친정 살림을 점령하고 몽땅 송두리째 파먹음으로서 친정이 파산

되는 형국이다. 그러하니 어찌 부모인들 좋아하고 정이 가겠는가? 비록 부모와 자식사이지만 자식 때문에 망했다는 사연으로 부자지간의 정이 멀어지고 비정상화된다. 그와 같이 巳酉丑 金局에 申子辰 水局이 상륙해서 모든 것을 뿌리 채 빼앗아가니 金局은 파산하고 水局은 부자가 된다. 申酉戌 西方 大金局에 巳酉丑 金局이 합세하여 천하를 호령하고 경멸하는 刑과는 전혀 정반대로 파는 뜯어먹는 돼지 떼가 와서 애써 지은 농사를 송두리째 망치는 것이니 인정에 얽매여 눈뜨고 도둑맞고 망하는 것이다. 그러하니 어찌 또 인정을 쓰고 인정을 원망하지 않겠는가? 부자지간이 원수요 인정이 냉정으로 변질 할 수밖에 없다. 寅午戌이 亥卯未를 파하고 申子辰이 巳酉丑을 파한 것이다. 그래서 <寅파亥> <午파卯> <戌파未> <申파巳> <子파酉> <辰파丑>이라고 한다. 가령 년지에 子가 있고 일지에 酉가 있으면 年支가 日支를 파괴한 것이다. 년지는 아버지요, 일지는 나와 처이니 아버지가 자식의 재산을 파괴하는 것이요, 반대로 년지에 酉가 있고 일지에 子가 있으면 자식이 부모의 재산을 몰래 훔쳐내고 파산시키는 것이다. 일지에 寅이 있고 시지에 亥가 있으면 내가 자식을 못살게 하는 것이요 일지에 亥가 있고 시지에 寅이 있으면 거꾸로 자식이 내 재산을 파산시키는 것이다. 생명과 다름없는 재산을 없애고 망쳤으니 정이 끊어지고 의가 없음은 필연적이다. 그래서 파가 있으면 인연이 박해지고 외면하게 된다. 파는 정상적인 나라를 송두리째 무능력화 한 것이니 그 작용은 정상을 깨는 비정상의 별이다. 모든 것을 비정상화 하는 것이다. 그 비정상화는 육신에 까지 미친다. 사람은 사지오체를 가지고 있는 것이 육체상 정상상태이다. 그러나 파가 있으면 그 정상이 파괴 되듯이 육신상 불구가 되기 쉽다. 소아마비나 교통사고로 팔 다리가 불구되는 경향이 많다.

사주의 구성 <四柱 構成>

사주는 년주와 월주 그리고 일주와 시주의 네 기둥으로서 구성된다. 년주는 세군(歲君)을 위주로 하고 월주는 절후를 기준으로 하며 일주는 자시(子時)를 기본으로 하고 시주는 시각을 위주로 한다.

년주(年柱)

1년은 정월 1일부터 시작하여 12월 말일로 끝나는 것이 상식이지만 사주에서는 세군이 군림하는 입춘(立春)에서 시작하여 다음 입춘에서 끝이 난다. 세군은 1년간의 세월을 통치하는 만유의 군주로서 절대권을 가지고 있다. 누구도 세군에 거역하거나 불복하는 자는 죽음과 형벌이 내려진다. 일년 신수란 바로 세군과의 관계를 말하는 것이다. 음양오행상 그 해 세군과 상생 또는 중화되면 벼슬과 돈과 상(賞)이 내려지고 반대로 세군과 상극 또는 불화되면 형벌과 손재와 질병이 속출한다. 세군은 자신의 정체를 十干 十二支와 음양오행으로서 뚜렷이 밝혀준다. 가령 甲寅은 세군의 이름이요 얼굴로서 음양상으론 양에 속하고 오행상으로는 木에 속하며 十二運星으로는 건록에 해당하는 왕성한 군주다. 甲寅이란 세군을 정면으로 극하는 것은 庚申이고 얽으려는 것은 己亥이며 대결하는 것은 같은 甲寅이다. 庚申은 甲寅을 上下로 충하니 반역이요 己亥는 상하로 합이라는 구실로 묶으려하니 오만불손하며 甲寅은 세군과 똑같은 얼굴과 이름을 가지고 세군과 견주려하니 방약무도 하다.

그래서 세군은 庚申과 甲庚 그리고 己亥에게 냉혹한 제재를 가하고 만사에 간섭하고 방해하고 박해한다. 세군은 지구상의 만유를 통치하기 위해서 열두 장관을 임명한다. 한 달 동안을 관장하는 절기가 바로 그것이다. 장관은 30인의 일직 사령관을 임명해서 하루씩 관장케 하고 일직사령관은 열 두 집행관을 임명하여 시간을 관장케 한다. 이러한 통치체제는 세월의 대 현상으로서 만고불변이며 만유의 흥망성쇠는 바로 상생상극의 원리에 따라서 결정된다.

세군이 제일먼저 임명하는 정월장관의 이름이 입춘이다. 입춘은 새해의 새 내각에 속하는 신정장관으로서 새로운 세군에게서 임명을 받고 또 취임한다. 때문에 입춘이란 정월장관이 임명 되려면 먼저 새로운 세군이 군왕으로서 취임해야 한다.

자유당 정부가 물러가고 민주당 내각이 구성되며 신임장관이 취임하려면 먼저 장관을 임명하는 수반이 취임해야 한다. 그래서 세군은 입춘과 더불어 취임하고 군림하며 통치한다. 입춘은 12월 중순에 들기도 하고 정월 중순에 들기도 한다.

빠르면 12월 15일에 입절(入節)하는가 하면 늦으면 1월 15일경 입절하기도 한다. 양력으로 2월3일 4일 또는 5일에 입춘이 든다.

때문에 빠른 경우엔 12월 15일부터 세군이 바뀌고 동시에 장관이 갈리며 늦을 땐 1월 15일까지 구 임금이 다스리고 12월 장관이 관장한다. 12월 입춘 뒤에 출생한 사람은 그해 12월 태생이면서 새해 정월태생으로 한 살이 감해지니 반갑지만 1월 중순 입춘 전에 출생한 사람은 엄연히 새해의 정월태생이면서 지난해 12월 태생으로 한 살 더 늙으니 억울하기 짝이 없다. 고전명리파중에는 환신불환군(換臣不換君)이라 해서 입춘이 12월에 들면 비록 신하인 월장관은 정월장관으로 바꾸되 세군은 그대로 바꾸지 않는다고 주장한다.

이는 내각은 민주당장관으로 구성하되 대통령만은 자유당 대통령을 그대로 둔다는 이론과 똑같다. 입춘은 장관의 교체가 아니고 정권의 교체다. 정권의 두령인 군주가 바뀌지 않고 어떻게 정권이 교체될 수 있는가? 식자가 오판이란 바로 이를 두고 한말인지 모른다. 논리가 통하지 않는 학설이야말로 우물 안의 개구리 타령이 아닌가, 입춘이 무엇인지를 정확히 인식한다면 이러한 이율배반적인 모순된 이론은 나오지 않을 것이다.

월주(月柱)

월주의 간지를 월건(月建)이라고 한다. 월건은 절기를 기준으로 하여 입춘에서 시작된다.

달과 절기는 동일하게 통용하는데 그 내용은 다음과 같다.

월별	1	2	3	4	5	6	7	8	9	10	11	12
월지	寅	卯	辰	巳	午	未	申	酉	戌	亥	子	丑
절기	立春	驚蟄	淸明	立夏	忘種	小暑	立秋	白露	寒露	立冬	大雪	小寒

정월은 입춘부터 시작되는데 十二지는 寅으로 표시되고 二월은 경칩으로서 卯로 통용한다. 예나 지금이나 寅은 정월 卯는 2월 辰은 3월 巳는 4월 午는 5월 未는 6월 申은 7월 酉는 8월 戌은 9월 亥는 10월 子는 11월 丑은 12월로 통용된다.
12지의 월지는 언제나 고정되고 불변이지만 10간의 월간은 해마다 바뀌진다. 1년은 12개월이고 간지는 60갑자니 5년만큼 월간은 동일하게 반복된다. 가령 甲년 정월의 월건이 丙寅이면 甲乙丙丁戊의 5년 동안에 60간지가 모두 동원되고 6년째의 己년에는 다시 丙寅부터 시작된다. 甲과 己는 합이니 간합이면 월건도 동일하다는 사실을 알 수 있다. 즉 甲과 己년 乙과 庚년 丙과 辛년 丁과 壬년 戊과 癸년은 월건이 동일하게 회전된다. 이제 그 년과 월건의 진행 상황부터 살펴보기로 하자.

월건/세군	寅	卯	辰	巳	午	未	申	酉	戌	亥	子	丑
甲己之年	丙	丁	戊	己	庚	辛	壬	癸	甲	乙	丙	丁
乙庚之年	戊	己	庚	辛	壬	癸	甲	乙	丙	丁	戊	己
丙辛之年	庚	辛	壬	癸	甲	乙	丙	丁	戊	己	庚	辛
丁壬之年	壬	癸	甲	乙	丙	丁	戊	己	庚	辛	壬	癸
戊癸之年	甲	乙	丙	丁	戊	己	庚	辛	壬	癸	甲	乙

같은 正月(寅)이지만 甲己년엔 丙寅이 되고, 乙庚년엔 戊寅이 되며, 丙辛년엔 庚寅이 되고, 丁壬년엔 壬寅이 되며, 戊癸년엔 甲寅이 된다. 간합의 화신(化神)을 생해주는 인수가 언제나 머리에 붙는다.
가령 甲己합의 化神은 土이니 甲己년의 寅월엔 土를 생해주는 火가 첫머리에 붙는다. 火는 丙과 丁이 있지만 寅은 양지이니 양화인 丙

火가 寅의 천간에 붙는다. 그와 같이 乙庚은 金이니 金을 생해주는 戊土가 머리에 붙고 丙辛은 水이니 水를 생해주는 庚金이 머리에 붙으며 丁壬은 木이니 木을 생해주는 壬水가 머리에 붙고 戊癸는 火이니 火를 생해주는 甲木이 뒷머리에 붙게 된다.

어째서 월건은 인성(印星)에서 시작하는가? 월지는 어머니의 별이요 어머니는 육신상 인수에 해당하는 때문이다. 월건은 절기가 교체되는 시작부터 바꿔진다. 가령 입추가 1월 15일 하오 5시 13분에 입절(入節)하면 비록 정월이라 해도 1월 15일 하오 5시 12분 이전에 출생한 사람은 12월 절기인 丑월 생이요 5시 13분 이후에 출생한 사람만이 정월의 월건을 쓴다.

윤달이 드는 달은 어찌 할 것인가? 절기는 윤달이라 해도 30일이 되면 자동적으로 교체함으로 윤달이라고 해서 절기에 차이나 이상은 없으니 윤달을 가릴 필요는 없다.

일주(日柱)

일주는 출생한 일진의 간지로 세운다.

일진은 子의 시각에서부터 시작하여 亥의 시각에서 끝난다.

子는 23시부터 시작되니 밤11시까지 되면 일진은 자동적으로 다음 날로 변경된다.

가령 甲子일 하오 11시면 甲子일은 물러가고 乙丑일이 시작된다.

때문에 22시 59분 59초 이전에 출생한자는 일주가 甲子이지만 23시 이후에 출생한자는 乙丑으로 일주를 삼는가? 일주는 사주의 주체인 군주로서 가장 중요한 작용을 한다.

인간 만사를 저울질 하는 핵심적인 척도가 됨으로서 일주에 추호라도 착오가 있으면 사주는 임이 빛나간 남의 사주로서 전혀 무의미하고 무가치한 것이다. 단 현재는 정시법적용이 아니라 30분법적용을 통상적으로 한다는 점 염두에 두기 바란다.

시주(時柱)

시주는 子시부터 시작하여 丑寅卯辰巳午未申酉戌亥시에서 끝나고 시의 천간은 5일만큼 반복된다. 가령 甲일 甲子시면 5일이 지난 己일 子시엔 똑같은 甲子시가 반복된다.

월건은 년간의 간합신을 생해주는 인수에서 시작하는데 반하여 시주의 천간은 일주의 간합신을 극하는 관살에서 시작한다.

가령 甲己는 土요 土를 극하는 土의 관살은 甲乙木이니 子시는 甲에서부터 시작한다. 어째서 극하는 관살이 子시의 머리에 붙고 子시 천간엔 양간이 붙는가? 시주는 사주상 자녀별이 되고 자녀는 육신상 관상이 된다. 그래서 시의 첫머리인 子시의 천간엔 일주 간합을 극하는 관살이 붙으며 子는 양지이기 때문에 子의 천간엔 양간이 붙는 것이다.

이를 구체적으로 살려보면 다음과 같다.

시지/간시/일간	子	丑	寅	卯	辰	巳	午	未	申	酉	戌	亥
甲己일	甲	乙	丙	丁	戊	己	庚	辛	壬	癸	甲	乙
乙庚일	丙	丁	戊	己	庚	辛	壬	癸	甲	乙	丙	丁
丙辛일	戊	己	庚	辛	壬	癸	甲	乙	丙	丁	戊	己
丁壬일	庚	辛	壬	癸	甲	乙	丙	丁	戊	己	庚	辛
戊癸일	壬	癸	甲	乙	丙	丁	戊	己	庚	辛	壬	癸

시는 시각이 생명인데 고전 명서에서는 애매한 표시로서 혼돈과 착각을 가져오기 쉽다. 가령 23시부터 1시는 子시요 1시부터 3시는 丑時며 3시부터 5시는 寅時라 해서 1시는 子시인지 丑시인지 어리둥절하듯이 3시는 丑시인지 寅시인지 분간하기 어려워서 혹자는 1시를 子시로 잡는가하면 丑時로 잡는 등 애매한 경우가 많은데 이는 23시부터 1시전 1시부터 3시전 3시부터 5시전인 것을 잘못 표시한 것이다. 그러니깐 子시는 23시부터 1시전이니 0시 59분 59초까지는 子시이고 1시부터는 丑시이며 1시부터 3시전인 2시 59분 59초는 丑시요 3시부터는 寅시에 속한다.<정시법을 적용한 것이다>

시간은 생명이라고 하듯이 사주의 마무리를 짓는 최종 결산으로서 가장 큰 비중을 가지고 있다. 특히 자녀와 직업 그리고 말년의 운세를 관장하는 별이니 만큼 시의 착오는 자녀와 직업과 말년의 관찰에 전혀 빗나가는 오판을 가져온다. 흔히 고전사주에서는 시를 부선망 모선망을 판단하는 기준으로 삼고 子寅辰午申戌의 양시이면 부선망이라고 판단하는데 이는 전혀 피상적인 그릇된 오판이다. 시주는 사주구조상 외각(울타리 너머의 울 밖)에 해당하는 직업 전선으로서 직업으로 판단하는 것이 원리다.

특히 우리나라처럼 출생시각이 애매하고 모르는 경우가 허다한 사회에서 시각을 잡는 것이 중요한 과제임으로 이해대해서는 다음에 별도로 구체적으로 설명하고자 한다.

공 망(空亡)

六十甲子는 서로 흩어져 있는 개별적 간지(干支)가 아니고 甲이라는 순(筍-죽순 순)에서 싹이 트고 꽃이 피며 열매를 맺는 여섯 그루의 나무와 그 열매들이다. 가령 甲子 乙丑 丙寅 丁卯 하면 甲子는 나무의 순이요 乙丑은 순이 자라난 줄기이며 丙寅 丁卯는 甲子의 나무에서 열린 열매다. 甲子 甲戌 甲申 甲午 甲辰 甲寅은 모두가 나무요, 丙丁 戊己 庚辛 壬癸는 열매다. 천간은 열매요 지지는 가지다. 천간은 10간인데 지지는 12지니 나뭇가지는 열두 가지인데 열매는 열 개다. 나무마다 두 가지는 열매가 열리지 않는다. 그 열리지 않는 나뭇가지의 지지를 그 나무의 공망 이라고 한다.

가지는 있으되 열매가 없듯이 자리는 있으나 유위(有位)록이 없으며 무록(無祿)씨는 뿌리어도 싹이 트지 않고 꽃은 피었으나 열매가 없는 것이다. 애는 쓰지만 공이 없다거나 감투는 있어도 월급이 없다거나 자리는 있어도 떡잎이 없는 것을 흔히 공망의 탓이라고 한다. 공망의 지지는 반듯이 양지와 음지가 있다. 가령 甲子순(旬-열흘 순)의 공망은 戌亥인데 戌은 양지요 亥는 음지다. 양은 대기로서 아무것도 없으면 공간이 되니 공이라 하고 음은 물질로서 아무것도 없으면 멸망이니 망이라고 한다. 공망은 열매아닌 허공 말하니 그것은 열매가 아닌 나무의 순이요 줄기인 甲乙의 자리에 있는 지리를 말한다.

六十甲子를 甲子로부터 읽어나가면 반듯이 壬癸다음엔 甲乙이 나온다. 그 甲乙은 열매가 아닌 나무둥치로서 그 甲乙밑에 자리 잡은 지지는 열매아닌 나무둥치만 가지고 있으니 평생 열매보기는 틀린 것이다. 그 열매아닌 나무둥치를 가지고 있는 甲乙의 지지가 바로 억울한 공망의 지지다.

공망은 일주를 기준으로 한다. 일주간의 간지에서 다음에 나타나는 甲乙의 지지가 공망이니 일주만 알면 바로 자기의 공망을 알 수가 있다. 가령 일주가 癸未이면 다음순서가 甲申 乙酉이다.

甲乙을 가지고 있는 지지가 공망이니 癸未일생의 공망은 申酉임을 당장 알 수 있다.

(공망은 형충파해나 合이되면 해공된다.)

공망일람표(日主本位)

공망조견표 <甲子 일생이면 子에 甲을 놓고 癸까지 순행 다음 두자 戌亥공망이다>

										공망
甲子순	甲子	乙丑	丙寅	丁卯	戊辰	己巳	庚午	辛未	壬申	癸酉	戌亥
甲戌순	甲戌	乙亥	丙子	丁丑	戊寅	己卯	庚辰	辛巳	壬午	癸未	申酉
甲申순	甲申	乙酉	丙戌	丁亥	戊子	己丑	庚寅	辛卯	壬辰	癸巳	午未
甲午순	甲午	乙未	丙申	丁酉	戊戌	己亥	庚子	辛丑	壬寅	癸卯	辰巳
甲辰순	甲辰	乙巳	丙午	丁未	戊申	己酉	庚戌	辛亥	壬子	癸丑	寅卯
甲寅순	甲寅	乙卯	丙辰	丁巳	戊午	己未	庚申	辛酉	壬戌	癸亥	子丑

이를 그림으로 살펴보면 더욱 쉽게 알 수가 있다.

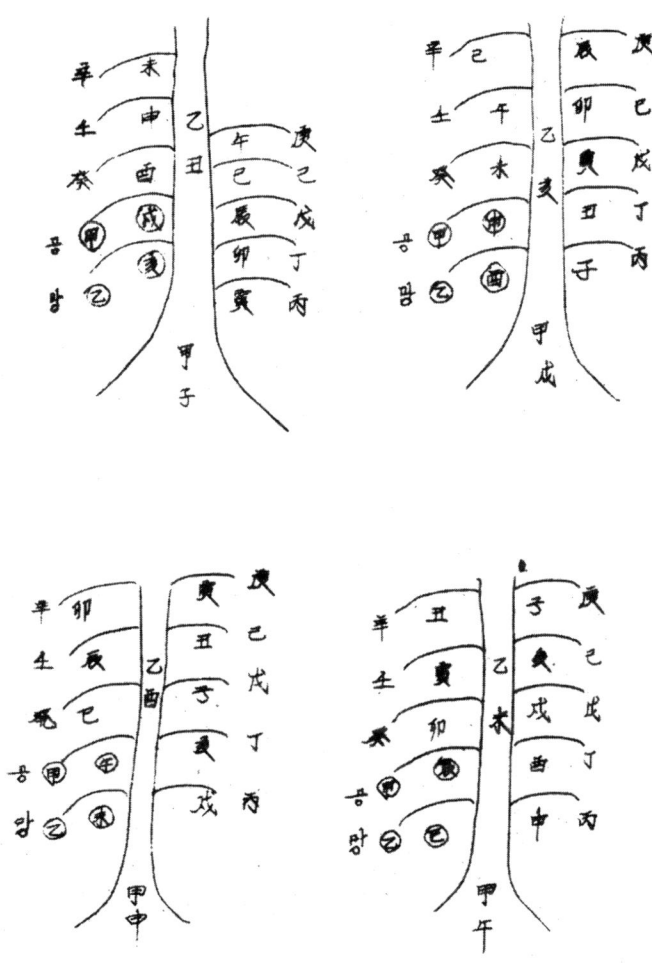

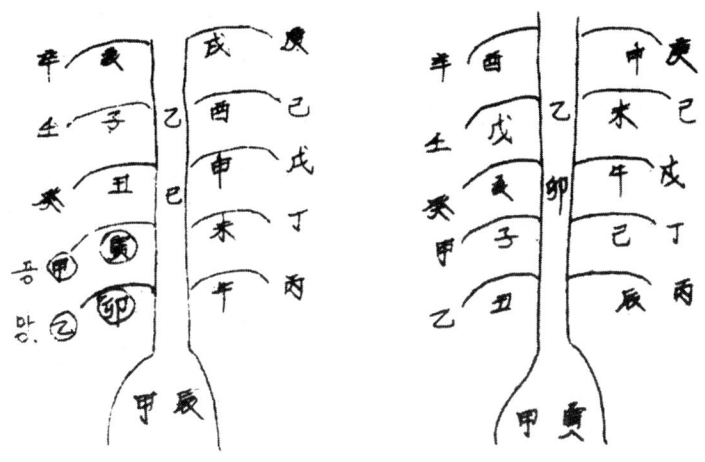

그림에서 볼 수 있듯 六十甲子는 여섯 그루로 이뤄진 여섯 종류의 나무와 가지와 열매다. 이를 과수로 따지면 여섯 가지 과수의 나무다. 가령 甲子는 복숭아요 甲戌은 밤나무요 甲申은 배나무요 甲午는 사과나무요 甲辰은 살구나무요 甲寅은 호두나무라 하면 乙丑은 복숭아나무줄기요 丙寅 丁卯 戊辰 己巳 庚午 辛未 壬申 癸酉는 복숭아나무에서 열린 여덟 개의 복숭아 이름이다. 맨 먼저 열린 것이 丙寅이요 두 번째 열린 복숭아가 丁卯다. 복숭아 싹인 甲子와 그 줄기인 乙丑을 비롯해서 그 열매인 丙寅 丁卯 戊辰 己巳 庚午 辛未 壬申 癸酉는 복숭아 가족으로서 한 핏줄기 한 뱃속의 한동기이니 이름만 다를 뿐 조상이 같고 혈통이 같으며 부모가 같고 성(性)이 같으며 뜻이 같고 언어가 같고 풍속이 같고 취미도 같다. 그래서 이를 동순(同筍)이라 하고 동일체라 한다. 가령 六甲을 사람의 성씰 비유하여 甲子는 李씨요 甲午는 朴씨며 甲申은 金씨요 甲戌은 崔氏며 甲辰은 南氏요 庚寅은 申씨라 하면 甲子순에 있는 乙丑등은 모두가 李씨의 자손이요 형제요 가족으로서 서로 다정하듯이 甲申순에 있는 乙酉 丙戌 등은 金씨의 자손이요 가족으로서 서로 뜻이 같고 아끼고 사랑한다. 비록 六十甲子로 같은 간지이지만 甲子순의

乙丑 丙寅과 甲申순의 乙酉丙戌은 李씨와 金씨로서 혈통이 다르고 성씨가 다르듯이 뜻과 성격이 전혀 다르다.

가령 甲子年 丙寅월 己巳일 丁卯시생의 사주라면 모두가 甲子순의 가족으로서 순수한 복숭아와 李씨의 자손으로 구성된 복숭아 가족이요 李씨 가족이니 부모 형제 처자가 우연히도 한 핏줄기의 동기간으로 구성된 것이다. 서로 화목하고 아끼고 즐거워 할 것은 당연한 이치다. 만일에 甲子일생이 丙寅日생과 결혼한다면 그 역시 한국인이 한국인과 결혼하고 복숭아가 복숭아와 결혼한 것이니 천생배필이요 멋진 궁합이다. 그래서 동순(同筍)끼리 뭉치면 다정하고 화목한데 반하여 이순(異旬)끼리 만나면 서로 씨족이 다르고 성격이 다르듯이 뜻이 다르고 화목하기 어렵다. 혼합체로서 성이 다르듯이 기질 또한 다르다. 하여 화목하기가 어렵다.

양일 생으로써 양지가 공망 이거나 공망 된 지지가 실령(失令)한 허약한 지지거나 음 일생으로서 음지가 공망이거나 공망 된 지지가 실령 되었으면 진공(眞空)이라 해서 공망의 효력이 강대하고 양일생으로서 음지가 공망이거나 공망 된 지지가 득령(得令)하여 왕성하거나 음일 생으로서 양지가 공망이거나 공망 된 지지가 특령 해서 왕성하면 반공(半空)이라 해서 공망의 효능이 감퇴한다. 진공은 70% 내지 80%의 작용을 하고 반공은 30%내지 40%의 작용을 한다.

가령 씨를 100개를 심었다면 진공은 70내지 80개가 싹이 트지 않고 실패하며 반공은 30내지 40개가 실패한다. 공망은 충(沖)이나 합(合)이 되면 해소되어 해공(解空)이 되고 세월에서 같은 공망을 만나면 공망이 충당되어서(積空)해소 된다. 공망이 해소되면 공망은 없는 것과 같으니 아무런 작용이 없다.

공 망 의 응 용

　공망은 글자 그대로 공치고 망하는 것이니 사주상 가장 문제시 하는 별이다. 가령 길신(吉神)이 공망이면 길성은 없어지고 흉신이 공망이면 흉성(凶性)은 없어진다. 길성을 잃는 것은 손해지만 흉성이 없어지는 것은 전화위복이다. 그래서 공망은 반듯이 나쁘다고만 할 수는 없다. 그러나 길보다는 흉이 더 많으니 공망은 무척 두려워한다. 년지가 공망이면 부모가 공친 것이니 부모와의 인연이 박하고 소년시절이 불우 했으며 월지가 공망이면 어머니와 형제가 무력하고 중년에 풍파가 많으며 시지가 공망이면 자식이 무력하고 만년이 불우하다는 암시다. 그와 같이 관성(官星)이 공망이면 남자는 벼슬과 명성운이 약하고 여자는 남편덕이 없으며 재성(財星)이 공망이면 남자는 직업과 재물복과 처덕이 무력하고 박하며 여자는 가정과 재물복이 박하다. 인성(印星)이 공망이면 남녀간에 부모덕이 없고 학교를 중단하며 집을 자주 옮기고 식신이나 상관이 공망이면 남자는 활동이 막히고 실업을 자주하며 재능을 발휘하기 어렵고 여자는 자식덕이 박하다. 비견과 겁재가 공망이면 형제와 친구가 무력하고 인연이 박하다. 공망은 방위(方位)와 일진(日辰)을 중요시 한다.
가령 戌亥가 공망이면 건방(乾方二 西北 間)에서는 무엇이든 공치고 망하니 그 방향으로 이사하거나 사업 또는 거래하면 헛수고 할 뿐 소득이나 성사는 불가능하며 戌 日이나 亥日에는 무엇이든 애만 쓰지 공이 없다. 재판을 할 때 상대방의 공망일 때 공판을 붙이면 상대방은 공치니 실패하고 공망일 때 무엇을 약속하거나 출행하면 十中八九는 공치게 되니 공망일은 만사를 피하는 것이 좋다.

지 장 간(支藏干)

  12지지 속에 숨겨있는 10천간을 지장간이라고 한다.
지지는 만물을 생산하는 어머니로서 이미 탄생한 만물에게 영양을 공급하고 보급창고로서의 역할을 하는 한편 연일 만물을 창조하고 생성(生成)하기에 바쁘다. 혼자서 그 많은 만물을 부화(孵化)할 수 없기 때문에 여럿이 교대로 관장한다. 한 달에 둘 내지 셋이서 교대로 규칙적으로 관장한다. 그 생산과 보급을 주관하는 대지의 어머니가 곧 지장간이다. 지장간은 계절과 달에 따라서 바뀐다. 관장하는 날짜도 서로가 다르다.
  노인과 어린이는 짧고 장정된 어른은 길다. 가령 봄에는 木이 왕성하니 木이 감당하는 날은 길고 여름은 火가 극성하니 火가 담당하는 날이 가장 길다. 맨 먼저 담당하는 어머니(지장간-지지 속에 숨어있는 천간)를 초기(初氣)라고 한다. 초기는 늙었기 때문에 대개 7일서부터 10일까지를 담당한다. 그 다음의 당번은 중간 담당자로서 중기(中氣)라고 하고 맨 마지막 당번을 말기(末氣)라 한다. 말기는 가장 왕성한 그 달의 정기(精氣)로서 정기(正氣)또는 본기(本氣)라 하고 가장 많은 시간을 담당하는 동시에 그대로 지치지 않아서 다음 달 초기까지를 계속 담당한다. 초기는 곧 그 달의 왕성한 정기가 넘치는 힘을 감당치 못하고 계속 달을 넘어서까지 담당하는 월반(越班)으로서 지난달 정기의 나머지 기운이니 여기(餘氣)라고 한다. 여기는 이미 한 고비를 넘긴 노년기로서 노모와 같다. 중기는 두 가지가 있다. 寅申巳亥는 장생으로서 중기 또한 어린이의 생기와 같고 辰戌丑未는 묘로서 중기 또한 묘 중의 쇠기(衰氣)와 같다. 생기는 발랄하기 때문에 일주일을 감당하는데 반하여 쇠기는 허약함으로서 겨우 3일을 지탱한다. 같은 여기라 해도 寅申巳亥는 산모임으로 길지도 짧지도 않은 7일간을 담당하는데 반하여 子午卯酉는 왕성기로서 10일간을 담당하고 辰戌丑未는 왕자의 월기(越氣)로서 9일간을 담당한다. 이를 정리하면 다음과 같다.

寅월엔 여기로서 戊土가 중기로서 丙火가 정기로서 甲木이 관장한다. 이는 무엇을 의미하는가? 앞서 말 한대로 지장간은 만물을 생산하는 어머니로서 각자의 힘에 따라서 날짜를 정하게 된다.
寅월의 경우 맨 먼저 만물의 어머니로서 등장한 지장간은 戊土다. 戊土는 十二월의 정기인 己土가 이월(移越-옮겨 넘어온 것)한 여기(餘氣-남은기운)로서 이미 노년기에 접어들었다.
그러나 아직 생산능력이 있음으로서 첫 번째 산모 역할을 하게 된 것이다. 여기는 입춘일로부터 7일간이니 戊土의 아들딸임은 말 할 나위도 없다. 모든 것은 戊土의 뱃속에서 태어난 戊의 핏줄이기 때문에 그의 성은 戊가 된다. 그러나 사주상의 성명은 육신이기 때문에 사주의 성명은 일간과 戊土와의 육신관계를 따라서 명명된다.
가령 甲일생이면 戊土가 편재에 해당하니 편재라는 성명을 붙이게 되고 丙일생이면 식신이란 성명을 붙인다. 이를 사주상 격국(格局)이라고 한다. 격국 이라면 사주의 대들보처럼 중요시하지만 이는 한갓 사주의 이름에 지나지 않는다. 사람마다 성명이 있듯이 사람의 사주가 성명을 가질 것은 당연하다.

성(姓)은 목계(母系)중심으로서 사주의 성씨 또한 자기를 낳은 어머니의 이름을 따를 것은 당연하다. 이 격국에 대한 문제는 고전명리에서 너무도 비중이 컷 던만큼 뒤에서 충분히 검토하기로 하고 여기서는 다시 본론의 지장간으로 돌아가야겠다. 여기의 戊土는 7일간 일초도 쉴 새 없이 지구상의 만물을 생산하고 임기가 끝나면 지쳐 쓰러진다. 다음 당번의 어머니는 중기가 된다. 중기는 三合의 국신(局神)으로서 寅월은 寅午戌 三合 大局의 火가 국신이 된다. 火는 丙丁의 음양이 있는데 寅은 양월임으로 寅월의 중기는 양화인 丙火에 해당한다. 그것은 寅申巳亥월에 공통적이다. 寅월의 중기엔 寅午戌火局의 양화 丙이 나타나듯이 申월의 중기엔 申子辰水局의 양수 壬이 나타나고 巳월의 중기엔 巳酉丑金局의 양금 庚이 나타나며 亥월엔 亥卯未 三合木局의 양목 甲이 나타난다.

중기는 비록 장생의 어린 싹이지만 생기는 왕성함으로써 여기와 못지않게 7일간을 감당한다. 여기가 후퇴하는 시각에서부터 만 7일간 寅월 중기의 丙火는 만물을 생산하니 중기에 출생한 만물은 모두가 丙火의 아들딸로서 육신으로 따지자면 丙火를 성씨로 삼는다. 중기가 힘이 다하여 쓰러지면 정기가 나타난다. 정기는 寅월의 장사이니 寅에 건록이 되는 甲木이다. 甲木은 寅의 정기요 꽃이요 대들보로서 강대한 힘을 가지고 있다. 그래서 정기는 여기와 중기를 합친 것보다도 많은 16일 동안을 감당하며 그래도 힘이 넘쳐서 다음달 卯월의 여기로서 10일간을 더 감당한다. 이와 같이 여기는 지난달 정기의 이월로서 그 힘은 이미 노쇠한 노년기다.

정기가 나타나려면 아직도 몇일 더 있어야 하는데 그때까지 계속할 수가 없으니까 중간에 중계 역할을 할 수 있는 중기를 설정한 것이다. 그 중기는 아직 나이어린 寅申巳亥의 장생과 이미 노쇠한 辰戌丑未에 한해서 필요하고 또 존재한다. 천하장사인 子午卯酉는 여기 다음에 정기로서 충분히 감당할 수 있음으로서 중기가 필요치 않다. 중기는 모두가 三合의 오행으로서 이루어지는데 寅申巳亥는 생기가 발생하는 양기의 장생지로서 三合의 양기를 택하고 辰戌丑未는 생기가 시들고 육체가 무덤에 묻히는 음체의 고장(庫藏)으로써 三合의 음간(陰干)을 택하게 된다. 그래서 辰월엔 申子辰水의 음간인 癸로서 중기를 삼고 未월에는 亥卯未木의 음간인 乙로써 중기를 택하며 戌월엔 寅午戌火의 음간인 丁을 중기로 삼고 丑월엔 巳酉丑 三合 金의 음간인 辛을 중기로 삼는다. 이는 寅申巳亥의 중기가 모두 三合의 양기를 택한 것과는 정 반대이지만 그 이치는 전혀 똑같다. 여기서 의문점은 여기가 정기의 이월이라면 어째서 丑월의 정기는 己土인데 寅월의 여기는 戊土이며 未월의 정기 또한 己土인데 申월의 여기가 戊土인 까닭은 무엇인가?

이는 달의 음양에 따르는 자연적 변화다. 寅과 申은 양기의 발생지인 양지(陽支)로서 음에 속하는 己土가 존재할 수가 없다. 그래서 음이 양으로 탈바꿈한 것이다. 또 하나 子午卯酉에는 중기가 없는데 어째서 유독 午에는 己土의 중기가 있는가?

이는 午에는 두 가지 정기가 있는 때문이다. 정기는 건록의 본기(本氣)로서 午는 丁火 건록이자 己土의 건록이기 때문에 午月의 정기엔 丁火와 己土가 같이 존재하는 것이다.

丁과 己를 같은 정기로 쓰기가 어색하니깐 己土를 중기에 돌린 것인데 이는 전혀 부당하기보다 모순된 착각이다.

왜냐? 하면 子午卯酉는 일기당천(一騎当千)의 제왕으로서 중간에 힘이 겨워서 쉬어가는 중기가 존재하지 않기 때문이다. 그렇다고 丁과 己가 똑같이 정기로 작용하는 것은 아니다. 子午卯酉는 순수한 오행으로서 土의 잡기가 존재하지 않는다. 그와 같이 午月엔 순수한 丙丁火가 존재할 뿐 己土는 존재하지 않는다. 그러나 丙丁火 丙丁만 써도 무방하다. 다만 정기의 원칙에 의해서 己土를 가상적 중기로 택할 따름이다.

지장간은 그 생리와 기능을 뚜렷이 밝히지 못함으로서 단지 기억하고 응용하는 까다로운 사주의 공식으로만 알려지고 있어 흥미를 느끼지 못하는 것이 사실이다. 그러나 지장간은 만물을 생산하는 一년 열 두 달의 산모분포로서 만유는 지장간에 의해서 창조되고 생성되는 그의 아들딸이라는 사실과 허약한 여기와 아직 미숙하거나 노쇠한 중기는 생산 기간이 짧은데 반하여 원기 왕성한 정기는 생산 기간이 여기까지 이월하는 장기성을 발견할 때엔 지장간의 참뜻을 쉽고 정확히 인식하는 동시에 흥미와 관심을 끌게끔 된다. 모든 격국은 모격(母格)인 지장국 중간을 위주로 함으로써 지장간을 모르고서는 결코 격국(格局)을 올바로 잡을 수가 없다. 지장간은 일정한 율법에 의해서 순서와 기간이 정해져 있고 그것은 영구불변의 법칙이다. 가령 寅월엔 언제나 戊土의 여기가 선두이고 7일간 관장한다. 그 여기에 나타나고 작용하고 관장하는 十간을 투간(透干)이라고 한다. 흔히 투간이라 하면 천간에 나타나는 것을 의미하는데 천간이든 지지든 나타난 十간은 똑같이 투간 이라고 한다. 때문에 앞으로는 투간을 중심으로 지장간과 격국을 논하는 것이 이해가 빠르다. 가령 寅월생의 庚日주라면 여기엔 戊土가 지장간이니 편인격이요, 중기엔 丙火가 지장간이니 편관격이요, 정기엔 甲木이 지장간이니 편재격이라고, 설명하는 것이 순서인데 이를 투 간으로 고치면 보다 실감이 가고 알기 쉬우며 한마디로 생략할 수도 있다.

모든 격국은 월지 투간을 위주로 하여 성립된다고 하면 간단명료하고도 명백한 정의(定義)가 아닌가?

<더 자세히 보기>

월지장간해설(月地藏干解說)

1. 지장간(支藏干)

천간의 십간은 음양오행이 단순하지만 지지의 12자는 음양오행이 다양하다. 甲과 乙은 木이요 丙과 丁은 火인데 반해서 亥에는 戊土와 壬水와 甲木이 갈무리되어 있듯이 寅에는 戊土와 甲木과 丙火가 갈무리되어 있다. 지지에 갈무리 된 오행을 지장간(支藏干)이라고 한다. 이는 땅속에 여러 가지 광맥이 갈무리되어 있는 것과 같다. 음양오행은 운기에서 발생하는 동시에 절기와 운기를 형성한다. 봄이 되면 생기인 木의 운기가 발생하는 동시에 木의 운기는 봄이라는 절기와 발생하는 운기를 형성한다. 운기는 초기와 중기와 말기로 나눌 수 있다.

입춘이 되면서 처음 나타나는 운기가 초기이며 다음에 나타나는 운기가 중기이며 마지막으로 나타나는 운기가 말기이다. 운기 중에서 가장 왕성한 것은 말기이다. 이를 정기(正氣)라고 한다. 정기는 힘이 왕성하고 넘침으로써 다음 달까지 이월한다. 이월된 정기는 초기를 형성한다. 辰戌丑未는 土가 정기로서 왕성하고 넘친다. 그 넘치는 土氣는 다음 달(지지)의 초기를 형성한다. 이는 지난달의 정기가 이월된 여분의 운기로서 여기(餘氣)라고 한다. 丑의 다음지지는 寅이요 辰의 다음지지는 巳이며 未의 다음지지는 申이요 戌의다음 지지는 亥이다.

寅巳申亥는 土의 정기가 이월된 여기가 초기로 나타남으로써 초기인 여기에는 하나같이 戊土가 나타난다. 여기는 지난달 정기의 여분으로서 이미 쇠퇴하고 미약하다. 여기의 마음으로 나타나는 운기를 중기라고 한다. 寅에서 丙火가 중기이고 申에는 壬水가 중기이며 巳에는 庚金이 중기이고 亥에는 甲木이 중기이며 辰에는 癸水가 중기이고 戌에는 丁火가 중기이며 丑에는 辛금이 중기이고 未에는 乙木이 중기이다. 子와 午와 卯와 酉는 여기와 정기가 있을 뿐 중기가 없다. 寅申巳亥에는 양 오행이 중기이고 辰戌丑未는 음 오행이 중기이며 子午卯酉에는 중기가 없는 까닭은 무엇인가? 삼합은 장생과 제왕과 묘로 구성된다. 장생은 발생하는 새싹이고 운기이며 제왕은 성장된 전성적인 왕자요 운기이며 묘는 노쇠하고 갈무리된 물체요 운기이다 밖으로 나타나는 것은 양이요 기이며 안으로 갈무리되는 것은 음이요 물체이다. 寅申巳亥는 장생으로서 하나같이 밖으로 나타나는 양이요 기인데 반해서 辰戌丑未는 묘로서 하나같이 안으로 갈무리하는 음이요 물이다. 火의 양은 丙이요 음은 丁이듯이 水의 양은 壬이요 음은 癸이고 木의 양은 甲이요 음은 乙이며 金의 양은 庚이요 음의 辛이다. 양이 발생하는 寅申巳亥의 중기에는 丙火와 壬水와 庚金과 甲木이 나타나고 음이 갈무리되는 辰戌丑未의 중기에는 癸水와 丁火와 辛金과 乙木이 갈무리되어 있다. 子午卯酉는 이미 성장한 왕기로서 중기가 없음과 동시에 오행이 순수하다.

   子에는 壬癸水만이 있듯이 午에는 丙丁火만 있고 卯에는 甲乙木만이 있으며 酉에는 庚辛金만이 있다.
삼합화국인 寅午戌지지에는 하나같이 火가 갈무리되어 있듯이 東方목국인 寅卯辰지지에는 저마다 木이 갈무리되어 있다. 12지지의 지장간을 분간하기란 복잡하고 힘들다. 그렇지만 지장간을 형성하고 있는 뿌리와 원리를 알면 매우 쉽게 일사천리로 분간할 수 있다. 12지의 지장간은 삼합오행과 방국오행을 위주로 형성되고 있다.
寅午戌 삼합화국과 巳午未 남방 화국의 지지에는 저마다 火오행이 있듯이 申子辰 水국과 亥子丑 水국의 지지에는 저마다 水오행이 갈

무리되어 있고 巳酉丑 金국과 申酉戌 金국의 지지에는 반드시 金오행이 갈무리되어 있으며 亥卯未 木국과 寅卯辰 木국의 지지에는 반드시 木오행이 갈무리되어 있다. 같은 삼합오행이지만 장생인 寅申巳亥는 초기에 어머니 자궁인 土(戊)가 있고 발생하는 양의 오행이 있다.

寅은 火의 장생으로서 丙火가 중기(中氣)에 나타나듯이 申은 水의 장생으로서 壬水가, 巳는 金의 장생으로서 庚金이, 亥는 木의 장생으로서 甲木이 중기에 나타난다. 辰戌丑未는 삼합오행의 묘로서 형체인 음의 오행이 갈무리되고 있다. 辰은 水의 묘로서 음水인 癸水가 갈무리되듯이 戌은 火의 묘로서 음火인 丁火가 갈무리되고, 丑은 金의 묘로서 음金인 辛金이 갈무리되며 未는 木의 묘로서 음木인 乙木이 갈무리되어 있다.

子午卯酉는 삼합오행의 제왕으로서 어머니의 자궁인 土나 발생하는 중기가 없이 순수한 金水木火만이 갈무리되고 있다. 子에는 壬癸水만이 갈무리되었듯이 卯에는 甲乙목만이, 酉에는 庚申金만이, 午에는 丙丁火만이 갈무리되어 있다.

지장간의 오행은 뿌리로서 천간에 싹이 나타날 때에 비로소 작용을 한다. 寅중 丙火는 火의 뿌리로서 천간에 火가 나타날 때에 火의 힘을 제공하는 작용을 할 수 있듯이 丑중 癸水는 水의 뿌리로서 천간에 水가 나타나면 자동적으로 원동력으로서의 작용을 할 수 있다. 천간오행은 지상에 나타난 오행으로서 쉴 새 없이 작용을 하고 힘을 소모하며 간충(干沖)과 간합(干合)에 의해서 다투고 야합하는 변화가 무상한데 반해서 지장간은 지하에 깊숙이 갈무리된 오행으로서 소모되거나 손상을 당하거나 도둑 맞을 염려가 없다. 천간에 같은 오행이 나타날 때만 자동차에 기름을 공급하듯이 힘을 제공하는 원동력의 역할을 한다. 지장간의 오행은 초기와 중기는 약하고 말기인 정기가 가장 왕성하지만 실제로 적용하는 데에는 초기니 여기니 정기니 하는 서열과 강약을 가리지 않는다. 여름 태생의 사주에서는 辰중 癸水와 丑중 癸水, 그리고 申중 壬水가 생명水처럼 소중하고 크나큰 작용을 하듯이 겨울 태생의 사주에서는 未중 丁火를 비롯하여 戌중 丁火와 寅중 丙火가 엄동설한의 추위를 막아주고 생기와 활력을 공급하는 위대한 작용을 한다. 그것은 지하에 묻혀있는 금은보화와 같다. 때가 되면 활화산처럼 지상에 분출해서 천간의 오행작용을 한다.

위에서 자세히 설명한 것들을 정리해 말하자면 지장간(地藏干)이란 각 지지(地支)속에 감추어져 있는 천간(天干)을 말하는 것이다. 지장간에는 **여기(餘氣) 중기(中氣) 본기(本氣)** 라는 것이 있는데 여기는 초기로 입절(入節)한 후에도 전월의 기운이 이어지는 단계라는 말이고 중기라는 것은 초기와 정기(본기)를 제외한 중간의 기운이며 정기란 본기로 그달의 주인인 본 기운을 말 하는 것이다.

2. 지장간활용법

지장 간을 잘 이용하면 사주감정에 도움이 되고 중요성을 알게 되니 숙지(잘 익혀서) 하여 활용하기 바란다.

3. 지장간의 중요성

연월일시지 사지(四支)속에 숨겨져 있는 지장간은 어느 지지에 있든지 모두 파헤쳐 투간(透干:천간에 나타남) 되어있는 천간과 대조하여 유 무정을 보고 상생 상극 합과 충과 형살 또는 암합(暗合:어둘 암. 합할 합으로 어두운 곳에서 은밀히 만남을 뜻함) 암충(暗冲:암합과 같이 어두운 곳 에서 보이지 않게 충돌 함)등을 참고한 다음 운명을 감정해야 올바르게 판단할 수 있는 것이다.

지장간분포도

子	丑	寅	卯	辰	巳	午	未	申	酉	戌	亥
壬	癸	戊	甲	乙	戊	丙	丁	戊	庚	辛	戊
癸	辛	丙		乙	癸	庚	己	乙	壬	辛	丁	甲
	己	甲		戊	丙	丁	己	庚		戊	壬

※ 지장간의 작용을 여러 가지로 활용하게 되니 암기하기 바란다.
[참고] 용신(用神)을 잡는 데는 지장 간을 알아야 한다.
지장 간 속에는 여기 중기 정기(본기)가 있는데 이간(干)이 어느 분야에 해당하는가를 알아야 용신을 정할 수 있다.

　지장 간 활용을 예를 들어 말하자면 입춘이 절입 되어 봄이 되었다고는 하나 갓 들어선 초기에는 전월인 12월의 丑 중의 본기인 己토의 기운이 남아있게 되어 土의 기운인 戊토가 작용하고 있게 된다. 또한 寅중에는 丙화와 甲목이 있는데 寅은 木인 까닭에 甲목이 주인이 되기에 정기 즉 본기라 하고 그 중간의 기운인 丙화로 중기를 정하는 것이다.

12지지 중에서 子 午 卯 酉 만 은 삼기(三氣)로 나누지 않고 여기 본기의 2기로 나누고 있는데 午화 만은 지장간 속에 己토 하나가 더 들어있어 子 卯 酉 와 다르니 참고하기 바란다.
<참고> 월 지장간 월 율을 일자별로 정한 것은 격 국을 정하기 위해 설정한 것으로 월 율은 사주감정에는 큰 도움이 안 되니 참고하기 바란다.

지 장 간 분야도

巳	午	未	申
戊 庚 丙 7　7　16	丙 己 丁 10 10 10	丁 乙 己 9　3　18	戊 壬 庚 7　7　16
辰 乙 癸 戊 9　3　18	월月 율律 분分 야野 오五 행行 조造 화化 도圖		酉 庚　辛 10　20
卯 甲　乙 10　20			戌 辛 丁 戊 9　3　18
寅 戊 丙 甲 7　7　16	丑 癸 辛 己 9　3　18	子 壬　癸 10　20	亥 戊 甲 壬 7　7　16

월지장간분포 도표

寅 申 巳 亥는　여기7일 중기7일 본기16일
子 午 卯 酉는 午화만 여기10일 중기10일 본기10일. 외는 여기10 본기20일
辰 戌 丑 未는 여기9일 중기3일 본기18일로 정한다.

사주는 군신(君臣)체제이다.

　사람은 누구나 사주를 타고난다. 사주는 일간을 군주로 하고 나머지 三간 四지를 신하로 한 군주국가체제다. 군주는 사주의 주인공이니 인간은 누구나 한나라의 임금으로서 출생하는 자유 평등 독립의 최고권자다. 조물주는 만인에게 왕관을 쓴 군주로 군림시키는 동시에 군주는 반드시 신하 7명을 거느리게 했다. 신하는 그가 태어나면서 죽을 때까지 보살피는 부모형제 처자로부터 일가친척 친지 사회인에 이르기까지 다양하다. 윤리상으로는 부모가 상위이지만 사주상으로는 어려서의 보육과 교육 등 성장하기까지 모든 심부름을 맡은 신하에 속한다. 신하의 체통은 질서 정연하다.
　자고로 군주는 신하에 익 지하고 생활함으로 군주의 팔자는 신하의 성분과 능력에 달려있다. 일곱 신하가 모두 충신(忠臣)이면 평생을 걱정 없이 부귀영화를 누리고 반대로 일곱 신하가 모두 군주에 거역하는 역신(逆臣)이면 군주는 평생 사면초가 속에 천신만고를 겪어야 한다. 현실적으로 사주는 충신과 역신이 서로 혼돈되어 있으므로 문제는 그 비중에 있다. 충신이 역신보다 강하면 다행이고 그 반대인 경우는 불행하다. 사주는 그 일곱 신하의 성분과 성능을 분석하는데서 시작한다. 충신은 군주를 기쁘게 하고 이롭게 하니 희신(喜神) 또는 길신(吉神)이라고 하고 역신은 군주를 괴롭히고 해치니 기신(忌神)또는 흉신(凶神)이라고 한다. 어느 것이 희신이고 기신인가를 살피고 가리는 것이 사주의 첫 과제다. 희신과 기신의 어느 편이 더 강하고 우세한 것을 따지는 것이 두 번째 과제다. 언제 희신이 왕성하고 쇠퇴하며 무엇이 희신을 억누르고 보살피는 가를 세밀히 분석하는 것이 세 번째 과제요 희신과 기신의 동태와 변화를 년대별로 관찰하고 월별로 판단하는 것이 네 번째 과제다.

君臣 : 임금군 신하신-임금과 신하관계
忠臣 : 충성충 신하신-충성하는 신하. 逆臣 : 거스릴 역자로 거역하는 신하.
喜神 : 기쁠 희 귀신신-기쁘게 하는 귀신. 忌神 : 꺼릴 기자로 꺼리는 귀신.
吉神 : 길할길 귀신신-길한 귀신. 凶神 :흉할 흉자로 흉하게 하는 귀신이라는 말.

건강과 수명 그리고 질병과 신상 관리를 철저히 분석하고 부모형제 처자의 동태와 인연을 세밀히 관찰하며 직업과 사업 대인관계의 동향과 사회적인 관제를 살피는 것도 사주의 중요한 과제다. 사주는 인간이 타고난 운명의 각본으로서 그가 언제 어떻게 된다는 것을 사전에 충분히 예측할 수 있다. 그러나 가장 중요한 것은 신하의 구조다. 충신이 없거나 병들어 움직이지 못하면 군주 스스로 농사를 짓고 의식주를 마련해야 하듯이 몸소 활동하고 생산하며 자급자족해야 한다. 반대로 충신이 왕성하고 역신이 억눌린 사주는 충신이 의식주를 풍부히 공급하고 사회적 귀와 부를 보장함으로써 평생을 놀고도 행복하게 살 수 있으며 불로취득(不勞取得)하듯이 불로장수(不老長壽)할 수 있다. 문제는 신하가 충신이냐 역신이냐의 분별에 있고 충신과 역신중 어느 것이 실권을 잡고 득세 하느냐?에 달려있다. 이 충신과 역신의 위치와 작용의 우열을 조종하는 것은 사주 그 자체가 아니고 진행하는 항로인 대운(大運)에 달려있다.

대운은 사주라는 선천적인 육신 또는 선차(船車)가 운행하는 항로요 신작로로서 사주의 기능을 어떻게 발휘하고 또 사주가 어떻게 돌아가는 것을 결정하고 관장하는 운명의 코스요 광장이며 조화다. 사주는 타고난 선천적 그릇이요, 육신으로서 숙명 또는 천명이라고 하는데 반하여 대운은 숙명 또는 천명을 운전해 가는 팔자의 운행으로서 운명이라고 한다.

일반 사회에선 운명과 천명 또는 숙명을 전혀 혼돈하고 있는데 사주는 운명의 주체일 뿐 운명은 아니며 대운이 곧 운명의 광장이다. 사주가 불여대운(不如大運)이라고 사주는 대운만 못한 것이니 사주만 가지고 왈가왈부하는 것은 언어도단이다.

不勞取得 : 아니불 일할로 취할취 얻을득 자로 일하지 않고 이득을 취해 얻었다는 말.
不老長壽 : 아니 불 늙을 노 긴장 목숨 수자로 늙지 않고 수명을 길게 사는 것을 말함
大運 歲運 : 큰 대 운세운자로 큰 운 긴 운으로 10년을 관장하고 세운은 해 세자로 당년의 운을 말함 혹 소운이라고도 한다. 船車 : 배 선 수래 차자로 배와 자동차를 말함.
不如大運: 아니불 같을 여자로 대운만 같지 못하다 사주보다 운이 더 좋고 중요하다는 말

아무리 배가 튼튼하고 훌륭하다 해도 항로에서 격랑과 풍파를 만나면 하루아침에 부서지고 망하는데 반하여 비록 배는 보잘 것이 없다 해도 항로가 평탄하고 순풍 수우이면 순풍에 돛단배처럼 평생을 풍진 없이 즐겁고 행복하게 살아갈 수 있는 것이다. 그러기에 대운 자랑은 해도 사주자랑은 하지 않는 법이다. 대체 대운이란 무엇인가? 이제부터 그 전모를 살펴보기로 하자.

대 운(大運)

호박을 심으면 싹이 트고 순이 돋아서 넝쿨이 뻗어간다. 넝쿨은 호박의 항로이자 운로로서 대운이라고 한다. 호박은 싹이 첫째이지만 넝쿨은 호박의 미래와 운명을 좌우한다. 넝쿨이 안전하고 평탄하게 뻗어 나가면 호박은 많이 열고 모두 성숙하는데 반하여 넝쿨이 벼랑이나 물속으로 뻗어 가면 호박이 열기도 어렵지만 성숙하기 더 어렵다. 그와 같이 사주는 타고난 육신이요 그릇이며 대운은 항로요 무대다. 아무리 훌륭한 배우라 해도 무대가 없으면 쓸모가 없듯이 사주가 좋다 해도 대운이 나쁘면 무용지물이다. 비록 자동차는 중고품이라 해도 대운인 신작로가 고속도로처럼 넓고 평탄하면 최대의 속도로 오래도록 달릴 수 있는데 반하여 아무리 고급 자동차라해도 대운인 길이 산간벽지이고 벼랑이면 속도는 고사하고 얼마가지 않아서 뒤집히고 부서지고 망가진다. 그래서 사주는 불여대운(四柱不如大運)이라고 한다.

사주는 선천 운인데 반하여 대운은 후천 운이며 사주와 대운의 비중은 3 : 7이다. 사주는 세상에 태어난 육신으로서 강하고 약하고 잘나고 못난 차이가 있을 뿐이다. 같은 돌이라 해도 다듬기에 따라서 쓸모가 달라지고 값의 차이가 있듯이 사람은 가르치기에 따라서 쓸모가 달라지고 인물의 차이가 생긴다. 아무것도 가르치지 않고 농사일만 시키면 비록 얼굴이 뛰어나게 잘 생겼다 해도 무식한 나무꾼이 될 수밖에 없듯이 비록 얼굴은 변변치 못해도 올바로 가르치고 수양을 쌓게 하면 천하의 군자요 인걸로서 뛰어난 인품과 명성을 펼치게 된다. 자식 낳기를 자랑 말고 기르고 가르치기를 자랑하라는 속담은 운명의 진언이기도 하다.

대운은 10년만큼씩 바뀌어 진다. 길이 달라지면 운명도 달라진다. 그래서 불쾌한 함지에 빠진 차는 새로운 코스를 맞아 힘차게 행운의 길을 달리게 되고 여태껏 고속도로를 달려왔든 차가 산간 좁은 길로 행선이 바뀌어 짐으로서 파란만장의 고난이 시작되는 것이다. 사람팔자 알 수 없다는 것은 바로 이 대운의 변화를 두고 하는 말이다. 대운은 사주를 10년간 운전하고 관리하는 운전사이자 관리자이다. 그 운전사가 사주를 운전해 가는 것을 운명이라 한다. 사주는 하나의 차체요 대운은 운전사이니 그 차를 안전하게 운행하느냐 뒤집어엎느냐? 는 것은 전적으로 운전사인 대운에 달려있음은 자명한 사실이듯이 인생은 타고난 사주보다도 운로이자 운전사인 대운에 의해서 울기도하고 웃기도 한다. 운전사가 술에 취해서 갈팡질팡하면 가슴을 조이면서 울어야 하고 운전사가 성실하게 알뜰히 운전하면 기쁘고 즐거워서 웃고 노래한다. 그 대운이 좋은가 나쁜가는 사주의 구조와 대운의 성질에 따라서 결정된다. 가령 사주가 엄동설한에 출생한 한 냉한 사주로서 木 火를 기뻐하고 金 水를 싫어한다면 庚子나 辛亥 대운을 만나면 가장 싫어하고 두려워하는 운전사를 만났으니 그가 운전하고 관리하는 10년 동안은 호랑이 굴에 뛰어든 토끼처럼 천신만고와 구사일생의 풍파를 겪어야 하고 丙寅이나 甲午대운을 만난다면 가장 기뻐하고 다정한 운전사를 만남으로써 그가 운전하는 10년 동안은 어디든지 가고 싶은 대로 갈 수 있듯이 만사가 뜻대로 이루어지고 부귀영화를 마음껏 누릴 수 있다.

대운은 사주라는 둥지에서 뻗어가는 넝쿨로서 그 출발점은 사주의 못자리판이자 싹인 월지다. 월지는 어머니의 자궁이자 처음 태어난 인생의 항구요 요람지다. 그 항구에서 사주라는 배(船)는 이미 낳을 때부터 정해진 방향과 코스를 따라서 출항하여야 한다.

그 방향은 앞으로 가는 전진과 뒤로 가는 후퇴의 두 가지가 있다.

앞으로의 전진은 순조로운 운행으로서 순운(順運)이라하고 뒤로의 후퇴는 거꾸로 가는 운행으로서 역운(逆運)이라고 한다.
순(順)과 역(逆)은 어떻게 정해지는가? 출생한 세군과 남녀의 성(性)으로서 결정된다. 세군(당년의해)천간이 甲 丙 戊 庚 壬의 양간인 경우엔 세군이 남자의 해라해서 남자의 해에 남자로 태어난 사람은 그해의 주인공으로서 합격자요, 여자로 태어난 인생은 남자 목욕탕에 여자가 뛰어든 것처럼 번지수가 맞지 않으니 불합격자로서 뒤로 돌려 보낼 수밖에 없다. 그와 같이 여성의 해인 乙 丁 己 辛 癸년에 출생한 여성은 합격자로서 순행한다. 양년생의 남성과 음년생의 여성은 제격에 맞는 출생으로서 순행하고 양 년생 여성이니 음 년생 남성은 격에 맞지 않음으로서 역행해야 하는 것이다.

대운계산법

　대운은 출생한 월지에서 출발하여 10년을 관장한다. 출생한 월지는 한 달 동안의 월령(月令)으로서 날짜로 따져서 30일이다. 30일이 10년으로 둔갑한 것이니 3일이 1년이요. 하루가 4개월이며 한 시간이 5일이요. 1분이 2시간에 해당한다.
대운의 단수(端數)는 바로 이러한 계산법에 의해서 산출된다. 대운은 출생일에서 절기까지의 일수를 따져서 3으로 나누는데 그 3이란 3일을 1년으로 환산하는 원리에 의해서 나온 것이다. 3일이 1년이니 3으로 나눈 숫자는 바로 대운의 끝수(端數)가 몇 년이라는 것이 똑바로 나타난다. 가령 출생일과 절기 사이의 날짜가 16일이면 3으로 나누어서 5가 되고 1이 남는다. 이는 대운의 머릿수가 5라는 것이니 5, 15, 25, 35식으로 다섯 살부터 대운이 진행하여 5의 숫자에서 언제나 항로가 바뀌게 된다. 3으로 나누고 남은 숫자에 대해서는 흔히 일사이입(1捨 2入)이라 해서 1은 없애고 2는 1년을 더 가산하고 있는데 이는 큰 잘못이다. 1일은 4개월이니 1이 남으면 4개월을 가산해야 되고 2가 남으면 8개월을 가산하는 것이 원칙이다.
가령 일수가 16이면 3으로 나누어 5의 단수와 1의 여분이 생기고

17일간이면 5의 단수와 2의 여분이 남는데 이런 경우엔 똑같이 대운은 5로 하고 1이 남으면 5년 4개월로 하고 2가 남으면 5년 8개월로 하는 것이 올바르다. 그러니깐 5년 4개월은 5가 드는 해의 5월부터 대운이 바뀌고 5년 8개월은 9월로부터 대운이 바뀌게 된다. 대운의 일수는 순 운은 전진하는 것이니 출생일부터 다음절기의 입절일 까지의 일수를 따지고 역운은 뒤로 후퇴하는 것이니 출생일부터 지나온 절기(그달절기)의 입절 일까지의 일수를 계산하여 3으로 나누게 된다. 가령 2월 15일생의 사주로서 경칩이 2월 1일이고 청명이 3월 1일이며 2월 달이 크다면 순 운은 2월 15일부터 다음 청명의 3월 1일까지의 일수 16일을 3으로 나누고 역운은 2월 1일부터 15일까지의 일수만 가지고 다지는데 이는 큰 잘못이다.

출생일이 시간이 있듯이 절기도 반듯이 시간이 있다. 가령 2월 15일 未時 正 3刻 5分분태생으로서 경칩이 2월 1일 子시 正 2刻 10分이고 청명이 3월 1일 酉時 初初刻10分이라면 그 계산은 다음과 같다.

<순운> 2월 15일 14시 50분에서 3월 1일 17시 10분까지의 일수는 16일 2시간 20분인즉 이를 3으로 나누면 5일의 단수와 1일 2시간 20분이 남는다. 1일은 4개월이요 2시간은 10일이며 20분은 40시간이니 대운은 5의 숫자가 드는 해의 5월 입절일로부터 11일 16시가 지난 시작부터 바뀐다.

<역운> 2월 1일 영시 40分부터 2월 15일 4시 50분까지 일수는 14일 14시 10분인즉 이를 3으로 나누면 4의 단수와 2일 14시 10분이 남는다. 이를 날짜로 환산하면 2일은 8개월이요 14시간은 70일이며 10분은 20시간이니 대운은 4의 숫자가 드는 해의 11월 입절후 10일 20시부터 바뀌게 된다. 이와 같이 대운은 어느 해 부터가 아니고 어느 해 어느 달 어느 날 어느 시각부터 바뀌게 되는 구체적인 이정표로서 시각까지 계산하는 것이 원칙이다. 물론 감정하

는데 이런 식으로 따지기란 여간 어려운 것이 아니며 일수만 따지는 것이 그 상례임을 모르는 바는 아니나 가급적이면 원리원칙으로 하는 것이 바람직하다.

왕 쇠 강 약(旺衰强弱)

사주는 육신이요 차체(車体)다. 차가 튼튼해야 짐을 싣고 재물을 생산할 수 있다. 그러나 차만 튼튼하고 화물이 없으면 쓸모가 없고 일거리가 없으니 가난하다. 그래서 사주는 차체(日主)의 강약과 화물(財星)의 다과(多寡)로서 운명의 길흉을 저울질한다. 차가 튼튼하고 화물이 많으면 평생 돈을 벌고 부자가 될 수 있지만 차가 튼튼하고 짐이 없거나 화물은 태산 같은데 차가 약하거나 고장이 생겼으면 돈벌이가 힘들듯이 가난을 벗어날 수 없다.
왕 쇠 강 약은 비단 일주뿐이 아니고 재물과 관성(官星) 식신상관 인성(印星) 비견겹재 등 육신 전체의 중량과 능력을 저울질하는 기본적 심사다. 그 심사원칙은 일간이나 육신 모두가 동일함으로서 여기서는 왕 쇠 강 약의 원칙을 주로 다루기로 한다.

왕(旺)

왕은 글자 그대로 왕자다. 이 세상에서 가장 위대하고 강한 것이 왕이듯이 힘의 비중에서 가장 큰 장사를 왕이라고 한다. 왕은 12운성 중 가장 성숙하고 강대한 별인 건록(建祿)과 제왕(帝旺)을 말한다. 甲乙일생의 寅卯와 丙丁일생의 巳午 庚辛일생의 申酉와 壬癸일생의 亥子가 바로 건록 제왕으로서 왕에 해당한다.
이는 모두가 절기를 기준으로서 때를 만난 것을 말한다. 그래서 戊己土는 辰戌丑未월의 정기를 왕으로 삼는다. 왕은 자기 철을 만난 전성기로서 힘이 넘치고 설정에 이른 무적의 왕자요 천하장사다. 누구도 왕관 앞에 대항 할 수 없듯이 왕기(旺氣)를 이길 힘은 없다. 왕관은 권력을 잡고 있듯이 왕기는 천하 대권을 잡고 있다.

그래서 보통 十二운성의 몇 배의 강대한 힘을 지니고 있다.
이와 같이 월지에서 건록 제왕을 얻은 것을 득령(得令)이라하고 득시(得時) 득절(得節) 득권(得權)이라고 한다. 득령은 왕기를 타고난 것으로서 일주(日主)가 득령하면 신왕(身旺)이라하고 식신상관이 득령하면 식신왕 상관왕이라 하며 인수가 득령하면 인왕(印旺)하고 비견겁재가 득령하면 비겁왕(比劫旺)이라고 한다.
왕기를 타고난 육신은 사주상 가장 큰 힘을 타고난 왕초로서 가장 큰 비중을 가지고 있다. 가령 신왕이면 군주가 천하장사요 재왕하면 재물의 비중이 가장 크며 관왕하면 관성의 기운이 가장 왕성하다. 사주는 힘의 건축으로서 힘이 강한자가 주도권을 잡게 된다. 재가 왕 하면 재가 주도권을 잡고 관이 왕 하면 관성이 주도권을 잡는다.

쇠(衰)

쇠는 기운이 쇠퇴하여 무력해 진 것으로서 12운성의 절과 태(絶胎)에 해당한다. 寅卯월생의 庚辛金을 비롯하여 巳午월생의 壬癸水 申酉월생의 甲乙木 亥子월생의 丙丁火와 戊己土가 바로 절 태라는 가장 허약한 기운을 타고난 쇠자다.
쇠는 절기를 잃은 실령(失令)자로서 아무런 능력도 없으며 자립할 수 없이 남에게 의지한다. 장병에 효자 없다고 늙고 병든 사람을 오래 돌봐줄 사람은 없다. 그래서 실령한 쇠자는 무엇이든지 오래 가거나 시종 일관하기가 어렵고 변화가 무상하다. 인생으로는 실격한 낙제자이니 어디가나 주도권을 잡거나 자립할 수가 없다. 쇠는 무능력한 상태로서 일주가 쇠하면 군주가 무능력하고 재가 쇠하면 재력이 무기력하며 관성이 쇠하면 관이 무기력하고 식신상관이 쇠하면 식신상관이 무기력하다. 왕성한 왕기는 넘치는 힘을 쓸 수 있는 식신 상관 재성관성을 찾고 또 기뻐하는데 반하여 무기력한 쇠자는 무능한 자신을 생부(生扶)하고 돌봐 줄 수 있는 인성(印星)과 비견 겁재를 찾고 또 기뻐한다.

강(强)

　허약한 사람이 보약을 먹으면 원기를 회복하고 왕성해지듯이 고독한 사람이 형제와 친구의 도움으로 무리를 만들면 거대한 세력으로 바꿔진다. 작은 나무가 크면 아름다리 거목이 되고 작은 가지도 여러 개로 묶으면 꺾지 못하듯이 노쇠하고 허약한 쇠가 보약인 인수와 동기간이자 친구인 비견겁재를 많이 보면 세력을 형성하여 강자로 변한다. 이와 같이 쇠가 인수와 비견겁재를 많이 보고 그 지원을 얻어 크게 성장하고 발전한 것을 강이라고 한다.

　왕은 그 스스로가 왕성하여 왕자로 군림하는데 반하여 강은 그 자체는 허약하나 남의 지원을 얻어 강자로 둔갑한 것이니 평생을 남에 의지해서 살고 출세하고 발전한다. 때문에 독자적으로 자립하거나 독선이나 독단적인 행동을 하면 하루아침에 거세(去勢)되어 무기력한 쇠자로 환원하니 자기주장이나 고집은 금물이다.

약(弱)

　쇠가 지원을 받아서 강으로 변하듯이 왕자가 짐이 너무 무거워서 감당하지 못해 허약해진 것을 약이라고 한다. 천하장사도 적이 너무 많으면 중과부적이라고 비록 왕기를 타고난 군주도 식신상관의 설기가 심하고 재관의 부담이 크면 감당할 수 없음으로 굽어지고 지쳐 쓰러진다. 이와 같이 설기가 극히 지나쳐서 지쳐 쓰러진 상태를 약이라고 한다. 과로 때문에 병들어 눕게 된 것이니 보약의 인수와 지원하는 비견겁재가 아쉽다. 인수와 비견겁재를 보면 다시 원기를 회복하여 왕으로 군림하지만 재관이나 식신상관을 만나서 짐을 더욱 증가시키면 재기불능으로 패망한다. 이러한 약자는 무엇이든 욕심을 버리고 분수를 지키는 것이 운명을 개척하고 성공하는 열쇠이며 지나친 욕망을 부리면 평생 함정에서 몸부림치고 허덕일 뿐이다.

<더 자세히 보기>

四柱八字

 사주란 생년 월 일 시의 네 기둥을 사주라고 한다.
사주란 사람의 根, 苗, 花, 實, 을 말 할 수 있는 근본으로 자연의 현상에 비유한 인간을 과거 현재 미래로 판별 하는 학문이다.
사주팔자 보는 법은 자기 자신을 일간에 비유하고 年은 조상궁이요, 월은 부모(형제)궁이 되며 시는 자녀궁이고 日支는 배우자궁으로 감정하며 현재의 자기의 위치를 환경에 비추어 보는 방법이다.

사주의 네 기둥 (음력을 기준 한다.)
첫 번째가 연주인데 年柱는 태어난 년을 찾으면 된다. (만세력 참조)

1. 年柱 세우는 법

<1> 연주(年柱)는 입춘을 기준으로 한다. (1월1일을 기준하지 않음)

 입춘날에 출생한 자는 입춘 절입 시각을 기준으로 결정한다. 입춘전이면 구년을 쓰고 입춘 시각 후면 신년을 사용한다. 매년 입춘은 양력 2월 4일-5일경 전후로 약간의 차이가 있다. <만세력 참고하라>
<예> ① 정상 1974年 1月 14日 午時 生이라면
　　　　甲寅 년 丙寅 월 丁丑 일 丙午 시
　　　② 비정상 1974年 1月 12日 巳時 生이라면
　　　　癸丑 년 乙丑 월 乙亥 일 辛巳 시

2. 月柱 세우는 법

 월의 간지는 만세력을 보고 절 입 일을 가려서 정한다.
시각 까지도 세심히 가려서 정해야 확실하다. 특히 주의 할 점은 년 주의 간지를 세울 때도 입춘을 기준으로 하듯이 월주를 정할 때도 절입(節入)의 시기를 표준으로 한다.

예. 1979년 12월 21일에 출생한자는 입춘을 넘어서 출생하였기 때문에 생월의 간지는 12월의 월건은 丁丑인데 정축을 쓰지 않고 다음해인 1월 월건인 戊寅을 쓰게 된다. 참고 할 것은 어느 해가 되어도 변함없다는 사실을 알아야 한다.

< 매 월 절 입 <每月 節入> >

1월 입춘	7월 입추
2월 경칩	8월 백로
3월 청명	9월 한로
4월 입하	10월 입동
5월 망종	11월 대설
6월 소서	12월 소서

매월의 절기가 들어오는 시기를 절 입이라고 하는데 절기는 들어오는 시각이 분명하므로 사주 기록 시 유의해야 한다. 절기의 구체적인 설명은 뒷장 절기편에서 자세히 설명할 것이다.

3. 日柱 세우는 법

일주는 만세력에 의존한다.
당사자가 출생한 날의 일진이 그 사람의 日柱가 된다.
<예> 1980년 4월 20일 생이라면 日柱는 丙午 가 된다. 참고 할 것은 일주세울 때는 대운수를 별도로 정하는 방법도 있지만 매우 복잡하니 만세력 일주 우측에 대운수가 남녀 표기 되어 있으니 찾아 기록해 놓으면 매우 편리하다

4. 時柱 세우는 법

시의 간지는 출생일의 간지와 같이 時支는 항상 일정하고 시간은 日干에 의하여 결정 된다.
時柱는 만세력 뒤 장의 시간 조견표를 참조하면 편리 하나 시간 산출 법이 간단하게 되어있으니 시간 산출 법을 익혀 쓰면 편리하다.
주의 할 점은 子시인데 子시는 夜子時와 朝子時로 잘 구분해야 정확히 사주를 간명 할 수 있다.

<예> 1980년 4월 20일 23시 40분에 출생한 자라면 야자시가 분명한데 야자시를 넘어서면 丙午일이 아니고 21일 丁未 일이 된다. 丁未日 조자시로 봐야 한다.
정시법<과거에는 정시법을 써왔으나 현재는 30분 단위로 쓴다.>

子시	23시 30분부터 명일	1시 30분까지
丑시	오전 1시 30분부터	3시 30분까지
寅시	3시 30분부터	5시 30분까지
卯시	5시 30분부터	7시 30분까지
辰시	7시 30분부터	9시 30분까지
巳시	9시 30분부터	11시 30분까지
午시	11시 30분부터	13시 30분까지
未시	13시 30분부터	15시 30분까지
申시	15시 30분부터	17시 30분까지
酉시	17시 30분부터	19시 30분까지
戌시	19시 30분부터	21시 30분까지
亥시	21시 30분부터	23시 30분까지

夜子時와 朝子時(조자시는 明子시라고도 한다)
야자시는 밤 11시 30분부터 밤 12시 30분까지의 시간을 말하는데 조자시는 0시 30분부터 1시 30분까지의 시간을 말한다.

시간산출법(天干合을 배운 후 다시 짚어 보겠다)
당사자 일간을 합한 후 화(化)한 오행을 극하는 오행을 수장도 子에 놓고 태어난 시까지 짚어 가면 된다.
<예>日柱 丁未 生이 戌時에 태어났다면 丁壬合木이니 木을 극하는 오행인 庚金을 子에 놓고 戌時까지 돌리면 庚戌이 됨으로 時柱는 庚戌이 된다.

주의 할 점은 썸머타임 실시기간에 태어난 사람은 태어난 시각에서 한 시간을 빼야 정확한 표준시가 된다. <만세력 참조>

<참고> 출생 시를 정확히 모를 때 시를
　　　　　아는 법
<1> 부모선
망(父母先亡)에 따라 아는 법
　　父先亡者는 子 寅 辰 午 申 戌시
　　母先亡者는 丑 卯 巳 未 酉 亥시

<2> 가마 위치에 따라 아는 법
　　子午卯酉생은 가마가 중심에 바르게
　　寅申巳亥생은 가마가 한쪽 옆으로
　　辰戌丑未생은 가마가 두 개로 쌍가마

<3> 잠자는 버릇으로 아는 법
　　子午卯酉생은 반듯이 누워서 잔다.
　　寅申
巳亥생은 옆으로 누워서 잔다.
　　辰戌丑未생은 엎드려 자거나 잔다.
　　　　　수그리고 자기도 한다.

四柱八字 기록 법

　사주들 접하고 제일 먼저 기록해야 할 것은 생년월일시를 정확히 기록한 다음 남녀를 구분해 남자라면 **乾命**이라고 쓰고 女子는 **坤命**이라고 구분 표시해야 한다.(乾은 하늘건자로 남자는 양이니 하늘이고, 坤은 땅 곤 자로 여자는 음이니 땅이라 하여 건명 또는 곤명이라고 표시했지만 현재는 쉽게 남녀로 구분해도 무방하다)

1. 다음 당해 연도 만세력을 펴고 年柱를 기록한다.

2. 월주는 당월월건을 기록 하면 되는데 잘 살펴서 기록해야 한다.
(절기가 지난 후에 태어났다면 당월 월건을 쓰고 절기 입전에 태어났다면 전월 월건을 기록 한다.)

3. 일주는 태어 난 날의 일진을 기록 한다.
(일주를 기록한 다음 잊지 말고 대운 숫자를 꼭 기재 할 것)

4. 시주 세우는 것은 시간 조견표를 보면 편리하다.
(그러나 처음에는 시간 조견표를 보고 참고 하더라도 다음에 좀 익숙해지면 시간 산출 법으로 익혀야한다.)

5.자신의 사주를 기록해 보십시오.

1946년11월6일戌시(양11/29)							
乾命	丙戌	己亥	丁未	庚戌			
수	3	13	23	33	43	53	63
대운	庚子	辛丑	壬寅	癸卯	甲辰	乙巳	丙午

<사주기록 견본>

본인의 사주   아내의 사주

년 월 일 시(양 /) 시생							木		년 월 일 시(양 /) 시생						
乾命							火		坤命						
수대운							土 金 水		수대운						

<사주 8자 기록은 현대감각에 맞게 좌에서 우로 기록하는 것이 편리하다>.

가족들의 사주를 기록해보자

년 월 일 시(양 /) 시생							木		년 월 일 시(양 /) 시생						
命							火 土 金		命						
수대운							水		수대운						

사주를 기록하고 항상 오행분포를 파악하기 위해 가운데 도표를 작성해보는 것이 좋다 항상 오행은 많아도 병 적어도 병이라는 점 잊지 말아야 한다.

대운 정하는 법

대운이란 春夏秋冬 계절이 바뀌듯이 인생의 행로 또한 주기가 10년씩 머물다 바뀌게 된다. 10년 大運을 天干 지지(地支) 5년씩 10년으로 하는 방법도 사용하고 또한 10년 동안 간지의 영향이 그대로 유지 된다는 학설도 있으니 참고 바란다.

1. 대운은 우선 남녀를 구분해야하고 生年의 간지에 의하여 구분 하게 되는데 男子는 陽이요 女子는 陰으로 구분한다.

陽男 陰女는 順行 하고 (순행이란 甲 乙 丙 丁으로 나감)
陰男 陽女는 逆行 한다. (역행이란 癸 壬 辛 庚 己 戊로 나감)

<2> 대운은 月柱를 기준으로 정하여 시작한다.
순행은 월주 다음자 오행부터 바로 시작하여 나간다.
역행은 월주 앞자 오행부터 시작 역(거꾸로)으로 나간다.

<3> 대운 숫자 정하는 법
대운 수정하는 법은 있으나 아주 복잡함으로 지금 이 복잡한 대운 수 계산법에 시간을 투자 하느니 우선 만세력 일주 옆에 있는 대운수를 참고 하면 편리하다.

根苗花實에 대한 이해

1. 年柱 (根) 년주를 뿌리라 하여 태어나서 15세 이전의 성장기를 살피게 되는데 년월의 상생상극 또는 吉凶星에 의하여 행불행을 추리한다. 그러므로 년주를 根이라 한다.

2. 月柱 (苗) 월주를 묘라 하여 15세 이후 30세 까지를 살피게 되는데 月干은 아버지 月支는 어머니로 본다. 월주가 희용신이고 生

旺하면 부모형제가 발전하고 30세 청년기가 행복하게 된다.
月柱가 상극 형충파가 되면 부모형제 덕이 적고 30세 청년기가 불운의 시기라고 판단한다.

3. 日柱 (花) 일주를 꽃이라 하여 자신을 나타내며 사주팔자를 추리할 때 기준이 되기도 한다.
일간은 자신이 되고 일지는 배우자가 된다.
일주는 자신의 가정생활과 부부관계와 30세 이후 45세 까지의 운을 살피게 되는데 일주가 희용신이면 세상살이가 순풍에 돛단배가 되지만 상극 상충 형 충 파 해가 되고 기신에 임하면 부부관계도 원만치 못하고 생활이 고단 하다.

4. 時柱(實)시주는 열매라 하여 말년을 보게 되고 자손 관계를 알아 본다. 시주와 일주가 상생 조화를 잘 이루고 天干合 地支合하면 일명 天地德合이라 하여 복과 귀함이 함께하고 자손이 번성하고 말년이 부귀하게 된다.

天地德合 이란 무엇인가?
日柱와 時柱가 相生 조화를 잘 이루고 天干合地支合되면 이름하여 天地德合이라 하는데 이런 경우 남자는 현모양처를 얻게 되고 자손이 현달하게 되며 복록이 일생동안 끝이지 않는다고 한다.
본인뿐 아니라 배우자와 자손이 함께 부귀하고 대성하게 된다.
四柱 총평
年은 조상님들의 성쇠를 살펴 조상의 음덕을 추명 한다.
月은 부모 형제들과의 음덕 유무를 살핀다.

日은 본인 및 배우자 인연을 살피고 가정 관계를 살핀다.
時는 자손과 말년을 살피게 된다.

<참고사항> 우리가 사주를 감정하다 당신은 時를 잘 타고 났다는 말을 자주 쓰게 되는데 이 말은 인생의 복이 시에 있기 때문에 하는 말이다.

年이 상하면 조상에 불리하고
月이 상하면 부모형제에 불리하고 초년고생이 있다.
日이 상하면 본인과 처가 불목하고 중년 복이 없으며
時가 상하면 자손에 해로우며 결과가 없어 말년이 고독하다.
사주팔자에 형. 충. 파. 해와 공망. 사절(死絶)이 없고 복신의 도움이 있으면 좋은 팔자이다.

新四柱學講義錄

(初等班 第3部)

目次

육신(六神)론 / 151
正과 偏 / 152
1, 비견론(比肩論) / 154
2, 겁재론(劫財論) / 157
3, 식신론(食神論) / 158
4, 상관론(傷官論) / 160
5, 정재론(正財論) / 164
6, 편재론(偏財論) / 166
7. 정관론(正官論) / 168
8, 편관론(偏官論) / 170
9, 정인론(正印論) / 174
10, 편인론(偏印論) / 177
육신의 특성 / 181
편중되거나 혼잡한 육신의 특성 / 186
육신, 육친을 논하다. / 189
육신이란 무엇인가? / 222
12운성(十二運星) / 225
1, 장생론(長生論) / 225
2, 목욕론(沐浴論) / 226
3, 관대론(冠帶論) / 228
4, 건록론(建祿論) / 229
5, 제왕론(帝王論) / 230
6, 쇠론(衰論) / 231
7, 병론(病論) / 232
8, 사론(死論) / 233
9, 묘론(墓論) / 234
10,절론(絶論) / 235
11,태론(胎論) / 237
12,양 론(養 論) / 239
포태법 / 240
12운성 강약 / 245
택 일 법 / 248

육신(六神)론

　사주는 일간을 가장(家長)이자 주군(主君)으로 삼고 나머지 삼간사지(三干四支)는 주인에 딸린 신하로 삼는다.
그 신하 중에는 출생과 육영을 담당한 부모를 비롯해서 같은 혈육인 형제자매 그리고 가정을 담당한 배우자와 육친관계가 있다. 이러한 인간관계를 육신(六神)이라고 한다. 육신은 비단 인간관계뿐 아니라 사회적인 지위와 명예를 비롯해서 생활하는 의식주와 재산 그리고 지식과 기술과 권리와 의무 등 다채로운 대인관계를 간직하고 있다. 부모덕이 있느냐 처자의 인연이 두터우냐? 하는 육친관계는 모두가 육신으로서 판단하듯이 재물이 얼마나 있고 벼슬길이 어느 정도이며 봉직자인가? 장사꾼인가? 기업인인가? 기술자인가? 대 재벌가인가? 대학자인가? 대정치가인가? 착한사람인가? 거짓말하는 협잡꾼인가? 등등도 육신으로서 감별한다.
그와 같이 육신은 운명을 세분화하고 구체화하는 명분이자 칭호로써 실제 감정은 모두가 육신에 의해서 결정되고 요리된다.

　이제 그 내막을 구체적으로 살펴보기로 하자.
육친관계는 여성본위로 하기 때문에 父는 母를 위주로 하고 子女는 妻를 위주로 한다. 가령 甲日生은 癸가 正印이요. 生母이며 母의 正官이 父로서 癸의 正官인 戊가 父星이 된다. 戊는 甲의 偏財로서 妾에 해당하니 父와 妾을 同格으로 하는 모순을 자아내고 있다.
자녀또한 처의 몸에서 출생하였다고 해서 正財에서 발생한 正官과 偏官을 子星으로 삼는다.
가령 甲日生은 己土가 正財이고 妻이며 己土에서 출생한 庚申金을 아들딸로 삼는데 己土의 입장에선 食神 傷官이 되지만 夫君인 甲日生은 己土가 正財이고 妻이며 己土에서 출생한 庚辛金을 아들딸로 삼는데 己土의 입장에선 食神 傷官이 되지만 夫君인 甲日主로선 正

官과 偏官에 해당한다. 官은 最高의 祖父格인데 자녀와 조부를 동격으로 한 것은 父와 妾을 동격시(同格視)함과 똑같은 윤리적 큰 모순이라 하겠다. 이에 대해서 中國(香港)의 명리가 위천리씨는 父는 母와 같이 印星으로 삼고 子女는 妻와 같이 食神 傷官으로 삼을 것을 주창하고 있지만 사실은 통용되기가 어렵다. 통변상 오차가 많기 때문이다.

신사주에서는 父星을 官으로 통용하고 있는 동시에 子女 또한 官星으로 삼고 있다.

官은 보호자인데 父는 어려서의 보호자요, 자녀는 늙어서의 봉양자인 것이다. 이에 대한 구체적인 실증은 뒤에서 자세히 논하겠다. 이와 같이 부친계보는 순전히 여성을 위주로 하였기 때문에 조부는 조모를 증조부는 증조모를 장인은 장모를 외조부는 외조모를 위주로 따진다. 가령 甲日生이면 父가 戊土이니 조모는 戊의 인수인 丁火에 해당하고 조부는 丁火의 官星인 壬水에 해당하듯이 장모는 正財 己土의 인수인 丙火(食神)에 해당하고 장인은 丙火의 正官인 癸水(인수)에 해당한다.

외조모는 모성인 癸水의 인성庚金(偏官)에 해당하고 외조부는 庚의 正官인 丁火(傷官)에 해당한다.

正과 偏

六神은 음양의 배합으로서 正 과 偏을 분별한다. 일주와 육신이 음과 양이 되면 음양의 배합이 바르다 해서 正이라 하고 반대로 음과 음이거나 양과 양이 되면 음양이 한쪽으로 편중(偏重)되었다. 해서 偏이라 한다.

가령 甲日生이면 양일주이니 癸나 辛 또는 己와는 양이 음과 배합됨으로서 正印, 正官, 正財가 되고 壬이나 庚 또는 戊는 양이 양을 보니 편중됨으로서 偏印, 偏官, 偏財라고 한다.

正은 음양이 중화(中和)되니 유정하고 성실하며 偏은 음양이 실화(失和)되니 무정하고 실의(失意)한다.

비견(比肩) - 日干과 똑같은 六神을 比肩이라고 한다.
　甲이 甲을, 乙이 乙을. 丙이 丙을 丁이 丁을 戊가 戊를 己가 己를 庚이 庚을 辛이 辛을 壬이 壬을 癸가 癸를 보면 比肩이라고 한다. 같은 血肉인 형제의 별이라고 한다.

겁재(劫財) - 日干과 五行은 같으나 性이 다르다.
　甲이 乙을 乙이 甲을 丙이 丁을 丁이 丙을 戊가 己를 己가 戊를 庚이 辛을 辛이 庚을 壬이 癸를 癸가 壬을 보는 것을 劫財라고 한다. 같은 혈육이지만 性이 달으니 자매와 이복형제의 별이다.

식신(食神) - 日干에서 生하는 별이되 日主와 同性인 六神을 말한다.
　甲이 丙을 乙이 丁을 丙이 戊를 丁이 己를 戊가 庚을 己가 辛을 庚이 壬을 辛이 癸를 壬이 甲을 癸가 乙을 보면 식신이라고 한다.

상관(傷官) - 일주에서 생하되 일주와 이성인 육신을 말한다.
　甲이 丁을 乙이 丙을 丙이 己를 丁이 戊를 戊가 辛을 己가 庚을 庚이 癸를 辛이 壬을 壬이 乙을 癸가 甲을 보면 상관이라고 한다.

정재(正財) - 일주가 극하되 음양이 배합되는 육신을 말한다.
　甲이 己를 乙이 戊를 丙이 辛을 丁이 庚을 戊가 癸를 己가 壬을 庚이 乙을 辛이 甲을 壬이 丁을 癸가 丙을 보면 정재라고 한다.

편재(偏財) - 일간이 극하되 음양이 편중되는 육신을 말한다.
갑이 무를 을이 기를 병이 경을 정이 신을 무가 임을 기가 계를 경이 갑을 신이 을을 임이 병을 계가 정을 보면 편재라고 한다.

정관(正官) - 일간을 극하되 음양이 배합된 유정한 육신을 말한다.
　甲이 辛을 乙이 庚을 丙이 癸를 丁이 壬을 戊가 乙을 己가 甲을

庚이 丁을 辛이 丙을 壬이 己를 癸가 戊를 보면 정관이라고 한다.

편관(偏官)-일간을 극하되 음양이 편중되어 무정한 육신을 말한다.
甲이 庚을 乙이 辛을 丙이 壬을 丁이 癸를 戊가 甲을 己가 乙을 庚이 丙을 辛이 丁을 壬이 戊를 癸가 己를 보면 편관이라고 한다.

정인(印綬-印星)-일간을 생해주되 음양이 배합된 다정한 육신이다. 甲이 癸를 乙이 壬을 丙이 乙을 丁이 甲을 戊가 丁을 己가 丙을 庚이 己를 辛이 戊를 壬이 辛을 癸가 庚을 보면 인수라고 한다.

편인(偏印)-일간을 생하되 음양이 편중된 무정한 육신을 말한다.
甲이 壬을 乙이 癸를 丙이 甲을 丁이 乙을 戊가 丙을 己가 丁을 庚이 戊를 辛이 己를 壬이 庚을 癸가 辛을보면 편인이라고 한다.

나를 생해주는 生我者의 육신을 인수 편인이라고 하고 내가 생하는 我生者를 식신상관이라고 하며 내가 지배하고 다스리는 我剋者를 재라고 하고 나를 지배하고 통치하는 剋我者를 정관편관이라고 하며 똑같은 比我者(比和者)를 비견겁재라고 한다.
생아자와 극아자는 나의 부모요 통치자이니 섬기는 윗사람이요, 아생자와 아극자는 내가 낳고 길으며 다스리는 자이니 나를 공경하는 아랫사람들이다. 어느 것이 좋고 나쁜가는 배합과 경우에 따라서 다르거니와 이제 육신의 성정과 변화하는 통변의 이치를 구체적이고 철저히 살펴보기로 하자.

1. 비견론(比肩論)-신(身)약자는 비견이 희(喜)신이다.
사주상 일간은 주군이자 주군의 성명이다. 甲이 甲을 보는 것을 비견이라고 하는데 이는 주군이 주군을 보는 것과 같다. 한 집에 주인이 여럿이면 권리다툼이 생기고 형제가 싸우니 집안이 시끄럽다. 주군은 주권을 독점하고 권리행사를 독단하기 위해서 머리를 짜내지만 비견은 하나에서 열에 이르기까지 사사건건 간섭하고 참여하니 참고 견딜 수가 없다. 차라리 집을 내주고 자기대로 독립하려는 의욕이 강하게 작용하지만 사주에 타고난 비견은 어디를 가나 따라오기 마련이니 독립하기는 어렵다. 신경질이 생기고 독선과 독단성이 늘다보니 대인관계는 점차 멀어져 간다. 세상 사람이 모두가 귀찮고 괴로우며 해를 주어 야속해질 따름이다. 그래서 형제와 친구 사이에도 정이 붙기가 힘들고 어렵다. 그렇다고 비견은 전혀 불리하고 손해나는 흉신 작용하는 것은 아니다. 신왕(身旺)자는 능히 자립할 수 있는 왕성한 기운과 능력이 있음으로서 가장의 노릇을 충분히 할 수 있고 또 하나의 주인이 있을 필요가 없는데 반하여 신약(身弱)자는 혼자서 가정을 운영하고 관리할 능력이 없음으로서 자기를 대신해서 자기와 같이 가정을 이끌어줄 대리가장이 필요하다. 그 대리가장은 어느 모로나 진짜 가장과 똑 같아야 하니 그것이 이름도 얼굴도 성격도 똑같은 비견이다. 이러한 신약자가 비견을 만나면 그 비견의 힘과 지원으로서 허물어져가는 가정을 바로잡고 건전하게 운영될 수 있다. 어찌 그 비견을 싫어하고 배격하고 권리다툼을 하겠는가?

　신왕(身旺)자는 비견이 쓸모없는 식객이요 눈의 가시 같은 거머리로서 사람을 싫어하고 독선적인 때문에 주위사람들 또한 자기를 싫어하는데 반하여 신약(身弱)자는 원래가 사람을 신임하고 기뻐하며 반겨하는 호인인지라 누구나가 자기를 좋아하고 어디가나 사람이 따른다. 호인이기 때문에 친구가 많고 친구들이 힘써 도우며 어려운 일이 있으면 뭇사람이 합심 협력해서 무난히 해결해준다. 그래서 신약자는 인생을 사람의 덕으로 살고 출생한다. 신왕자는 인인패사(因人敗事)하는데 반하여 신약자는 인인성사(因人敗事)한다.
물론 이는 財多하거나 官多 하여 비견이 필요한 경우의 이야기로서 동업을 하거나 주식을 하면 크나큰 성공을 하고 거부가 될 수 있다. 이와 같이 비견은 두 가지의 길흉작용을 한다.

이를 신왕 신약자로 나누어 해설하면

(甲) 신왕자 (비견이 흉신임)
1. 年年에 비견이 있으면 부덕(父德)이 약하고 일찍이 생리사별로 인하여 아버지 대신 가장노릇을 한다.
2. 월상에 비견이 있으면 형제 덕이 없고 형제 때문에 고생이 많다.
3. 일지에 비견이 있으면 배우자의 덕이 없고 배우자 때문에 고생이 많거나 생리사별한다.
4. 시간에 비견이 있으면 자녀 덕이 없고 자녀 때문에 고생이 많다. 외부에서 나를 해치는 경쟁자가 많고 간섭하고 중상하는 자가 나타난다.
5. 여자는 월에 비견이 있으면 집안에서 남편을 반분하는 여인이 나타나고 시에 있으면 울 밖에서 남편을 반분하는 여인이 생긴다. 여자로서 남편을 독점할 수 없으니 가장 큰 불행이다.

(乙) 신약자 (비견이 길신임)
1. 년상에 비견이 있으면 아버지의 덕이 크고, 월상에 있으면 형의 덕이 크며, 일지에 있으면 배우자의 덕이 크고, 시에 있으면 자식의 덕이 크다.

<예1> 1927년 2월 9일 未시생의 사주라면
丁卯년 (乙)목이 득령하여 신왕한데 년 월지에 비견이 있으니
癸卯월 (乙)父母兄弟와의 인연이 박하고 자수성가 한다.
乙巳일 (乙)친구와 동기간 때문에 평생에 산재(散財)가 많다.
癸未시 다행인 것은 월 시간에 癸수가 있으나 金이 없어 무력하다.

<예2> 1934년 9월 12일 辰시생의 사주라면
甲戌년 가을태생이니 신약하다 財가 月支에 득령 했으니
甲戌월 재왕하고 신약하다.
甲子일 농토는 동서남북에 수만 정보나 되니 신약한데

成辰시 같은 비견이 협력해서 경작하니 대성하다

　　　친구와 동기간의 힘으로 대부대귀(大富大貴)하다.

위의 甲乙목에 대한 통변해설은 강약으로 보았을 때 하는 말이다.

2. 겁재론(劫財論)-겁재는 일주와 동행이성(同行異性)이다.

　비견이 일주와 동행동성(同行同性)인데 반하여 겁재는 일주와 동행이성(同行異性)이다. 아버지는 같은데 어머니가 다르니 이복형제(異腹兄弟)와 같다. 서로 정이 없고 비견처럼 재물을 반분하는 것이 아니고 송두리째 겁탈함으로서 겁재라 한 것이다. 돈을 벌면 써보지도 못하고 그대로 빼앗기니 돈 벌 의욕이 없고 차라리 자기가 마음껏 쓰고 싶은 충동이 일어남으로서 자연히 저축심이나 절약성이 없어지고 있는 대로 써버리는 낭비성과 자기도 남의 재물을 겁탈하는 투지성과 대담성이 싹튼다. 돈이 생기면 물 쓰듯 쓰고 돈이 없으면 투기나 노름 등 일획천금을 노리며 밀수 같은 위험한 돈벌이를 태연히 한다. 돈이 있으면 아내를 비롯해서 친구들에게 아낌없이 쓰고는 돈이 떨어지면 아내를 비롯해서 친구에게 돈을 강요하거나 난폭해진다. 천신상(天神上)으로 겁재는 정재를 충 하여 못쓰게 만들고 겁탈한다.

　가령 甲일생은 己토가 정재이고 乙목이 겁재이니 乙목은 己토의 칠살로서 己토를 극하고 겁탈하니 甲의 정재는 망신창이가 되어서 무용지물이 된다. 그와 같이 겁재가 있으면 재물이 흩어지고 아무리 몸부림쳐도 돈을 모을 수가 없는 동시에 처덕이 없고 처가 약해지며 해로하기가 어렵다.

　돈을 저축하려면 劫財를 다스리는 관살에 의지해야하는데 이는 자녀 성으로서 자녀 앞으로 성재(成財)하거나 주식으로 바꾸면 겁재가 작용하지 못하니 약탈(掠奪)을 면할 수가 있다. 그러나 비견의 경우와 같이 신약하고 관다(官多)하거나 재다(財多)자는 도리어 겁재가 아쉽고 공이 큼으로서 겁재를 두려워하거나 싫어하지 않는다. 오히려 겁재로서 財와 官을 유지하고 관리할 수 있으니 친구와 동기간 때문에 성공하고 성재하며 투기와 개척 사업으로서 대금을 벌 수 있다. 특히 시상에 겁재가 있으면 의외의 지원자가 나타나서 횡재를 하게 되고 이성의 총애로 지원을 받기도 한다.
겁재의 길흉별 감정은 비견과 대동이소하다. 다만 사교성이 넓고 만사에 이단성이 있으며 대단하여 의외의 성공을 할 수 있는 것이 특이한 점이다.

<예1>
乙卯　夏生壬水가 失令해서 신약한데 年時에 상관이 나타나서
癸未　설기하니 감당 할 수 없는 터에 月上 겁재가 지원하니
壬子　도리어 생기를 내고 흉신인 상관이 희신으로 바뀌졌다.
乙巳　이런 경우 겁재는 길신이고 金이 용신이다.

<예2>
癸亥　冬生壬水가 신왕하여 시상 乙목으로 설기하는 터에
癸亥　년 월간에 겁재가 나타나서 홍수를 이루고 부목이 되니
壬申　파란만장하고 재난(財難)이 속출한다.
乙巳　이런 경우 관성으로 다스리고 식신으로 설수(洩水)하면 좋다.

3. 식신론(食神論)-자기재능을 외부로 나타내는 정화(精華)이다.

나무에서 꽃이 피듯 자기재능을 외부로 나타내는 정화가 식신이다. 자동차가 움직이고 실업자가 취직하며 어부가 어장을 얻는 것은 모두가 자기재능을 발휘 할 수 있는 찬스요, 소원을 이루는 호기다. 어장을 얻은 어부나 농장을 장만한 농부 그리고 취직한 봉직자는 재물을 생산하여 의식주가 풍족하듯이 식신은 재를 기계적으로 생산함으로서 의식이 풍부하다.
甲일생은 己토가 정재이고 丙화가 식신인데 丙화는 己토의 정인에 해당한다. 정재를 다정하게 생산하고 보호하는 친모가 식신이니 재물이 젖꼭지에서 나오는 꿀처럼 쉴 새 없이 생산되고 늘어갈 것은

자명지사다. 어려서는 젖이 흔하고 자라서는 의식과 직장이 보장되고 활동할 기회와 무대가 뜻과 같으니 평생 먹고사는 걱정이 없다. 살이 찌고 마음이 너그러우며 인정이 많고 원만하니 누구에게나 호인으로 통하고 낙천가로서 불평이나 불만을 모른다. 현실이 만족하니 보수적이고 개혁을 원하지 않으며 자기개성이 뚜렷하지 않고 투지력이 부족하다. 그렇다고 식신은 덮어놓고 좋은 별은 아니다.
신왕자는 활동을 기뻐하는데 반하여 병든 신약자 활동을 싫어한다. 움직여서는 안 될 환자가 움직이면 탈기가 되고 병이 더욱 악화하듯이 신약자는 식신을 기신으로 삼는다. 무리한 활동이 의외의 부작용을 가져오듯이 신약자가 식신을 보면 무리한 출혈이 불가피하다. 투자하고 노력한 것이 모두가 허사가 되고 도리어 손실과 재난을 초래한다. 같은 식신이면서 길과 흉으로 바꿔지는 역의 진리는 있고 운명의 묘미는 있다.
식신은 재를 만들어 내는 생산 공장으로서 여러 개 있는 것은 실패를 암시한다. 샘을 파도 한샘을 파라고 식신은 하나여야 한다. 샘이 여러 개 있는 것은 물이 나오지 않은 빈 샘이니 애만 쓰고 공이 없다는 암시다. 그와 같이 식신이 두 개 이상이면 부모덕이 없고 형제 덕도 없으며 남편과 처자 덕도 없다.
부모덕이 없으니 일찍이 자립 활동하고 총명한데 반하여 만사가 뜻대로 되는 것이 없고 일찍 조숙한 만큼 일찍 조로하기 마련이다.
그러하듯 식신의 별이 변질한 것이니 천신상으로도 상관으로 취급한다. 식신은 사람의 젖꼭지이니 서모인 편인을 가장 두려워한다. 서모는 자식에게 냉정하고 학대하듯이 편인을 보면 식신은 만신창이가 되고 사르르 녹아 없어진다. 젖꼭지가 망가지고 밥그릇이 뒤엎어진 것이다. 그래서 식신이 편인을 보면 도식이라고 한다.
직장이 떨어지고 뜻밖의 사고가 나는 등 큰 불행을 겪는다. 만일 사주에 편인과 식신이 나란히 나타나 있으면 평생 의식이 부족하고 무엇을 하든 호사다마 격으로 지장이 생기고 끊기어서 실패와 변동이 심하고 고생이 많다. 그러니까 식신을 가진 사람은 10년에 한번 만큼 편인을 만나니 십년마다 불행이 찾아든다. 편인이 있는 사람도 십년에 한 번씩 식신을 만나니 똑같은 결과를 겪는다.

식신이 년상에 있으면 부모로부터 상속을 받고 월상에 식신이 있으면 형제간의 도움이 크며 시상에 식신이 있으면 자식의 효도가 크다. 그러나 신약자의 경우는 그와 정반대로서 아무런 도움을 받을 수 없다. 가령 년상에 있으면 아버지의덕이 없고 월상에 있으면 형제의덕이 없으며 시상에 있으면 자녀의덕이 없음을 암시한다.

여자는 식신이 자식의 별로서 식신이 있으면 여자가 있고 그 덕이 많음을 암시한다.

<예1>
己未 신강자로서 년상에 식신이 있으니 부모는 잘살고
丁卯 (乙)상속을 받으나 월상에 비견이 있으니 반분하고
丁卯 (乙)월지에 편인이 있으니 중년에 도식으로 파산 하였다.
辛丑 그러나 편재에 재고를 놓아 궁색하지 않고 흠이 있다면 음양의 부조화가 이사주의 결점이다.

<예2>
癸丑 신왕하고 인수와 겁재가 있으니 태왕한터에 식신이 있으니
乙卯 꽃이 만발하듯 재능을 아낌없이 발휘하고 부귀가 겸전했다.
甲子 이 사주는 양인에 인비가 극성하니 병화가 용신이다.
丙寅 4목이 울창하니 金도 필요하지만 火로 달래는 것이 좋다.

4. 상관론(傷官論)-상관은 겁재의 편인이 된다.

상관은 겁재의 편인이 된다. 가령 甲일생은 己토가 정재인데 상관인 丁화는 己토의 편인으로 서모에 해당한다. 편인을 보면 식신이 만신창이가 되고 밥그릇이 깨지는 도식 이니 財가 생산될 수 없다. 노력을 해도 공이 없으니 머리를 쓰고 보다 더 공을 들이지만 결과는 역시 도식이다. 머리를 너무 쓰다 보니 두뇌는 최고로 개발

되어서 총명하고 신경과민이며 날카롭기가 칼 날 같다.
그러나 식신은 재를 샘물처럼 생산하는데 반하여 상관은 제아무리 발버둥 쳐도 물이 나오지 않고 의식이 부족하니 불평과 불만이 가득차고 누구라도 따지고 시비를 가리고저 한다. 같은 운전수라 해도 식신이 있는 사람은 고객이 요금을 두말없이 지불하는데 반하여 상관이 있는 운전수는 고객이 지갑을 잃었느니 옷을 잘 못 바꿔 입고 왔느니 무엇인가 이유를 붙여서 요금을 주지 않으니 어찌 경우를 따지지 않을 수 있는가? 그러나 상대방은 너무 야박하다고 상관자를 싫어하고 멀리하려든다. 하도 여러 번 번 번히 실패하고 일한 대가를 받지 못함에 따라서 상관자는 이 세상을 비판하기에 여념이 없다. 반항과 반발심 그리고 욕구 불만에 가득 찬 날카로운 머리를 가지고 무엇이든 사사건건 개입해서 시시비비를 따지고 가리려 한다. 남의 일에 뛰어들어서 간섭하고 비판하기를 서슴치 않는 반면에 남이 자기를 간섭하고 비판하면 단호히 대항하고 반격하여 용납지 않는다. 관용성이나 이해성이 없고 자기본위로 우월함이 대단하며 거만하고 냉정하다. 아무리 윗사람이라 해도 옳지 않은 것은 따지고 비판하기 때문에 어디가나 성격상 불화가 생기고 미움을 사며 고독하다. 자기고집이 대단하고 자율적이고 자유하고 자활하는 철저한 개인주의자로서 일체의 간섭과 지배를 거부하고 독자적인행동을 취한다. 그러나 무엇을 하든 머리는 좋고 활동력은 왕성하나 소득과 결실이 부족함으로서 불평과 불만이 가슴속에 연기처럼 가득차있다. 예술계나 발명계 그리고 기술계나 의술, 역술 또는 문학과 학술계에서 크게 재능을 발휘할 수 있고 시비와 흑백을 가리는 경찰, 헌병, 특무대, 검사, 판사, 형사, 신문기자 등으로도 명성을 날릴 수 있다. 윗사람을 극하니 부모덕이 없고 형제와도 인연이 박하며 냉정한 성격인지라 자녀와도 정이 박하다. 상관은 재가 부실한 데서 불행하고 반항하는 것이니 財가 있으면 전혀 딴사람이 된다. 가령 재가 있으면 재를 얼마든지 생산할 수 있음으로서 상관무재처럼 불평하고 비판하고 반항할 이유가 전혀 없다. 오로지 돈 버는

데만 정신을 기우리고 열심히 활동함으로서 대재를 생산한다. 머리가 비범한지라 뛰어난 기술로서 거재를 마련하고 안전하게 발전시킬 수 있다. 돈을 자유로이 벌고 치부를 하였는데 불만이 있고 다툼을 즐길 리는 없다. 모든 것은 가난한데서 싸움이 생기고 불만이 있는 것이다. 그와 같이 상관의 특색은 상관만 있고 재가 없는 상관무재의 사주에서 두드러지게 나타난다. 상관은 정신의 별로서 총명이 자본이니 독자적으로 출세하는 길은 지능을 최고도로 승화시키는 기술 분야에서 진면목을 나타낼 수 있다.

그러나 어떠한 기술이든 소득과 결실은 야박하고 부족하다. 그래서 상관자는 한 가지 기술로서 만족하지 않고 여러 가지 기술을 배운다. 열두 가지 재간을 가지고도 가난하다는 것은 바로 상관의 별을 두고 하는 말이다.

상관은 뛰어난 재능을 가지고 있으나 버릇이 없고 거만하며 남을 비판하고 남의 일에 참견하는 것이 크나큰 결점인데 수양에 힘쓰고 자중자숙하면 대인물이 될 수 있다.

아량과 관용과 침묵과 원만성을 기르는 것이 출세와 성공의 비결이다. 신왕자가 상관이 있으면 성장한 나뭇가지에서 꽃이 피니 멋진 재능을 발휘하지만 신약자가 상관을 보면 병든 환자가 뛰엄질을 하는 것처럼 꼴불견이듯이 감당하지 못할 일을 무리하게 고집하고 추진하다가 크게 실패보기 마련이다. 머리가 날카롭고 신경질이 대단하며 오기와 고집이 지나쳐서 모가나고 해인힘이 심하다.

신왕자는 상관을 기뻐하고 도리어 크게 발전하는데 반하여 신약자는 상관을 싫어하니 평지풍파를 일으킨다. 이를 길흉 두 가지로 나누어 살펴보기로 하자.

A. 상관이 길신인 경우
1. 년에 있으면 부덕이 있고 일찍이 성숙한다.
2. 월에 있으면 형제덕이 있고 총명하고 유능한 인재로서 출세한다.

3. 일지에 있으면 배우자의 덕이 있고 만사에 능하다.
4. 시에 있으면 사회적인 활동력이 크고 자녀가 유재하고 총명하다.

B. 상관이 흉신인 경우
1. 년상에 있으면 아버지와 인연이 박하고 평실부(平失父)하거나 조리부(早離父)하며 하극상(下剋上)한다.
2. 월상에 있으면 형제가 무력하고 인연 또한 박하며 하극상한다.
3. 일지에 있으면 배우자의 덕이 없고 불화하며 해로하기 어렵다.
4. 시에 있으면 외부의 인기가 없고 자녀가 무력하며 인연도 박하다.

C. 여자의 경우
1. 정관과 상관이 같이 있으면 초혼실패 부부해로 하기가 어렵다.
2. 상관이 여럿이면 호색하고 극 부함이 심하며 재혼해도 결합과 해로가 어렵다.
3. 상관은 자녀의 별이니 상관이 있고 재가 있으면 자식을 나면서부터 극부(剋夫)하고 멀어지며 결국엔 자녀에 의지해야 한다.
4. 상관이 있고 재가 있으면 부자가 모두 창영(昌榮)하니 도리어 부귀를 누린다. 단, 신약자는 도리어 불행하다.
5. 상관이 공망이면 자녀가 무력한 반면에 극 부함이 상실되니 해할 수 있다.

D. 남자의 경우
1. 상관은 자식의 별인 관살을 극함으로서 상관이 있으면 자녀가 무력하다. 특히 시에 상관이 있으면 剋子 하니 자녀의 인연이 박하다.
2. 상관의 해나 대운에선 자녀 때문에 문제가 생기거나 근심과 손재가 있다.

3. 상관이 있는데 다시 상관을 보면 평지풍파가 발생한다.
   특히 상관은 상해의 별이기도 하니 몸을 다칠 우려가 많다.

<예1>
戊午 여자의 사주로서 상관이 월상에 나타나고
壬戌 一支에 또 있다. 年上 인성이 제상관(制傷官)하나
辛亥 日時 二辛金이 生傷官하니 傷官의 힘이 크고
辛卯 剋夫함이 심하여 두 번 결혼하였으나 두 번 다 이혼하였다.

<예2>
丙申 財가 득령하고 왕성한데 신(身)은 약하니 財弱身弱이다.
戊戌 傷官이 生財하고 日主를 설기하니 병은 날개 단 듯 무겁고
乙丑 ?은 날개를 얻은 듯 무거워지고 약이 없다.
乙卯 일찍이 조실부(早失夫)하고 파란만장의 신고(辛苦)를 겪었다.

5. 정재론(正財論) - 재물과 처와 부하관리대상의 일체를 포함한다.

재는 일주가 지배하는 물질과 인력(人力)그리고 권리의 모든 것을 말한다. 재산을 비롯해서 처와 부하관리대상의 일체를 포함한다.
正財는 有情한 財요, 정당한 財다. 情이가는 財는 자기소유의 財요, 정당한 財는 합법적으로 취득하고 등기한 소유물을 뜻한다. 자기 것이기 때문에 정이가고 아끼고 가다듬는다. 성실하고 다정하며 너그럽고 유복하다.
財는 妻의 별이기도 하다. 정재는 합법적으로 결혼한 정당한 자기 처로서 애지중지하고 유정하다. 돈이 넉넉하면서도 아끼고 절약하며 검소하고 힘써 근면하다. 기분이나 감정을 떠나서 현실적이고 경이적이며 경제적인 생활을 한다. 재는 굴러 떨어지는 것이 아니고 땀 흘려서 인력으로 생산하는 노력의 결실이니 신왕자에겐 더 없이 기쁜 별이지만 병든 신약자에게 무거운 짐과 부담이 되며 채무가 된다. 그래서 신왕자는 재를 길신으로 삼고 신약자는 재를 흉

신으로 삼는다. 재를 생산하는 것은 직업과 기업이다. 재가 하나면 한 가지 직업이나 기업에서 재를 생산함으로 일정한 직업 또는 기업에 종사하는데 반하여 재가 여러 개면 여러 가지 직업과 기업에서 생산하듯이 직업과 기업이 여러 번 바뀐다. 따라서 재는 처를 의미함으로서 재가 천간에 여러 개 나타났으면 처가 하나아닌 여러 번 바뀔 수 있음을 암시한다. 그래서 재다함을 싫어한다.
정재는 성실하지만 수완이 부족함으로서 정당한 절차를 통한 직장생활이 적성이고 투기나 상업엔 부적하다.
그러나 자기재산이 있고 저축심이 대단함으로서 중년부터는 기자기업을 마련하고 생산업에 종사한다. 신왕자는 재를 능히 감당할 수 있음으로서 빨리 자립하는데 반하여 신약자는 남에게 의지할 뿐 자립이 어려움으로서 평생 본직이 적합하여 자립하면 많이 속고 실패하면 파산하고 채무에 얽매이게 된다. 정재의 길흉을 살펴보면 다음과 같다.

1. 신왕하고 정재가 하나이며 식신이 있으면 대부(大富)가 된다.
식신은 생산 공장이고 정재는 시장이니 자기공장에서 상품을 생산해서 시장을 주름잡기 때문이다. 식신을 돈을 만들어내는 생활수단이나 생산 공장이라고 하고 재는 이익금임으로서 상품을 교역하고 소득 하는 시장 또는 직장에 해당한다.
2. 정재를 극하는 것은 비견과 겁재이니 정재와 겁재가 같이 있으면 평생 돈 벌기는 어렵고 처와 재물이 여러 번 다친다.
3. 정재는 정처의 별로서 정재가 2~3개 있으면 정처가 여럿이라는 표시이니 여러 번 결혼하거나 처가 여럿임을 암시한다.
따라서 정재는 돈을 만드는 시장 또는 직장에 해당하니 정재가 여러 개 있으면 직장이나 사업이 여러 번 바뀌거나 여러 개라는 암시다. 처나 직장이 여러 번 바뀐다는 것은 처와 직장이 신통치 않다는 실증이다. 만족한 처와 직장은 버리거나 바꾸는 법이 없기 때문이다.

4. 신약하고 정재가 완하면 인수와 비견 겁재 운에 보약과 남의 지원을 받아서 신왕해지고 재를 감당하니 크게 치부한다.

5. 신약하고 재다하면 농토는 많은데 인력이 부족하니 집은 크고 속은 가난하듯이 부옥빈인격(富屋貧人格)으로서 모든 것이 규모는 크나 능력부족으로 실재하고 유혹과 사기에 잘 걸리어서 손재하고 파산한다. 여러 번 사기를 당하다 보니 자기도 모르게 사기성이 싹트고 욕심 때문에 도리어 패하고 만사불성이다.

6. 재는 어머니별인 인성을 극함으로 재가 많거나 왕성하면 모친의 인연이 박하고 일찍이 어머니와 생리사별한다.

7. 정재는 자기소유의 재산으로서 재산이 있고 자기자본으로 중년에 기업을 경영한다. 근면하고 성실하며 검소하나 융통성과 수완이 부족해서 금융업엔 적합지 못하다.

8. 정재가 둘 이상이면 편재로 바뀌니 편재의 성정으로 관철한다. 기분과 감정이 풍부하고 융통성과 수완이 능란 하다.

<예1>
辛未 신약 재왕 한데 시에 편재가 나타났으니
癸巳 병든 자가 무거운 짐을 지고 허덕이는 형국이다.
壬辰 시상 편재 공망이니 재복이 크게 감퇴하며
丙午 신왕 운엔 발복하나 평소엔 재물 관계로 고통이 많았다.

<예2>
甲寅 재는 왕하고 몸은 약인데 관이 나타나니
丁卯 감당하기가 어렵다. 재물상 고통이 많고
庚午 재물을 벌면 몸이 더욱 허약해서 병이 드니
乙酉 재물로 인한 화가 적지 않고 재운엔 좌불안석이다.

6. 편재론(偏財論)-편재는 자기소유가 아닌 남의 것이다.

정은 유정하지만 편은 무정하다. 무정한 재와 처란 무엇인가? 자

기소유는 정이가고 아끼지만 남의 것은 정이 가지 않는다. 그와 같이 편재는 자기소유가 아닌 남의 것이다. 시장의 돈과 여인을 이익금을 분배하는 조건으로서 융통하고 이용하는 것이다. 은행돈이나 사채를 빌려서 사업을 하고 마음에 맞는 여인과 동거생활 또는 첩으로 맞이하는 것이다. 남의 돈을 빌려 쓰는 데는 수완이 있어야 하고 이자를 잘 지불해야 한다. 그래서 편재가 있으면 사교성이 능하고 수완이 비범하며 신용을 잘 지킨다. 비록 빌린 돈이지만 일단 빌린 것은 자기소유요 자기재산이다. 그러나 물주는 채권자요 완전한 자기 것이 아님으로 정은 가지 않는다. 일이 잘 되어서 큰돈을 벌면 원금과 이자도 신용 있게 청산 하지만 실패하면 갚을 길이 없으니 신용을 지킬 수가 없다. 신용은 하나의 금융수단이요 본심은 아니다. 망해봤자 손 보는 것은 물주이니 자기자본처럼 보전하려고 발버둥치지는 않는다.

모든 것은 이해타산 적이고 돈 버는 수단과 방법으로 통용된다. 공돈으로 번 것은 공돈으로 치부하고 생활하기 때문에 돈이 있을 때는 기분 나는 대로 쓰고 인심도 후하지만 돈이 없을 때는 인색하기 짝이 없고 구걸과 아첨을 식은 밥 먹 듯하다. 그러나 원래가 사교와 수완과 융통이 비범한지라 아무리 실패하고 궁지에 빠져도 쉽게 회전하고 만회할 수 있다. 신왕자는 편재가 있으면 평생 돈을 주무르고 치부한다. 투기와 도박 그리고 금융과 기업으로서 대부가 될 수 있다. 그러나 신약하면 무능하고 무력함으로서 편재가 도리어 부담이 되고 채무가 되며 성사되기가 어렵다. 수양하고 소상인이나 경리계통 직장생활 하는 것이 적합하다. 편재의 길흉을 살펴보기로 하자.

1. 편재와 식신이 있고 신왕하면 생산무역 금융업으로서 거부가 된다.
2. 편재가 정재와 같이 있거나 편재가 여럿이면 수완이 비범하고 여러 번 직업 변동을 하며 부부관계가 순탄하지 않는 동시에 언행에

진실성이 적고 거짓이 많다. 만사를 요령과 수단과 재치로서 적당히 넘기려는 비상한 수완을 가지고 있으며 신용을 저버리기 쉽다. 편재가 신용을 잃으면 고기가 물을 잃은 격이다.
3. 편재는 식신을 극하는 편인을 억누름으로서 도식이 될 수 없듯이 평생 의식주가 궁지에 빠지는 경우는 드물다. 궁지에 이르면 무엇인가 머리를 써서 다시 회복하고 돌아간다.
4. 편재가 시에 있으면 투기와 무역 금융으로서 거부가 된다.
5. 여성이 편재가 있으면 시모와 불화하고 그 때문에 신고가 많으니 가급적 시모와 떨어져 사는 것이 좋다. 특히 편재 운엔 시모와의 접근을 피해야 한다.

<예1>
壬戌 (戌)년과 일지에 편재가 있고 시지에 정재가 있으니
壬子 이성 문제가 많고 직업변동이 많으며
甲戌 (戌)일지에 희재(喜財)가 있음으로 본처와는 이혼치 않고
辛未 (己)타여(他女)와 동거중이고 직업은 3,4차 변동 하였다.

<예2>
戊辰 신약하고 申子辰水局하여 상관이 성국(成局)하니
甲子 더욱 허약해짐으로서 연상인성에 의지하려는데
庚寅 월시 편재가 극인(剋印)하니 의지가 약하고
甲申 이성과 재물관계로 재난이 연속 발생하고 화가 끊이지를 않는다. 상관성이 강해서 머리는 비상하나 수다목부(水多木浮)로 재난 재앙이 온다는 것이다.

7. 정관론(正官論)-관은 보호자 관리자로 정관은 유정한 보호자다.

관은 보호자요 관리자로 정관은 유정한 보호자다. 다정하고 진심으로 아끼며 빈틈없이 보호하는 고마운 보호자 그것은 최고로 자비하신 生父이다. 母는 의식을 전담하는데 반하여 父는 수신과 훈육

을 전담한다. 바르게 가르치고 길들이며 사회적으로 유능한 인재로서 품성을 닦게 하니 군자의 자질과 품위를 갖춘다. 道와 法을 존중하고 禮와 분수를 지킨다. 그래서 정관이 청순(淸純 :刑 沖 破 害 가 없음)하며 부덕(父德)이 높고 남자는 인격이 청고(淸高)하고 유능하며 여자는 부덕(夫德)이 두텁고 정숙하며 부덕(婦德)이 높다.

父와 夫는 하나일 뿐 둘이 있을 수 없다. 때문에 정관이 둘이 있거나 편관과 혼잡(混雜-섞여있음)되면 父와 夫가 둘이 있는 형국이니 혼탁하고 무력하고 무덕함을 암시하는 동시에 중간에 바뀌고 헤어진다. 아버지가 둘이면 어머니가 두 번 결혼한 것이다. 生父가 훌륭하다면 어찌 재가를 하겠는가? 조실부하거나 父가 무능하기 때문에 어쩔 수 없이 재가 한 것이다. 그와 같이 첫 남편이 훌륭하다면 어찌 재혼 하겠는가? 부족하고 무능하고 부적당하기 때문에 부득이 재혼하게 된 것이다. 그럼으로 정관이 대운이나 세운에서 또 정관을 만나거나 편관을 만나면 크게 흉하고 불리하다. 어려서는 父가 보호자이지만 자라나서는 가르치는 선생이 官이 되고 사회에서는 상사가 보호자인 官이 된다. 그래서 관이 유력 (형,충,파,해,가 없음)하면 어려서는 부덕이 있고 자라나서는 배움의 덕이 있으며 사회에서는 상사의 덕이 있고 여자는 부덕이 크다. 정관은 財를 먹고 성장하니 재가 있고 관이 있으면 크게 출세하고 재가 없고 관만 있으면 비료 없는 오곡처럼 벼슬이 왕성하지 못하다. 정관을 극하는 것은 상관이니 상관이 있으면 관운은 없고 부덕과 부덕도 없으며 상관과 정관이 나란히 있으면 일찍이 조실부(早失夫)하고 상부(喪夫)한다.

벼슬을 하려면 지식이 풍부하고 체력이 건전해야 하듯이 정관은 신왕해야 길하고 신약자엔 도리어 부자유 구속이 된다. 병든 여인이 결혼하면 도리어 불안하고 병이 더해지며 무거운 부담을 갖게 되고 근심과 걱정이 태산인 동시에 남편이 외면하고 무정해지듯이 신약자는 관을 감당하기 어려울 뿐 더러 고생을 더하게 되니 흉신이 된다.

정관의 길흉을 좀 더 살려보면 다음과 같다.

1. 신왕하고 정관과 정인 그리고 정재가 있으면 대부대귀(大富大貴)한다.
2. 정관과 상관이 같이 있으면 백사가 허사다. 남자는 조실부(早失父)하고 여자는 조실부(早失夫)하며 재운(財運)에 발복한다.
3. 정관과 칠살(편관)이 있으면 여인이 본남편과 애인을 거느리는 형국이니 돈을 벌수가 없고 만사가 유시무종이며 다예다능(多藝多能)하다. 성사가 어렵다. 미술과 서비스업에 적성이다.
4. 신약한데 정관이 여럿이거나 칠살이 혼잡 되면 질병으로 고생하고 산재(散財)한다.
5. 정관이 희신이면 관을 상대로 하는 업이 좋고 재판으로 득재(得財)하며 관이 흉신이면 관인사업이 부적당하고 재판으로 손재한다.
6. 정관이 있고 재가 없거나 인성이 없으면 상관 운에 재난이 발생하고 유재하면 상관 운에 도리어 발신한다.
7. 관이 관을 보거나 칠살을 보면 손재하고 불명예스러운 일이었다.

<예1>
壬申 관살이 혼잡하나 인성이 상생하여 일주를 도우니 귀격이다.
癸巳 인수가 있으면 관살이 혼잡해도 무관하다.
丁未 그 이유는 官印相生 되어 관살이 인수로 변한다.
甲辰 득령 했어도 식재관이 왕 한데 시간 甲목이 도우니 금상첨화
　　　 다. 이런 사주는 자기 역할을 잘하며 우대받으니 귀격이 된다.

<예2>
癸丑 재왕신 약한데 관이 나타나서 공신(功神-일주를 극함)극하니
辛酉 마치 무거운 짐을 지고 절벽을 오르듯 과묘지위국(果卯之危局)
丙子 이다. 財때문에 고생하고 몸이 허약해진다. 신왕 운에 발복한
丙申 다.

8. 편관(七殺) - 호랑이처럼 무섭고 괴롭힌다.

무정한 보호자를 칠살이라고 한다. 칠살은 일주를 극하는 별이니 호랑이처럼 무섭고 괴롭힌다. 정이 없는 무서운 보호자니 그것은 의부요 인격이 없는 야성적 미개인이요 냉혹한 지배자다. 미개인도 강제로 훈련시키면 병사로 기용할 수 있고 교육을 통해서 개화시키면 보좌관으로서 등용할 수 있다. 상명에 복종하는 유능한 역군에 겐 주군을 섬기는 중임을 맡길 수는 없지만 국토를 지키고 미개인을 계발하는 병사와 교사로는 기용할 수 있다. 이를 편관이라고 한다. 칠살을 제압하는 별은 식신이고 칠살을 교화시키는 별은 인수이니 칠살이 있고 식신이나 인수가 있으면 **편관**이 되고, 칠살을 누르고 가르치는 식신이나 인수가 없으면 **칠살**이라고 한다. 식신으로 칠살을 누르는 것을 식신제살이라 하고 인성으로서 칠살을 교화시키는 것을 살인상생이라고 한다. 칠살은 용맹하나 교양과 버릇이 없으니 사회적으로 쓸모가 없다. 예절과 참을성이 없고 본능적이고 야성적이어서 성정이 모질고 잔인하며 무법하고 오만불손하다.

두려움이 없는 안하무인의 맹호는 살생을 서슴치 않는 위험한 인물이지만 엄격한 훈련(食神制殺)을 통해서 통제하고 개성을 도치시키거나 자비로운 교육으로서 덕성을 계발(殺印相生)시키면 사회에 유능한 인재가 되고 우상이 될 수 있다. 그러나 타고난 천성이 정관과는 달리 괴팍하고 사나우며 호전적임으로서 군자가 될 수는 없고 나라를 지키는 무관이나 자기처럼 미개한 자를 가르치는 교육자로서 적당하다. 자유롭고 용명을 떨치는 것이 호군의 욕망이듯이 편관을 가진 사람은 천하를 휘두르는 영웅적 직업을 선택한다. 무관의 제왕으로 자부하는 신문기자를 비롯해서 천하를 호령하는 권력가, 정치가, 헌병, 특수기관, 검사, 형사, 등 남을 지배하고 다스리는 직업을 기뻐하는 반면에 남의 지배나 간섭은 절대로 받으려하지 않는다. 무엇을 하든 윗사람 노릇을 하려들고 큰 소리를 쳐야만 직성이 풀린다. 이러한 사나운 별을 가진 주인공은 야성적 호군(虎君)을 교육하고 훈련하고 교화시키는 일과를 되풀이 하는 동안에 마침내 천하의 오릉변가(誤能辯家)가 된다. 그래서 칠살을 가진 사람은 어떤 무법자도 설득시킬 수 있는 능변과 호기와 박력을 가지고 있다. 자고로 영웅은 호주호색(好酒好色)하고 호탕하다고 칠살을 가진 사람은 주색을 즐기고 돈보다는 이름을 떨치려 들며 장부의 큰 뜻을 품는 것이 특징이다. 돈이 있으면 천하장부답게 멋지게 쓰고 자신을 두드러지게 나타나려고 노력한다. 그래서 칠살이 있으면 돈을 모으기가 어렵다. 칠살은 일주를 공격하는 맹호로서 몸을 해치는 병성(病星)으로 따진다. 일주가 왕성하면 법을 두려워하지 않고 도리어 범을 타고 날라 다님으로서 천하에 이름을 떨치는데 반하여 칠살이 일주보다 강하면 일주를 위협하고 공격함으로서 몸이 더욱 약해지고 기를 펴지 못하니 무능무력하며 항상 범과 싸우다보니 마음에 독기가 서리어서 한번 노하면 물불을 가리지 않으며 참고 견딜 수가 없다. 여기에 財가 와서 칠살을 생해주면 가뜩이나 사나운 호랑이에게 고기를 먹인 것이니 더욱 사나운 횡포에 지쳐 쓰러진다. 그와 같이 신약하고 칠살이 있는데 재를 만나면 (대운이나 세운에서) 병들거나 큰 손재를 본다. 범에 물리지 않으려면 고기를 많이 사주어야 하니 많은 돈을 써야하기 때문에 큰 손해를 보는 것이다. 범은 새끼가 귀하다고 영웅호걸인 칠살을 가진 사람은 자식이 귀하다. 일자로서 거의 끝낸다. 그러나 호생호(虎生虎)라고 귀자(貴子)를 낳는다. 하지만 워낙 신약하고 살왕하면 무기력해서 무자(無子)인 경우도 많다. 반대로 칠살이 있고 이를 누르는 식신이 있으면 다자(多子)하며 칠살보다 식신의 기질을 나타낸다. 신왕하고 칠살이 약한 자는 천하장사가 강한 범을 상대하니 웃음거리가 될 뿐 이름을 떨칠 수가 없다. 財가 와서 살을 길으면 대호가 되니 그 제서야 용명을 떨치듯 크게 출세할 수 있다.

　신약자에겐 칠살이나 편관이 범처럼 크나큰 부담이 되고 돈을 써야하는 사나운 침략자이니 식신이나 인수를 통해서 통재하고 교화시키는 것이 급하며 평생 기를 펴고 살기가 힘 드는데 반하여 신왕한 자는 칠살이 도리어 자기능력을 발휘할 수 있는 호기로서 정관과 다름없이 귀한 관으로 쓰고 오히려 빨리 출세할 뿐 아니라 일약 대권을 잡는 영웅적 대발을 하기도 한다.

정관은 법대로 행동하고 순서 있게 승진하기 때문에 실패나 풍파가 없이 단계적으로 출세하는데 반하여 편관은 법을 넘어서 맹호처럼 뛰고 또 나르려 하며 기회만 있으면 일약 국회의원이나 장관으로 출세하는 것이 특색이다.

편관의 길흉을 살펴보면 다음과 같다.

1. 신왕하고 편관이 있으면 재운에서 대발하고 식상인수다. 비견겁재 운에서 쇠퇴한다.

2. 신약하고 편관이 있으면 財나 官운에서 크게 손재하고 인수 비견 겁재 운에서 발신한다.

3. 칠살이 있고 식신이 있으면 조인, 사법관, 정치, 권력, 헌병, 경찰, 특무기관에 적합하고, 신신대신 인수가 있으면 병을 고치어서 몸을 건강하게 하고 미개를 교화시켜 문화인으로 동화시키듯이 병을 고치는 의사, 약사, 그리고 교사, 언론인, 목사, 변호가, 문학가, 종교, 철학에 적합하다.

4. 편관은 하나여야 하고 둘 이상이거나 정관과 혼잡 되면 중도속도 아니듯이 크게 흉하다. 군자와 영웅이 다투고 있으니 군자도 아니요 영웅도 아닌 뒤범벅이요 아무것도 성사하기가 어렵다. 여자로선 정부와 정부를 같이 데리고 있는 격이니 하루인들 평안 할 수가 없고 무엇보다도 돈을 벌거나 물을 수가 없으니 가난하고 몸도 약하다.

5. 칠살을 인수로 교화시키는데 식신이 와서 또 총으로 훈련시키거나 식신으로 훈련시키는데 인수가 와서 또 가운을 빼고 설교하면 너무 지쳐서 호랑이가 무력해지듯이 권위가 크게 떨어지고 도리어 재난이 생기며 손재하고 손명한다.

<예1>
己未 신왕하고 土多 한데 칠살이 있어 木극土하니

戊辰　대호가 천하에 호령하듯 大貴하다. 이런 땐
戊辰　칠살을 그대로 귀권(貴權)으로 쓰고 식신이나 인수
甲寅　를 싫어한다.

<예2>
己巳　신약하고 관왕한데 칠살이 혼잡하니 성급하고 가난하며
戊辰　일생을 불우하게 살아야 했으며 다재다능하나 의욕과
癸未　용기가 부족해서 재능을 발휘치 못했다.
壬戌　壬수 겁재가 吉星 이지만 무력함으로 金木운에 발복한다.

9. 인수론(印綬論)-생활하는 원기요 능력이다.

유정한 생아자가 인수(正印)다. 나를 낳고 먹이고 기르는 생모를 뜻한다. 굶주림을 면하는 것과 살을 찌게 하는 빵! 그것은 생활하는 원기요 능력이다. 삶에 필요한 생기와 성장하고 독립하며 발전하는데 필요한 의식주와 지식과 기술과 경험이 인수다. 그 모든 것을 다정하게 누리고 흡수할 수 있는 여건을 갖춘 것이 인수다. 때문에 인수가 있고 유력하면 어려서는 부모덕으로 좋은 집에서 잘 먹고 잘 살며 자라나서는 좋은 학교에서 훌륭한 선생을 만나서 다정하게 공부하고 풍부한 지식과 기술을 습득하며 사회에 나아가서는 어진 상사와 건전한 직장을 만나서 의식주를 풍족하게 자급자족한다.
옛날에는 인수라면 어머니의 대명사처럼 생모로 국한하고 있으나 이는 모든 의식주의 공급원을 뜻한다.
생활력이 건전하고 의식주가 풍부하려면 어머니의 힘만 가지고는 어렵다. 배우고 익히고 무엇이든 할 수 있는 만능의 지식과 기술과 체력과 능력이 있어야하며 그 모든 것을 가꿔주는 생활력의 보급장관이 인수다. 때문에 인수가 있으면 잘 먹고 살찌고 체력과 소화기능과 두뇌가 건전하며 음식만 잘 소화시키는 것이 아니고 지식도 뛰어나게 흡수하고 섭취한다. 그것도 다정하게 공급하는 것이니 어머니와 교사와 상사와 직업의 인연이 남달리 두텁다는 것을 알 수

있다. 눈치를 모르고 다정한 어머니의 품에서 자라나고 공부하고 성숙하였기 때문에 정직하고 성실하며 단정하고 탁월한 인격과 인간성을 지니고 있다. 그래서 어디서나 환영하고 신임하고 출세하며 특히 덕성이 풍부함으로서 교육계 또는 종교나 학계에서 명성을 떨친다. 사람이 자비한 어머니의 품과 어진 선생님의 품에서 자라나고 공부하면 자비와 덕을 갖춘다. 그래서 인성을 자비한 덕성이라고 하고 교양과 인격이 뛰어난 지도자의 별이라고 한다.
사람이 위대하고 윗사람이 되면 그 자신이 남을 가르치고 길으며 경영을 관장하는 어머니와 선생의 역할을 하게 한다.
사무와 결재를 도맡아 하고 주택과 의식도 관장하고 보급해야 한다. 그와 같이 인수는 결재하는 도장이요, 만인에게 일터를 주는 사령장 문서요, 만인이 먹고사는 보금자리인 주택이요, 의식에 해당한다. 그래서 인성이 유력하면 주택이 훌륭하고 높은 벼슬을 하며 기쁜 인성을 만나면 사령장을 받거나 승진하고 영전한다. 그러나 인수가 흉신이면 그와 반대다. 부모덕이 없고 선생과 상사의 덕이 없고 의식주가 부족하며 문서와 도장관계로 일생동안 고생이 많다.
운에서 기인을 보면 직장을 물러서거나 좌천하게 되며 주택을 보다 작고 부실하게 줄이거나 이사해야 한다. 인수는 생모의 별이니 하나일 뿐 둘이서는 안 된다.
인수가 2,3개 있다면 아버지가 어머니를 둘, 셋이나 두었다는 암시다. 어머니가 훌륭하거나 건전하다면 그럴 리가 없으니 이는 생모가 무력하거나 덕이 없다는 암시다.
그와 같이 인성이 여럿이거나 편인과 혼잡 되면 어머니와 선생 그리고 상사의 덕이 없고 의식주가 부족하며 갈피를 잡지 못한다. 인성을 극하는 것은 재다. 결혼을 하면 어머니와 이별하고 아내와 살아야 한다. 그래서 재를 보면 재수가 외면하고 어머니의 덕을 잃게 된다. 어려서는 어머니의 젖을 먹고 의지해야 하지만 성숙하고 장성이 되면 젖이 필요 없듯이 어머니 곁을 떠나야 한다. 그와 같이 신약자는 인수를 기뻐하지만 신왕자는 인수를 싫어하고 멀리한다.

신약자는 인수를 보면 취직하고 출세하는데 반하여 신왕자는 인수운에 도리어 만사가 막히고 되는 것이 없으며 직장을 잃고 집을 잃는다.

인수의 길흉을 살펴보면 다음과 같다.
1. 년이나 월에 인수가 있고 재가 없으면 부모덕이 크고 학업을 완수하며 덕과 인격이 높다.
2. 인수와 재가 있으면 재가 유력함으로서 덕보다는 경제위주로 공부를 하고 머리를 쓴다.
3. 인수가 왕성하면 학문과 기획에 뛰어나고 종교 철학에도 이름을 떨치며 공업예술에도 능하다.
4. 여자는 인수가 자녀의 별인 식신과 상관을 극함으로서 인수가 많으면 자녀와의 인연이 박한 동시에 인수는 관성을 설기함으로서 인다하면 官이 무력하니 夫덕이 약하고 무력하여 남편에 대한 욕구 불만이 크다.
5. 印多하면 인이 흉신이니 인을 극하는 재를 기뻐하고 재운에 대발하며 결혼하면서부터 운이 열리고 출세한다.
6. 인이 약하면 관을 쓰고 관인이 상생하면 인이 높고 강해지듯이 크게 출세하고 덕망이 높다.
7. 신약하고 인이 있으면 인을 생해주는 관살을 기뻐하고 재운을 두려워한다. 단, 관살이 생인하면 재운에 도리어 발신한다.

<예1>
己未 관왕신약한데 관인이 상생하니 부모덕이
丁卯 크고 총명하며 의식주가 풍족하다. 그러나
戊辰 인성이 둘이니 어머니가 둘이 있고 생모와의
丁巳 인연이 박했으며 장인 없는 아내와 결혼하였고 시에 인이 있으니 자식이 번창하고 효성이 지극했다.

<예2>

壬申 겨울 甲목이 추워서 떨고 있는데 亥子丑 북방
癸丑 水국을 이루고 壬癸인성이 多出하니 부목이
甲子 되고 연목이 되었다. 부모덕이 없고 처자의
乙亥 인연도 박하였으며 부모 때문에 고생을 많이 하였다.

10. 편인

　무정한 생아자로서 생활력이 보급이 냉정하고 부족함을 뜻한다. 어려서는 어머니의 젖이 귀하고 의식이 부족하니 서모를 의미하고 자라나서는 선생덕이 야박하니 독학을 암시하며 사회에선 직장과 상전이 무정하니 직업의 인연이 각박함을 뜻한다.
이 세상에 출생하면서부터 평생을 서모와 같이 무정하고 푸대접하는 환경에서 살아야 하니 평생소망은 따뜻하고 흐뭇한 애정이다. 서모의 손에서 자라난 아이는 눈치가 빠르고 애교와 아첨으로 구걸하며 남달리 머리를 쓰고 발버둥 치다 보니 재치가 있고 인기가 있고 솜씨가 있고 임기응변이 뛰어난다. 눈치와 재치로 의식주를 마련하고 출세를 해야 한다. 그러나 아무리 뛰어난 재질과 솜씨를 부려 봐도 서모가 후회를 하고 요직을 부여할리는 없다. 그래서 편인이 있는 자는 뛰어난 재간을 가지고 남달리 노력하지만 공이 없고 출세하기가 어렵다.
때문에 무엇을 하든 한곳에 오래 머물 수가 없고 유시무종이다. 열두 가지 재주를 가지고도 성공하기 어려운 것이 편인의 운명이다. 세상을 비관하고 편견을 가지게 되어 인생과 운명과 종교와 철학에 눈을 뜨고 유별나고 신기한 자기철학을 독자적으로 창안한다.
정상적인 교육을 받지 못하고 눈치, 코치로서 얻어 배운 공부, 지식이니 수박 겉 핥기의 학문과 지식이 되지 않을 수 없다.
그런대로 힘써 노력해도 실력과 능력을 인정하지 않으니 어디가나 인기는 있어도 대우가 부실해서 애착이 없다. 마침내는 자유업으로 자립을 서둘고 발버둥 치나 시원치가 않고 성사되기가 어렵다.

왜냐? 하면 재능을 발휘하는 별은 식신인데 편인은 식신을 극하니 스스로 기회를 가로막는 형국이다.
호사다마로 무엇을 해도 장애가 있고 원만치가 못하다. 때문에 편인을 가진 사람은 언제 어디서나 활용할 수 있는 특이한 재질과 기술을 길러야 한다. 의술이나 역술 등 자유업이면서 인기로 이름을 떨치는 실용적이고 독자적인 생활능력을 갖춰야한다. 편인을 지능 면에서는 뛰어나지만 물질 면에서 불우하고 특히 애정 상에 결핍이 많아서 언제나 참 정을 그리워함으로서 애써 번 돈을 애정관계로 탕진하기 쉽다. 중년에 이성관계로 실패하고 파산하는 등 풍파가 심하니 아애 이성을 외면하고 불신해야 한다. 왜냐 ? 인덕이 없는 편인은 세상 만인이 서모와 같고 사랑 또한 돈을 보고 사랑을 꾸미는 서모의 애교와 같이 겉과 속이 다르기에 모두가 허무하고 속임수에 빠지는 것뿐이다. 편인을 억제하는 것은 편재다. 편재는 애첩의 별이자 수완과 금융의 별이다. 사랑하는 애첩을 얻으면 사랑에 굶주린 편인의 성정은 스스로 풀리고 수완과 공돈을 벌면 애정의 만족을 풀 수 있다. 그래서 서자로서의 비판이나 편견은 잊어버리고 돈 버는 수완과 역량으로서 가난을 쫓고 의식주를 풍족히 마련한다. 편재가 있으면 편인은 눌리고 편재만 작용함으로서 편인의 기질이 편재의 성정으로 변질되기 때문에 식신을 보아도 아무런 탈이 없다. 그러나 편재가 없으면 편인이 활개를 침으로서 식신을 보면 기어이 그릇을 뒤엎는 도식으로 변하여 일을 망친다. 직장을 잃거나 사업이 실패되어서 의식주의 고통이 심하다.
사주에 편인과 식신이 같이 있으면 재능을 발휘할 시회를 스스로 파괴하고 봉쇄함으로서 일생을 통해서 의식주가 가난하고 천신만고의 시련을 겪으며 무엇 하나 성사되는 것이 없다. 너무나 고생하고 지치나 정신적인 구제의 길을 개척하려고 종교나 철학 또는 운명학 쪽에 눈을 돌리고 비범하고 편견적인 종교와 철학을 독창하지만 좀처럼 실력발휘 할 기회를 얻기가 어렵다.

편인의 길흉을 살펴보면 다음과 같다.

1. 편인이 왕성하거나 많으면 수재이나 편견이 심하며 남의 말을 잘 받아드리지 않고 자기주관본위이며 소화기능이 약하여 신체 또한 건전하기 어렵다.

2. 편인이 있고 편재가 있으면 재능과 수완을 겸비함으로서 능소능대하며 비록 가난은 하나 머리와 수완으로서 재치 있게 생활을 한다. 편인을 생부(생해주고 도와주는)하는 관살이나 인수 운엔 인이 강하고 재가 약함으로서 정신적 이름을 떨치나 물질적 실리는 없고 반대로 재를 生扶하는 상관이나 재운을 만내면 정신적 이름보다도 물질적 혜택이 강함으로서 의식주가 안정된다. 그러나 식신을 보면 편인이 기어이 작용함으로서 색정 등 의외의 파란으로 크게 손재하고 손명하게 된다.

3. 편인이 많으면 남여간에 자녀가 무력하고 편재가 있으면 유력하다.

4. 편인은 식신(음식)을 극하니 소화가 잘 안 되는 동시에 식중독이나 약 중독에 걸리기 쉽다.

5. 여자가 편인이 많으면 평생 무자하고 식복이 박하여 식중독으로 고생하고 남편덕이 박하다. 의식을 구걸하는 형국이니 장사를 하면 편재로서 편안하니 의식이 안정되고 운명을 개척할 수 있다.

<예1>

丙申 편인이 둘이지만 사주에 식신이 득령하고,
丙申 수다하여 설기가 심하고 신약하니 흉신이 되었다.
戊戌 흉신인 편인이 보다 흉신인 식신을
庚申 극하고 허약한 일주를 생해주니 도리어 길신이 되었다.
　　　인기와 재치로서 전화위복하여 크게 발신하였다.

<예2>

庚子 신이 왕하고 연상 식식으로 설기하는데 월상
丙戌 편인이 극식 하고 도리어 토를 생해주니
戊戌 호사다마로 만사가 불성이고 의식주의 고생이
戊午 심했으며 식중독으로 번번이 고통을 겪었다.

육신의 특성

육신은 저마다의 특성을 가지고 있다.

<1> 비견(比肩)
독립과 분리와 자아의 별이다.
독립정신 또는 분리의지가 강하며 타인을 의식하지 않고 자기의 주장대로 행하는 아만성의 별로 불화 또는 쟁론을 일으키는 일을 벌려 비방을 받기도 한다.
☞ 자존심이 강하다.
  그러므로 의지하거나 지배당함을 꺼린다. 결단력 추진력이 강하고 박력으로 과감한 행동을 잘 취한다.
☞ 청렴성이 강하다.
  공과 사를 구분할 줄 알고 뇌물을 바라지 않고 바른말을 잘하여 타인의 미움을 사는 경우도 있다.
☞ 위엄성이 강하다.
  위엄과 자존심으로 똘똘 뭉쳐서 자기위주 지배적인 스타일로 부부간의 사이도 원만치 못하다.

<2> 겁재(劫財)
교만과 강압 또는 파괴와 실패의 별이다.
교만과 불손 폭력 투쟁 파괴강압적인 면이 강하고 야심찬 포부에 투기성이 있고 빼앗고 뺏기는 별로 폭력과 강압적인 행동으로 파산을 일으키기도 한다.
☞ 교만과 아집 냉혹 폭력성이 강하다.
  그러나 겉으로는 순한 양 같아 자신을 해치거나 억압하지 않으면 절대로 성내지 않는다.
☞ 카리스마적인 통솔력이 강하다.

끊고 맺음이 분명하며 타인에게 두려움과 복종심을 심어주고 결단성을 보여주는 등 리더십이 뛰어나다.
- ☞ 승부의 기질이 강하다.
  무슨 일이든지 시작하면 남에게 지기를 싫어하고 때로는 투기 도박 등 요행과 횡재를 바란다.
- ☞ 의리와 신용을 중요시 한다.
  솔직담백함이 장점이고 강자에는 강하게 약자에게는 오히려 보살피는 양보와 배려도 아끼지 않는 실속이 없는 사람같이도 행동한다. 그러나 빼앗기기도 하지만 잘 빼앗아오기도 한다.

<3> 식신(食神)
의식주의 별로 풍족함과 유행을 뜻하는 별이기도 하다.
편안함과 안정성 그리고 온화하고 예의바름과 풍류 낙천성을 겸비한 처세술 만점으로 주위의 신망이 두텁다.
- ☞ 의식주와 풍요로움 예술적인 감각과 창작성이 뛰어나다.
  그러므로 문학적 소질과 가무 등 표현력이 남다르다.
- ☞ 단점으로는 우유부단하여 결단성 과감성이 없고 손해를 잘 보기도 한다.

<4> 상관(傷官)
재능과 모사 또는 방해의 별이기도 하다.
재능과 모사가 뛰어나고 언변 또한 탁월하여 시비와 쟁론을 초래하고 중상모략과 안하무인이라는 오해를 불러일으킬 소지가 충분하다.
- ☞ 오만 불손으로 항상 구설이 따른다.
  총명한 머리와 뛰어난 재주가 있지만 거만한 태도와 직설적인 화법으로 상대의 자존심을 상하게 하여 항상 구설과 시비를 몰고 다닌다.

☞ 임기응변과 승부욕이 강하다. 이해타산이 빨라 순진한척하지만 목적달성을 위해서는 소리 없이 독수리처럼 행동한다.
☞ 매사 반항적이고 비판적이다.
부정적으로 보는 습관으로 청개구리 기질이 강하다. 그러나 적응력 또한 타고나서 무슨 일이든지 감당해낼 능력도 있다.

<5> 정재(正財)
관용과 축재 또는 근면성실을 뜻하는 별이다.
정당한 노력의 대가로 얻어지는 재물로서 정의롭고 성실과 충직으로 사리분별이 분명하고 관용과 도량이 풍부하여 사회에서나 가정에서 명예와 신의를 두텁게 하는 성격이다.
☞ 성실하고 검소한 생활로 적축심이 강하다.
  항상 바르게 살려고 노력하고 직장을 천직으로 알고 가정을 평온하게 한다.
☞ 소심한 성격으로 다른 사람을 믿지 못하는 성격이다.
  그러므로 뇌물이나 공돈은 절대 받지 않고 부적절한 금전관계를 좋아하지 않는다.

<6> 편재(偏財)
투기와 허욕 또는 색정을 뜻하는 별이다.
활동력과 대인 관계가 뛰어나고 아이디어와 외교능력이 좋아 사업의 귀재 이권취득에 눈이 밝고 일확천금으로 재물을 탐내는 성격이다.
☞ 의협심과 봉사정신이 투철하다.
  허풍이 심하고 비판적이고 편파적으로 행동하지만 때로는 비굴한 행동도 마다하지 않는다하여 비난도 많이 받는다.
☞ 재물에 대한 욕심이 많다.
  그러므로 돈 버는 일이라면 수단방법을 가리지 않고 하지만 때로는 낭비벽도 심해서 금전을 아낄 줄 모르고 허비하기도 한다.

<7> 정관(正官)
명예와 인격 또는 도덕과 보수를 뜻하는 별이다.
품위와 인격 그리고 자비와 도덕심이 강하고 권위와 통솔력을 두루 갖춘 군자와 같이 바른 사람이다.
☞ 명예와 질서 그리고 공정한 일처리로 존경받는다.
　 가정을 화목하게 만들고 자식이나 부하들로부터 존경받는다.
☞ 청렴결백한 성격으로 오히려 융통성이 부족하고 빡빡한 고지식
　 한사람으로 취급받을 수 있는 단점도 가지고 있다.
☞ 개혁보다는 보수적이거나 수동적인 성격의 소유자이다.

<8> 편관(偏官)
개혁과 투쟁 강권과 억압을 뜻하는 별이다.
완고한 고집으로 편향적이다. 강제적으로 타인을 지배하려 하거나 조직과 단체에서 독재하려는 성격이 강하다. 모험심과 의협심이 강하고 성급한 언행으로 때로는 감정폭발로 비난 받기도 한다.
☞ 카리스마적인 지배심리가 강한 영웅적인 스타일이다.
　 매사에 조급하고 의리만을 강조하는 깡패의 기질로 예의범절을
　 지키지 않고 자기과시형의 사람이다.
☞ 약속과 배짱과 담력을 갖춘 성격이다.
　 그래서 죽어도 비밀이나 자신이 말한 약속은 반드시 지켜야하고
　 약자는 돕고 강자에게는 할 말을 다 하는 사람이다.

<9> 정인(正印)
지혜와 자비 학문과 인정을 뜻하는 별이다.
완고한 인의를 존중하는 인정 많은 어머니 같은 마음이다.
학문과 재능 자비심이 강한 사람으로 전통을 살리고 명예를 지키려

는 선비의 기질이다.
- ☞ 어머니 같이 편안하고 지혜로우며 단정하다.
그러나 전통을 살리고 명예는 지켜야 한다고 외곬으로 다른사람들과 마찰을 빚기도 한다.
- ☞ 계획하고 설계하는 것은 잘하는데 실천력이 부족한 것이 흠이고 게으른 사람으로 항상 솔선수범하는 자세를 가져야한다.

<10> 편인(偏印)
사기와 위선 병난과 이별을 뜻하는 별이다.
매사에 적극성이 없어 기회주의자이기도하다. 자기 것만 챙기고 타인의 몫은 파괴하는 흉성으로서 허례허식이 강하여 외로운 성격이다.
- ☞ 어찌 보면 성인군자 같은데 어느 면에서는 소인배 같은 행동으로 종잡을 수 없고 대인관계가 불안하며 신경이 예민하여 히스테리가 심하다.
- ☞ 다방면에 뛰어난 재능은 있으나 능력개발을 소홀히 하거나 한 가지 일에 전념치 못하고 다른 일에 눈을 돌리므로 초지일관하는 자세가 필요하다.

편중되거나 혼잡한 육신의 특성

육신이 편중되거나 혼잡한 사주의 특성은 대체적으로 그 특징이 구체적이고 두드러지게 나타난다.

<1> 비겁(比劫)이 편중 또는 혼잡한 경우
독립과 개척 자립정신이 강해 자수성가형이다.
비겁이 많은 사주의 장점은 남에게 의지하지 않고 스스로 행동하는 사람이다. 비겁은 행동과 박력이므로 비겁이 사주에 없는 사람은 박력과 추진력이 약하다.
☞ 자존심이 너무 강하여 독선적이다.
그러므로 매사를 내가 해야지 남에게 맡기지 못한다. 무시나 의심하는 습관이 있어 친구나 동료들로부터 왕따 당하기 쉽다.
☞ 동업불가요, 실패와 손재 쟁투가 따라다닌다.
재물을 보고 서로 싸우니 손재요 탈재요 이를 군겁쟁재라 말한다.
☞ 의처증 또는 의부증이 있거나 자신이 첩이거나 노랑을 만난다.
여자의 경우 비겁이 많으면 남편의 여자가 많다는 것이니 여명에서는 공방살(空房殺)이라고 한다.

<2> 식상(食傷)이 편중 또는 혼잡한 경우
총명하고 아이디어와 기교가 많다.
동정심과 인정이 많고 봉사정신 또는 희생정신이 강하다.
☞ 자존심이 강하고 총명하다.
그러나 자기 머리 좋은 생각만하고 자아도취에 빠져 오만방자 허풍 또는 반항기가 다분하고 자유분방으로 항상 구설이 따른다.
☞ 항상 타인의 간섭을 싫어한다.
그러함으로 조직사회나 어느 테두리 안에 갇혀있는 것을 절대 싫어

해 일단 조직에서는 방관자다. 그러나 계획이나 아이디어는 완벽하고 풍부하지만 돈 되는 일은 성사되기 어렵다.

☞ 식상이 혼잡 되면 변덕 간사함이 따른다.

그러함으로 혹 변태적인 성격도 나오고 은근히 자존심이 강해 도움 받는 것보다 주는 것을 좋아하고 남이 안 줄 여고 하면 수단방법을 가리지 않고 빼앗는 성질도 있다.

☞ 식상이 많으며 허리허명(虛利虛名)으로 허세를 부린다.

그러함으로 편법 불법을 잘 저지르고 마냥 벌리는 것을 좋아해서 경우에 따라서는 탐재반화(貪財反禍)로 관재를 겪게 된다.

☞ 여자의 사주에 식상이 많으면 배우자궁이 불리하다.

조혼 또는 연애결혼이 많고 유부남 또는 늙은 신랑과 살거나 상부(喪夫)하는 경우가 많다.

☞ 사주에 식상이 많으면 자녀 궁이 불리하다.

남녀 공히 자녀근심 끼고 살고 여자의 경우 자궁 외 임신 또는 자연유산이 많게 된다. 자식 낳고 남편과 사이가 안 좋거나 생리사별 하는 경우가 비일비재하다.

☞ 사주에 식상이 많으면 기예가 뛰어나다.

그러함으로 예체능 또는 창작에 소질이 있으며 기술계통에 종사하면 성공한다. 그런가하면 여자는 화류계진출가능성이 농후하고 남자의 경우는 여성편력이 심하여 바람둥이가 많다.

☞ 사주에 식상이 많으면 기술직 예술방면 또는 특수기술직이다.

그러함으로 예체능 또는 중계업 로비스트 종교교육 육영사업이나 시민운동에 인연이 많다.

<3> 재성(財星)이 편중 또는 혼잡한 경우

財는 財生殺 하므로 그릇에 맞게 구해야한다.

재물이 넘치면 災(재앙재)와 殺(죽일살)로 변한다. 그래서 자기 분수에 맞게 얻고 지녀야 하는 것이다. 불법 또는 편법으로 쉽게 버는 돈은 쉽게 빠져나가기도 하지만 손재에서 관재로도 이어지고 심하면 건강도 위협해서 생명까지도 앗아간다.

명리학적으로 접근해보자면 재성은 신왕한 자에게는 財生官하지만 신약한자 에게는 財生殺로 변해버린다.

☞ 財星은 養生이라 한다.

재성은 내가 극하는 별로 노력으로 벌어들이는 것이다.

육신조견표(六神早見表)

월간/육신	甲	乙	丙	丁	戊	己	庚	辛	壬	癸
비견(比肩)	甲	乙	丙	丁	戊	己	庚	辛	壬	癸
겁재(劫財)	乙	甲	丁	丙	己	戊	辛	庚	癸	壬
식신(食神)	丙	丁	戊	己	庚	辛	壬	癸	甲	乙
상관(傷官)	丁	丙	己	戊	辛	庚	癸	壬	乙	甲
정재(正財)	己	戊	辛	庚	癸	壬	乙	甲	丁	丙
편재(偏財)	戊	己	庚	辛	壬	癸	甲	乙	丙	丁
정관(正官)	辛	庚	癸	壬	乙	甲	丁	丙	己	戊
편관(偏官)	庚	辛	壬	癸	甲	乙	丙	丁	戊	己
정인(正印)	癸	壬	甲	乙	丁	丙	己	戊	辛	庚
편인(偏印)	壬	癸	乙	甲	丙	丁	戊	己	庚	辛

<더 자세히 보기>
<육신, 육친을 논하다>

[참고] 더 자세히 보기에서는 전편에서 말한 것들이 중복될 수도 있다. 그러나 육신에 대하여는 열 번을 듣고 또 들어도 좋다. 왜냐하면 사주이야기가 육친에서 나오기 때문이다.

사주는 나라의 구성과 같다.
나라에는 군왕이 있고 신하가 있다. 신하로 구성된 조직체를 정부라고 한다. 군왕은 최고의 힘을 가진 천하장사이다. 사주를 구성하고 있는 음양오행 가운데 가장 왕성한 것은 월지오행(月支五行)이다. 월지를 절기로 나타낸다. 寅卯월은 봄으로서 발생하는 木의 운기가 가장 왕성하다. 십이운성중에서 가장 왕성한 것은 건록과 제왕이다. 甲木은 寅에서 건록이고 卯에서 제왕이며, 乙木은 卯에서 건록이고 寅에서 제왕이다. 巳午월은 여름으로서 성장하는 火의 운기가 가장 왕성하다. 丙火는 巳에서 건록이고 午에서 제왕이며, 丁火는 午에서 건록이고 巳에서 제왕이다. 申酉월은 가을로서 거두는 金의 운기가 가장 왕성하다. 庚金은 申에서 건록이고 酉에서 제왕이며, 辛金은 酉에서 건록이고 申에서 제왕이다. 亥子월 겨울로서 갈무리하는 水의 운기가 가장 왕성하다. 壬水는 亥에서 건록이고 子에서 제왕이며, 癸水는 子에서 건록이고 亥에서 제왕이다 사주는 사간(四干) 사지(四支)로 구성됨으로써 사주팔자(四柱八字)라고 한다.
사주를 구성하는 음양오행의 역량은 월지오행이 70%를 차지한다. 나머지 연주와 일주와 시주는 30%에 지나지 않는다.

가령 丙子년 庚寅월 壬午일 庚子시에 태어난 사주의 음양오행의 비중은 월지인 木의 운기가 70%이고 연주인 丙子를 비롯한 일주인 壬午와 시주인 庚子의 운기는 합쳐서 30%에 불과하다.
왕성한 木의 운기는 사주의 주기(主氣)로서 주체가 된다. 주체는 나라의 주인으로서 군왕이다 木이 왕 하면 木의 나라가 세워지듯이

火가 왕 하면 火의 나라가 세워지고, 金이 왕 하면 金의 나라가 세워지고, 水가 왕 하면 水의 나라가 세워진다. 왕은 곧 주체로서 봄 태생인 木의 나라에서는 木의 오행이 주체가 되고, 여름태생인 火의 나라에서는 火의 오행이 주체가 된다.

　주체의 오행을 체(體)라고 한다. 봄 태생은 木체이듯이 여름 태생은 火체이고 가을 태생은 金체태생이며 겨울태생은 水체라고 한다. 군왕은 신하가 있다. 신하 중에는 충신이 있고 역신이 있다. 군왕과 상생하는 오행은 한 쌍의 부부이니 충신이요 군왕과 상극하고 대립하는 오행은 적대관계이니 역신이다. 木은 金과 상생이고 水는 火와 상생이니 木체의 사주에서는 金이 충신이고 같은 군왕인 木은 역신이 되듯이 金체의 사주에서는 木이 충신이고 金이 역신이며, 水체의 사주에서는 火가 충신이고 水가 역신이다. 火체의 사주에서는 배우자인 水가 충신이고 같은 오행으로서 왕권을 다투는 水가 역신이다. 충신의 오행은 쓸모 있는 오행으로서 용(用)이라고 하고 역신의 오행은 같은 주체로 체(體)라고 한다.

　충신이 많은 나라는 부하고 흥하며, 역신이 많은 나라는 가난하고 망하듯이 용이 많은 사주는 부귀영화를 누리는데 반해서 체가 많은 사주는 눈만 뜨면 서로 나라와 왕권을 빼앗기 위해서 대립하고 반목하며 싸움으로써 만신창이가 되고 빈천하며 불행하다.

　봄 태생인 木체의 사주에 용인 金오행이 많으면 부귀하고 체인 木이 많으면 빈천하듯이, 가을 태생인 金체에 사주에 용인 木이 많으면 잘 살고 체인 金이 많으면 못 산다. 나라의 살림은 정부가 도맡아 한다. 나라의 부를 생산하는 꿀벌은 백성이다. 정부가 백성을 다스리는 것은 정치라고 한다. 나라가 흥하고 망하는 것은 정치에 달려있다. 정치를 잘하면 부하고 흥하나 정치를 잘 못하면 가난하고 망한다. 정치를 잘하고 못하는 것은 정부의 역량에 달려있다. 정부는 최고 책임자인 재상(宰相)을 중심으로 육조판서(六曹判書)로 구성된다. 재상과 육조판서가 상생관계로 하나가 되어서 바르고 어진 정치를 하면 백성이 따르고 충성을 다함으로써 부하고 흥하는데 반해서 재상과 육조판서가 상극관계로서 서로 대립하고 반목하며 부정과 부패가 판을 치면 백성이 반항하고 난리를 일삼음으로써 나라는 패하고 망한다. 나라가 흥하고 망하는 것은 정부의 상생과 상극에서 결정된다. 군왕이 아무리 현명하고 충신이 많아도 정부가 무능하고 정치를 잘못하면 망한다. 그렇지만 군왕이 무능하고 역신이 많아도 정부가 유능하고 충성해서 정치를 잘하면 부하고 흥할 수 있다.

사주상의 일간(日干)은 정부의 최고 책임자인 재상이다. 재상을 중심으로 구성되는 육조는 정치를 도맡아 하는 신하로서 육신(六神)이라고 한다. 육신은 육조판서인 여섯 신하를 의미한다. 나라의 흥망과 정치의 성패는 육신의 구성에 달려있다. 육신의 구성이 상생관계로서 상부상조하면 정치는 성공하고 나라가 흥하지만 정부의 구성이 상극관계로서 당쟁과 대리반목을 일삼으면 정치는 실패하고 나라는 망한다. 정부의 구성이 상생이냐 상극이냐를 알려면 육신이 무엇인지 부터 알아야 한다. 육신이 무엇인지를 분석하고 판단하는 원리를 육신 론이라고 한다. 육신은 일간 오행을 위주로 해서 상하좌우 관계를 나타낸다. 부모형제, 처부자(妻夫子)의 육친관계와 흡사하다. 가령 일간이 甲乙木이면 그를 위주로 해서 상하좌우와 육친관계를 나눈다. 같은 木오행이면 비견 겁재(比肩 劫財)라 하고 木을 생하여 주는 水오행은 인수(印綬)라 하며, 水를 생하는 金오행은 관살(官殺)이라 하고, 木에서 생하는 火오행은 식신 상관(食神 傷官)이라 하며, 火에서 생하는 土오행은 재성(財星)이라고 한다.

 오행은 다섯 가지로 나누어진다. 육신이 아니고 오신(五臣)이다. 오신을 육신이라고 하는 까닭은 무엇인가? 재상도 신하이다. 다섯 신하와 재상을 합치면 여섯의 신하가 되기 때문이다.

오행은 음양으로 나누어지듯이 육신도 음양으로 나누어진다. 음과 양이 만나면 바르고 정상적인 화합으로서 정(正)이라 하고, 음과 음, 양과 양이 만나면 한쪽으로 편중(偏重) 또는 편고(偏枯)하다고 해서 편(偏)이라고 한다. 일간이 양이고 관성(官星)이 음이면 정관(正官)이 되듯이 일간이 음이고 관성이 음이면 편관(偏官)이라고 한다.
일간이 양이고 재성(財星)이 음이면 정재(正財)가 되고 일간이 음이고 재성이 음이면 편재(偏財)라고 한다.

1.비견(比肩)

　비견은 일간과 음양오행이 같은 십간이다. 甲일생이 甲을 보면 비견이듯이, 乙일생은 乙이, 丙일생은 丙이, 丁일생은 丁이, 戊일생은 戊가, 己일생은 己가, 庚일생은 庚이, 辛일생은 辛이, 壬일생은 壬이, 癸일생은 癸가 비견이다. 일간은 재상이다. 비견은 재상이 나란히 있는 형국이다. 재상이 둘이거나 여럿이면 어찌 되겠는가 저마다재상노릇하기 마련이다. 진짜 재상은 일간이고 비견은 사이비 재상이다. 그렇지만 비견은 저마다 재상의 행세를 함으로써 일간은 신경을 곤두세우고 경계하지 않을 수 없다. 사사건건 비견이 참견하고 등등한 권리를 주장함과 동시에 대립과 반목을 일삼는다. 일간은 비견만 보면 골치가 아프고 멀리하려 한다. 재상으로서 독립하고 비견의 개입을 차단하는 것이 급선무이다. 만사를 독단적이고 독선적으로 행사하면 비견이 사사건건 시비를 걸고 물고 늘어진다. 비견은 얼굴이 같고 이름이 같은 쌍둥이와 같다. 누가 진짜이고 가짜인지를 전혀 분간할 수 없다. 일간이 아무리 내가 진짜이고 비견은 가짜라고 말해도 소용이 없다. 모든 것이 똑 같으니 어떻게 분간할 수 있겠는가? 나와 똑같다는 것은 무엇을 의미하는가? 내가 남성이면 비견도 남성이고 내가 여성이면 비견도 여성이듯이, 내가 장사꾼이면 비견도 장사꾼이고, 내가 한국 사람이면 비견도 한국 사람이다. 나와 같다는 것은 같은 사람이라는 것이다. 중국 사주에서는 비견을 형제와 동기간으로 풀이하지만 사실은 같은 것의 모든 것을 의미한다.

동향인, 동창생, 동업인, 동성(同性), 동족을 비롯해서 같은 사람이면 누구나 비견이 된다.

　사주에 비견이 있으면 이 세상 만인이 같은 쌍둥이와 같다. 어디로 가나 자신도 똑같은 재상이라고 하면서 대립과 경쟁을 서슴지 않는다. 이에 사주에 주인공은 독립적이고 독선적이며 독단적인 행동을 할 수밖에 없다.
인간관계가 대립적이고 무정하며 껄끄럽다. 여성이 비견이 있으면 한 집에 같은 주부가 여럿이 있는 형국이다. 한 남성을, 둘 내지 여러 여성이 상대하고 있는 것이다. 얼굴이 같고 이름이 같으니 누가 진짜이고 가짜인지를 가릴 수가 없다. 진짜주부가 남편을 독차지하려 할 것은 너무도 당연하다. 진짜는 가짜를 몰아내려고 수단과 방법을 가리지 않는다. 독선적이고 독단적이며 독립적이다. 남편을 독점해서 독립하는 것이 소원이지만 같은 여성이 따라붙고 저마다 독점하려 하니 어찌 하겠는가? 사주는 선천적이고 타고난 숙명이다. 남편을 독점할 수 없이 같은 여성끼리 공유하는 것이 숙명이라면 어쩔 도리가 없지 않겠는가? 비견이 하나이면 둘이서 나누어야하고 비견이 둘이나 셋이면 셋 내지 넷이서 한 남성을 공유해야 한다. 자고로 남성이 첩을 보면 돌부처도 돌아 선다고 한다. 하물며 인간의 감정이야 어떻겠는가? 시기 질투가 생기고 울화가 치밀 것은 당연하다. 주부는 첩을 내쫓기에 수단 방법을 가리지 않는다. 그렇지만 첩을 내보내면 바로 새로운 첩이 들어선다.

　사주에 비견이 있는 한 독점은 불가능한 것이다. 만인이 첩이고 적인데 어찌 하겠는가? 점술가들은 부적을 하거나 살풀이를 하면 첩을 감쪽같이 뗄 수 있다고 말한다. 그것은 사주가 무엇이고 비견이 무엇이며 숙명이 무엇인지를 모르고 하는 수작에 지나지 않는다. 사주에 비견이 있는 한 독점은 불가능한 것이다. 만일 주인공이 사주와 비견의 진리를 안다면 그러한 시기 질투나 무모한 장난을 하지 않을 것이다. 그것은 타고난 숙명이다. 남성이 바람을 피우는 것이 아니고 여성이 혼자서 독점할 수 없기 때문이다. 어차피 독점할 수 없는 운명이라면 차라리 화합을 하는 것이 순천이고 현명한 처신이 아니겠는가? 남성이 비견이 있으면 상속을 독점할 수 없다. 비견은 나와 같은 상속자로서 합법적으로 동등한 권리를 가지고 있다. 그것은 상속만이 아니다. 모든 것을 나누어 가져야 함으로써 어느 것이든 혼자서 독점할 수 없다. 그것은 임자가 둘 내지 여럿이라는 것이다. 고기를 잡아도 나누어 가져야 하듯이 돈을 벌어도 나누어 쓸 일이 생긴다. 사주상 비견은 글자가 아니고 살아있는 인간이다. 나의 모든 것을 감시하고 지켜보면 참견한다. 아무리 속이고 독차지하려 해도 비견을 속일 수는 없다. 무엇이 생겼다 하면 비견이 번개처럼 덤비고 뛰어든다. 같이 나누자는 것이다. 비견이 얄밉고 야속할 것은 당연하다. 그렇지만 그것이 타고난 운명인데 어찌 하겠는가? 과연 비견은 절대적으로 나쁘고 해로운 눈의 가시인가? 이 세상에 절대라는 것은 없다 모든 것은 상대적이다.

조물주인 음과 양 자체가 상대적이다. 비견은 같은 인간이다. 인간은 절대적인 경쟁자나 대립자가 아니다. 경우에 따라서는 인간이 나를 도와주고 살리는 후원자요 구세주이다. 나를 도와주는 이로운 육신은 기쁘고 반가운 육신으로서 희신(喜神)이라고 하는데 반해서 나를 해치는 적대관계의 육신은 두렵고 기피하는 육신이라 해서 기신(忌神)이라고 한다. 비견이 희신이냐 기신이냐 하는 것은 사주를 분석하고 인간 만사를 판단하는 통변(通變)을 공부하고 연구하는 전문반과정에 가야 구체적으로 알 수 있다. 여기서는 단지 희신과 기신의 두 가지가 있다는 사실만이 미리 밝혀 둔다. 비견이 희신이면 만인이 유정하고 도와줌으로써 인인성사 하는데 반해서 비견이 기신이면 만인이 무정하고 해로움으로써 인인패사(因人敗事)한다. 이웃나라의 천황비(皇妃)는 비견이 둘이지만 희신이기 때문에 만인이 사랑하고 도와주는 귀한 몸이 되었고 우리나라 어느 재벌은 비견이 둘이지만 희신이기 때문에 만인의 사랑과 지원을 받아서 거부가 되었다. 비견이 희신인 사주는 착하고 인정이 많으며 무엇이든지 나누고 베풀기를 즐기는 동시에 원만하고 협동적이며, 만인에게 헌신적이고 희생적이다. 신망과 덕망이 대단해서 만인이 따르고 존경하며 도와주고 보살펴 준다. 가는 정이 있어야 오는 정이 있다고 내가 잘함으로써 남도 잘해주는 것이다. 비견이 기신인 사주는 성격이 유아독존이고 독선적이며 독단적이다. 인정이 없고 타산적이며 대립과 반목을 능사로 한다. 달면 삼키고 쓰면 뱉으며 의리가 없고 배신을 서슴지 않는다. 무엇이든지 혼자서 챙기고 독점하려고 하며 같이 나누고 더불어 사는 인심과 협동심이 전혀 다. 인간성이 뱀처럼 냉혹하며 무자비하다. 누구든지 걸렸다 하면 해를 끼치고 적대관계를 맺는다. 가는 정이 없으니 오는 정이 있을 수 없다. 내가 만인을 냉대하고 사갈시를 하며 해를 끼치듯이 만인 또한 나를 냉대하고 괄시하며 못살게 괴롭히고 망치려 한다. 비견이 희신인 사주는 만인이 부처님이요, 구세주로서 지극히 행복한 행운아인데 반해서 비견이 기신인 사주는 만인이 미워하고 싸우는 적으로서 평생 파란만장한 기구하고 불행한 인생이다. 같은 비견이면서 희신인 경우에는 인덕이 태산과 같고 만사형통하며 부귀영화를 누리는데 반해서 기신인 경우에는 적이 태산 같고 만사불성이며 가난하고 천하다. 비견이라고 해서 덮어놓고 흉하다고 미워할 수 없듯이 덮어놓고 길하다고 좋아할 수도 없다. 여기에 육신의 상대성과 무궁무진한 묘리가 있다.

<1>비견에 대한 요점정리

　일간과 오행이 같고 음양도 같은 것을 말한다.
나와 어깨를 나란히 한다하여 비견이라고 하는데 가정적으로는 형제가 되고 사회적으로는 친구나 동업자가 된다.

<1> 비견이 많을 때의 현상은?
　내 동조자를 믿고 아만성이 있어 다른 사람들의 말은 듣지 않고 독자적으로 매사를 처리하려는 기질이 있어 사고에 능하지 못하다.

<2> 경제적인 면은 어떨까?
　군겁쟁재(群劫爭財)라 하여 나와 형제들이 재물 다툼을 하게 되는 격이 되어 사주에 비견 겁재가 많으면 가난하게 살게 된다.

<3> 육신적면 으로는 ?
　남녀 모두 편재가 아버지가 되는데 비견이 강하면 편재를 극하게 되니 부친과 인연이 박하다.

<4> 남자사주 에서는 ?
　배우자 궁인 일지에 비견이 있으면 나와 처가 동등하다 하여 여필종부의 마음이 없어 서로 충돌하고 화목치 못하다 하는데 역학용어 간여지동(干如之同)이라고 한다.

<5> 여자사주 에서는 ?
　배우자 궁인 일지에 비견이 있으면 남편과 다툼이 발생 부부가 화목치 못하다. 여자사주에 비견은 남편의 첩도 되기 때문에 첩이 나와 동등하려고 하니 말썽이 생겨 부부 불목하다.

<6> 통변할 때에는 ?
　비견은 편재(父星)을 극하고 정인(印星)을 설기 시키게 되니 부모와 인연이 박하다고 한다. 남자 사주에서는 편재가 애인이 되는데 애인과의 인연도 없다. 사주에서 편재는 남녀 공히 큰돈 횡재하는 돈이 되는데 강한 극을 하게 되면 돈이 모아지지 않으니 돈이 새어나간다고 한다. 비견이 형충을 하거나 월지 공망 이면 형제의 도움이 없고 인연이 박하다고 한다. 비견이 좋은 점은 관살이 강할 때 자신을 방어할 동조가 비견이 강하고 식신 상관이 있으면 식신 생재 라 하여 형제(비견)의 기를 빼앗아 재물을 실어 나르는 격이 됨으로 재성이 힘을 받아 길하다.

겁재.(劫財)

　겁재는 일간과 오행은 같으나 오행이 다르다. 같은 木오행이면서 甲은 양이고 乙은 음이다. 일간의 甲이 乙을 보면 오행은 같은 木이지만 음과 양이 다름으로써 겁재가 되듯이, 乙이 甲을보고, 丙이 丁을보며, 丁이 丙을보고 戊가 己를 보며, 己가 戊를 보고, 庚이 辛을보며, 辛이 庚을보고, 壬이 癸를보며, 癸가 壬을보면 겁재가 된다. 비견은 같은 적자(嫡子)로서 동등한 권리가 있으므로 해서 합법적으로 상속의 분배를 요구할 수 있는데 반해서 겁재는 서자(庶子)로서 상속권이 없다. 합법적으로는 불가능하기 때문에 불법적으로는 상속을 받을 수밖에 없다. 재산을 강제로 겁탈하는 것이다. 폭력이나 불법으로 재산을 겁탈하는 것은 곧 탈재(奪財)요 겁재(劫財)이다. 겁탈자는 무법자다. 무법자는 겁이 없고 대담하며 아끼고 모으는 것이 없다. 한탕하면 돈이 생기기 때문에 닥치는 대로 겁탈하고 닥치는 대로 써버린다. 사치하고 낭비하는 것을 서슴지 않는다. 저축이나 절약이란 없다. 겁재는 공짜로 얻은 불록소득이기 때문이다. 사주에 겁재가 있으면 성격이 거칠고 대담하며 두려움을 모른다. 돈을 벌기 위 l 해서라면 수단과 방법을 가리지 않으며 죽음도 겁내지 않는다. 근로소득을 싫어하고 불로소득을 즐긴다. 일확천금하는 노름과 투기를 비롯하여 밀수나 마약거래 등을 서슴지 않는다. 돈이 생기면 물 쓰듯 쓴다. 아내에게 값진 선물을 하는가 하면 친구에게 푸짐한 선심을 아끼지 않는다. 돈이 떨어지면 아내에게 돈을 강요하고 친구에게도 돈을 있는 대로 내어 놓으라고 강요한다. 겁재가 선천적이고 능소능대하다. 형제나 동기간에 겁재 하는 것도 능사다. 있으면 쓰고 없으면 겁재 하는 것이다. 돈이 생기는 일이면 무엇이든지 수단 방법 가리지 않고 뛰어들고 청부범죄도 서슴지 않는다. 돈은 아무리 벌고 생겨도 모으는 것이 없다. 노름과 투기와 사치와 낭비로 탕진하기 때문이다. 겁재가 있는 아들에게 상속을 하면 어찌 될까? 한강투석이요, 깨진 솥에 물붓기와 다를 바 없을 것이다. 만일 임의로 쓸 수없는 법인을 상속한다면 오래 지탱할 수 있을 것이다. 아무리 쓰고 싶어도 쓸 수가 없기 때문이다. 비견은 희신과 기신으로 나누어지듯이 겁재도 희신이 있고 기신이 있다. 비견이 희신 이면 비견의 본성과 단점이 그대로 나타나 나타나는데 반해서 겁재가 희신 이면 정반대다. 인정이 많고 인심이 후하며 남을 위해서 헌신하고 희생하는데 대담하고 적극적이며 만인이 유정하고 상부상조해서 인인성재(因人成財)한다. 노름과 투기를 멀리하고 사치와 낭비를 싫어하며 절약하고 저축하기를 즐긴다. 불법적인 겁재나 불로소득을 하지 않고 합법적인 근로소득으로 검소하고 알뜰히 살아간다. 겁재에 대한 선입감과 속단은 금물이다. 문제는 희신과 기신을 빨리 가리는 것이다. 그것은 집을 세우는 과정이다. 집은 기초가 단단해야 한다. 지금 공부하는 것은 사주의 입문과 기초과정이다. 기초가 부실하면 집을 세울 수가 없고 무너진다.

<2>겁재에 대한 요점정리

   일간과 오행은 같고 음양이 다른 것을 말한다.
양일간이 같은 오행인 음을 만났을 때 겁재라고 하며
음일간이 같은 오행인 양을 만났을 때 겁재라고 한다.
겁재는 재물을 겁탈한다 하여 피탈패재(彼奪敗財) 되므로 사기 등 손재수로 본다.

<1> 경제적인 면으로는?
   형제들의 재물다툼이 있게 되니 흉하다.
겁재가 강하면 군겁쟁재(郡劫爭財)하여 가난하다.

<2> 육신면 으로는?
   남자사주에 겁재가 강한사람은 정재를 극하니 부인이 견딜 수 없어 결혼이 잘 안되며 결혼을 여러 번 할 수도 있으며 배다른 자식도 있게 된다.

<3> 통변 할 때 요령은?

겁재는 재물인 정재를 극하니 돈이 새어나가는 형상이고 남명에서 겁재가 강하면 이혼하게 되니 부부인연 박하다.
여명에 겁재가 강하면 남편과 불화 구설이 많다.
남명(男命)에 대운에 겁재이고 세운에서 정재 운이 오면 결혼에 구설수와 잘 이루어 지지 않으니 시기를 늦추든지 피해야 좋다.
월지에 비견 겁재 편관 상관이면 대체적으로 성격이 괴팍하여 신용이 상실되지만 관성이 강하면 정직하게 된다.

<4> 가정적으로는?

남명에는 누님이나 여동생이 되고 여명에는 오빠나 남동생이 된다. 또한 이복형제로도 본다. 사회적으로는 의형제 친구 동창생이 된다.

<5> 세운에서 비겁이 용신으로 들어올 때는?

사업적 야심이 강하다. 적극적이고 활동적이다. 정복 심과 점유 욕이 강하다. 형제간 재산 분리 분산 분가 등이 발생한다. 친구 동료 형제의 도움을 받는다. 사업 확장 사세가 신장된다. 특히 재다 신약 사주에서는 용이 물을 만난 격 이니 크게 발전한다.

<6> 세운에서 비겁이 기신으로 들어올 때는?

친구 동료로 인한 피해 또는 파재를 당한다. 부부사이에 충돌로 불화가 발생한다. 독선적인 성격으로 변해 일을 그르쳐 낭패 당한다. 재물을 도적맞거나 약탈당한다. 친구 형제 동료로부터 배신당한다. 수입보다 지출이 많다.
특히 남명에 정재가 약하면 겁재 세운 대운에 이별수가 있게 되니 조심해야 한다.

3. 식신 (食神)

　일간이 생해주는 오행으로서 일간과 음양이 같은 육신을 식신이라고 한다. 木은 火를 생하고, 火는 土를 생하고, 土는 金을 생하고, 金은 水를 생하며 水 는 木을 생한다. 이는 상생이 아니고 오행의 진행과 변화의 서열이다. 봄은 가고 여름이 오는 것을 木생火라고 한다. 이는 木이 변해서 火가 되는 것이니 木변火 내지 木化火가 옳다. 여기에서는 알기 쉽게 木生火라고 하겠다. 火는 木에서 태어난 자식으로서 아생자(我生者)라고 한다. 甲이 丙을 보면 木이 생하는 오행인 동시에 음양이 같다. 甲은 양간이듯이 丙도 양간이기 때문이다. 여기에서 이야기하는 음양은 음과 양이 아니고 천간의 양간과 음간을 의미한다. 甲은 아버지의 항렬(行列)이고 丙은 아들의 항렬이듯이 乙은 아버지의 항렬이고 丁은 아들의 항렬이다. 아버지와 똑같은 아들이 식신이다. 아들을 얻으면 소원성취 한 것처럼 기뻐하듯이 식신은 소원성취의 육신이다.

　木이 나무라면 火는 꽃이다. 꽃은 나무의 재능을 나타내는 것이다. 식신은 자기의 재능을 나타내는 기회와 무대를 얻는 것이다. 자동차는 달리는 도로가 재능을 발휘하는 기회이며 무대이다. 도로가 있으면 차는 마음껏 달릴 수가 있고 소원을 성취할 수가 있다. 가수는 노래하는 무대가 식신이요, 배우는 연기하는 무대가 식신이다. 식신은 소원을 성취하는 수단과 방법이기도 하다.

어부는 배가 있고 그물이 있어야 고기를 쉽게 잡을 수 있고 사냥꾼은 총이 있어야만 짐승을 마음대로 잡을 수 있다. 사주에 식신이 있으면 재능을 마음껏 발휘할 수 있는 기회와 무대가 저절로 나타남으로써 능력만 있으면 무엇이든지 소원대로 성취할 수 있다. 수단과 방법도 저절로 마련됨으로써 순리적으로 원하는 것을 얻고 이룩할 수 있다. 의식주가 부유함으로써 고생을 모르며 인심이 후하다. 인색하거나 이해타산을 하지 않는다. 누구에게나 다정하고 베풀기를 좋아하며 사람을 가리지 않는 팔방미인이다. 있으면 나누고 쓰면 생긴다. 개성이 있는지 없는지 모를 만큼 둥글둥글하다. 그래서 친구가 많고 만인과 더불어 산다. 따지고 비판하지 않으며 근심과 걱정을 하지 않는다. 그래서 몸이 살찌고 건강하며 식성이 대단하다. 무엇이든지 가리지 않고 주는 대로 즐겨 먹는다. 신경질이나 신경질환이 없으며 항상 태연하고 태평하며 낙천적이다. 인간만사가 소원대로 이루어지고 만사형통하기 때문이다. 평소 인심이 후하기 때문에 어떠한 역경이나 어려움이 생기면 만인이 앞을 다투어 도와주고 구제해 줌으로써 결정적이고 치명적인 수난이나 불행은 없다. 자동차로 비유하면 동서남북에 고속도로가 마련되고 사방에 짐과 손님이 기다리고 있기 때문에 사통팔달이고 공치는 일이 없다. 무리를 하거나 욕심을 부리지 않으며 담백하고 순리적이다. 움직였다 하면 여기저기서 일거리가 생기고 돈이 생기며 인심이 쏟아진다.

여성은 자식을 잉태하고 출산하는 것이 천부적 재능이고 소망이다. 여성에게 식신은 자식의 별이다. 식신이 있으면 임신이 소원대로 이루어진다. 임신도 잘되고 낳기도 잘하며 기르기도 잘 한다. 그 이유는 잘 먹고 근심걱정이 없으며 잔병이 없고 건강하기 때문이다. 남편을 아끼고 사랑하며 정성껏 섬기고 공경하며 따지고 비판하지 않으며 다정하고 원만함으로써 부부간의 우애가 깊고 순탄하게 해로할 수 있다. 시기질투가 없고 남편을 감시하는 의부증이 없으며 남편의 모든 것을 이해하고 관용함으로써 가정이 평화롭고 대립과 반목이 없다. 오는 정이 있으면 가는 정이 있다고, 착하고 어질며 너그럽고 성실하며 다정한 아내의 내조가 지극하면 아무리 성급하고 거칠며 유아독존이고 냉정한 남편이라고 해도 감복하지 않을 수 없다. 양심상 가책을 받는 일은 차마 할 수가 없고 내조 못지않게 외조를 한다. 마음이 태평하고 근심걱정이 없으면 질병이 없고 건강하게 장수할 수 있다. 식신은 질병을 물리치고 천수를 다하는 장수의 별로서 단명하거나 요절하지 않으며 병이 생기면 병을 다스리는 의사와 양약이 나타남으로써 쉽고 고칠 수 있다. 무엇이든 소원대로 이뤄지니 마음이 편하고 몸이 편하며 비극과 불행을 모르고 오래오래 잘사는 것이다. 하지만 식신은 절대적으로 행복한 별이 아니다. 비견, 겁재가 희신(喜神)이면 소원성취하고 만사형통하는 행운의 기회가 될 수 있다. 그런가하면 식신은 활동무대로서 의식주가 풍요하고 무병장수하는데 반해서 기신(忌身)이면 기회가 아닌 유혹이요, 무대가 아닌 함정으로서 평생 유혹이 많고 함정이 많으며 파란만장하다. 성급하고 허욕이 많으며 오판이 많고 실수가 많다. 사치와 낭비와 허영심이 많으면서 인정과 인심이 박하고 인색하다. 과연 어느 것이 희신 이고 기신이겠는가?

<3>식신에 대한 요점정리

3.식신(食神)란?

밥과 옷 이다. 그러하므로 식복이라고 한다.
내가 생하는 자를 말하는데 오행은 다르고 음양은 같은 것이다. 식신은 財(재물)를 생하니 양명하여 양명지본(養命之本)이 되는 원천이다. 그러하므로 수성(壽星)이라고 하는데 그 이유는 칠살이 나를 극하는 것을 식신이 제어하고 나를 보호하므로 수명이 길어진다.
남명(男命)에서는 재성을 여자로도 보기 때문에 생재하여 여색 난을 당하기도 한다.
여명(女命)에서는 모쇠자왕(母衰子旺)이라 하여 식상이 강하면 유산을 하게 되기도 하고 때로는 자식을 많이 낳기도 한다.
특히 식신상관이 형(刑)살을 만나면 유산 할 수가 있다.

통변할 때 요령은 ?

식신이 많거나 강하면 설기가 심해 신약해져 자신이 무력해 진다. 남명(男命)에 식신이 강하면 자식인 관성(官星)을 극하게 되고 관은 직업(직장)이 되니 자식과 직업이 극을 받게 되면 자식과 인연이 없고 직장 또한 극을 받아 무기력한 사람이 된다. 그러므로 자손과 별거하든지 무자식이 될 경우도 있어 말년이 고독해지기도 한다.

여명(女命)에 식상이 강하고 많으면 특히 상관이 강하다면 남편 성을 극하게 되어 남편 덕이 없다.

자식은 많고 남편 덕이 없다면 여자는 무엇이든 닥치는 대로 할 수밖에 없어 천하게 살거나 물장사 등을 하기도 한다.

특히 신약한 사주에 식상이 많으면 단명할 수도 있고 형 충을 당하지 않고 강한자리에 있으면 오히려 식복이 있다.

식신이 강한사람은 편협 되고 편굴하여 이기적인 면도 있지만 경솔한 행동을 많이 하고 숨김없이 솔직히 털어놓는 성격이라 비밀이 없다. 머리회전이 빠르고 말을 함부로 하기도 한다. 사업가 제조업자 연구 발명가 요식업자 교육자 예체능계 등 무엇이든 생각하고 만들어내는 재능이 있기 때문에 활동성 있는 직업이 좋다.

4. 상관(傷官)

일간이 생해주는 오행으로서 일간과 음양을 달리하는 육신을 상관(傷官)이라고 한다. 木에서 생하는 오행은 火이다. 甲일생은 丙火를 보면 음과 양이 같은 육신으로서 식신이 되는데 반해서 丁火를 보면 음과 양이 다름으로써 상관이라고 한다. 乙이 丙을보고, 丙이 己를보며, 丁이 戊를보고, 戊가 辛을보며, 己가 庚을보고, 庚이 癸를 보며, 辛이 壬을보고, 壬이 乙을보며, 癸가 甲을보면 상관이 된다. 식신은 소원대로 이루어지는데 반해서 상관은 소원대로 이루어지지 않는 육신이다. 식신은 아들을 원하면 아들을 낳고 딸을 원하면 딸을 낳는데 반해서 상관은 아들을 원하면 딸을 낳고 딸을 원하면 아들을 낳는다. 무엇 하나 되는 것이 없다.

식신은 재능을 발휘하는 기회와 무대가 저절로 마련됨으로써 재능만 있으면 마음껏 발휘할 수 있는데 반해서 상관은 재능을 발휘할 수 있는 기회와 무대를 얻을 수가 없다. 재능은 뛰어나지만 기회와 무대가 없으니 무용지물이 된다. 식신은 재능을 발휘하면 후한 대가가 있듯이 꽃이 피면 열매가 반드시 열리는 유실수(有實樹)인데 반해서 상관은 재능을 발휘해도 아무런 대가가 없듯이 꽃은 화려하고 무성하게 피지만 열매는 열리지 않는 무실수(無實樹)이다. 아들을 원하면 딸을 낳고 재능은 탁월 하나 기회와 무대가 없으며 꽃은 화려하고 만발하지만 열매는 구경조차 할 수 없다면 얼마나 답답하고 억울하며 화가 나고 분하겠는가?

조물주를 비롯한 하느님과 신에 대한 불평불만이 폭발할 것만 같다. 그렇다고 단념하거나 포기할 수 없다. 어떻게든지 소원을 성취하고 응분의 대가를 받아야 하며 기회와 무대를 개척해야 한다. 그러기 위해서는 머리를 짜내고 또 짜내야 한다. 면도날처럼 날카롭고 총명하고 사리가 밝고 경오가 분명하며 시시비비를 따지기를 서슴지 않는다. 부당하고 불공평하며 불의하고 부정한 것을 보면 가만히 있지를 못한다. 그것은 남의 일이 아니고 바로 내가 겪고 있는 현실이기 때문이다. 그래서 남의 일이지만 옳지 못한 것을 보면 당장 뛰어들고 참견하며 사리와 시비를 가린다. 어느 것 하나 그냥 보고 넘기는 것이 없다. 남의 일에 참견하고 시비를 따지는데 좋아할 사람은 없다. 만인을 적대시하듯이 만인 또한 나를 적대시 한다. 정의 앞에는 상하가 없다. 옳지 않다고 생각하면 윗사람이든 강자이든 정면으로 비판하고 공격하며 반항한다. 나쁜 것은 나쁘다고 해야만 직성이 풀린다. 아니꼽고 더러운 것은 절대로 용납할 수가 없다. 성격이 대나무처럼 곧고 직선적이며 불같이 급하고 폭발적이다. 자존심이 대단해서 비위에 거슬리면 가만히 참지를 못한다. 남의 잘못은 가차 없이 파헤치고 철저히 비판하면서 내 잘못을 지적받거나 비판받는 것은 용납하지 않는다. 유아독존이고 안하무인이다. 그러니 적이 많고 대립과 반목과 갈등이 심할 수밖에 없다. 입이 험하고 버릇이 없으며 닥치는 대로 쏘아대고 난도질을 하며 깔아뭉갠다. 아량과 관용과 타협을 모른다. 흑백을 분명히 가리고 시시비비를 끝까지 따진다. 동네일을 도맡아 개입하고 참견하며 파헤친다. 말이 많고 가시가 많으며 독설을 서슴지 않는다. 한번 겪은 사람은 고개를 내젓고 사갈시한다. 상관은 관(官)을 내리치는 것이다. 관은 나를 보호하고 부양하는 양아자(養我者)이다. 어려서 나를 부양하는 것은 아버지이고 늙어서 나를 부양 것은 자식이다. 여자는 출가해서 남편의 부양을 받는다. 아버지와 자식과 남편을 官이라고 한다. 상관은 나를 부양하는 양아 자를 거침없이 비판하고 공격하며 내리치는 것이다. 아버지를 비롯하여 자식과 남편이 만신창이가 된다. 아버지와 사이가 나쁘듯이 자식과 남편의 사이가 나쁘다. 천륜을 모르는 패륜아다. 아버지가 온전할 수 없듯이 자식과 남편이 온전할 수가 없다. 극부(剋父)하고 극자(剋子)하며 극부(剋夫)하는 상관이고 사고무친이고 고독할 것은 당연하다. 官은 생명과 재산을 보호하는 법이요 규칙이면 질서다. 상관은 절대 자유를 요구한다. 자유를 규제하고 구속하는 것은 용납하지 않는다. 법이든 규칙이든 질서든 자유를 제한하고 비위에 거슬리면 깔아뭉개고 파괴한다. 법의 심판과 단죄를 받을 것은 불문가지다. 관재(官災)가 항상 따르지만 겁을 내지 않는다. 어려서는 부모에 거역하고 늙어서는 자식을 극하며 출가해서는 남편을 극하는 상관에게 바람 잘날 없이 파란만장할 것은 말할 나위도 없다. 선천적으로 말썽꾸러기요 사회의 문제아다. 바른말을 식은 죽 먹듯이 하고 말속에 가시와 독이 도사리고 있다. 귀 창을 찌르고 가슴을 뒤집어 놓는다. 사주에 상관이 있으면 덕이 박하고 복이 박하다. 박복하고 박덕한 것이다. 머리는 비상하고 천재이며 일인자이지만 기회와 무대가 없는지라 불평불만과 비판공격을 서슴지 않는다. 남이 간섭하고 참견하며 강제하는 것은 질색이다. 무엇이든지 자의자적이고 자율적이며 내 마음대로 해야 한다. 자존심이 대단하고 유아독존이다. 인격적인 지배는 감수하지만 물리적인 지배는 단호히 거부한다. 아버지가 인격적이면 무조건 순응하고 복종한다. 스승이나 윗사람이 인격적으로 대하면 존중하고 순종하지만 비인격적이고 부당하면 아버지든 스승이든 윗사람이든 불복하고 반항한다. 사리가 겨울처럼 밝은지라 사리가 옳으면 깨끗이 승복하지만 사리가 어긋나면 죽어도 승복하지 않는다. 차라리 부러질지언정 굽을 수 없는 것이다. 머리가 비상하고 탁월해서 다재다능하며 사리를 밝히고 판단하는 것이 번개이다. 하지만 머리를 숙이고 보비위하는 수완과 요령을 경멸하는지라 환경과 현실에 적응이 어렵다. 독불장군처럼 외롭고 이리 밀리고 저리 처진다. 약삭빠른 사람은 손해나는 말을 하지 않는다. 말 한마디에 천량 빚이 갚는 능변가다. 상관은 아픈 곳을 찌르기 때문에 말 한마디에 천량 빚이 생기고 많은 적이 생긴다. 입으로 재난(災難)을 불러일으키고 다 된 밥에 재(災)를 뿌린다. 하극상(下剋上)이 선천적이고 체질적이다. 직장에서 상하질서가 엄격하다. 윗사람이 시키는 일은 고분고분 따라야 한다. 하지만 상관이 사사건건 시비요, 비판과 반항과 하극상을 서슴지 않는다. 인격적인 상사는 존경하고 승복하지만 비인격적인 상사는 무시하고 경멸하며 불복하고 반항한다. 사장은 괘씸하다고 부당하게 해고를 하며 반드시 보복을 한다. 회사의 부정과 비리를 낱낱이 캐고 밝혀서 만천하에 공개하고 법의 심판을 받게 된다. 직장인으로서는 적합하지 않다. 상관(傷官)은 잘못 다뤘다가는 양호위환 처럼 크나큰 화를 당한다. 부정과 부패와 불법을 능사로 하는 기업에서는 상관을 쓰면 불덩이를 끌어들인 격이다. 부정과 불의와는 타협이 불가능한 동시에 용납을 할 수가 없기 때문이다. 남성은 아버지와 자식을 극함으로서 부독과 자식 덕이 없다. 초년에 고생 많듯이 말년이 고독하고 박복하다. 여성은 아버지와 남편을 극함으로써 아버지와 남편 덕이 박하다. 남편이 인격적이면 존경을 하고 무엇이든 순종하지만 남편이 비인격적이면 멸시하고 푸대접한다. 말이 많고 바른말은 잘하며 매사에 비판적이고 시시비비를 따진다. 노름을 하거나 바람을 피우며 바가지도 긁고 얼씬도 못하게 한다. 아량과 관용이란 털끝만치도 없다. 남편이 가만히 있을 리가 없다. 눈만 뜨면 싸우고 집안이 엉망이다. 상관은 참을성이 없다. 보기 싫은 남편과는 한시도 살수가 없다. 이혼을 서슴지 않고 뛰쳐나온다. 팔자를 고쳐서 재가를 하지만 남편이 비인격적이면 역시 똑같은 풍파를 겪는다.

　팔자는 몇 번 이고 고칠 수 있지만 타고난 상관기질은 고칠 수가 없다. 만일 남편이 사주를 알고 아내의 상관기질을 안다면 어찌될까? 남편이 인격자면 도리어 기꺼이 반길 것이다. 상관은 인격자 앞에서 꼼짝을 못하기 때문이다. 하지만 비인격자라면 아무리 인물이 좋고 탐이 난다 해도 겁을 먹고 멀리할 것이다. 호랑이 굴에 뛰어 드는 격이기 때문이다. 상관은 인격자 앞엔 양처럼 현모양처가 되지만 비인격자에겐 호랑이처럼 사나고 거칠며 무섭다. 호랑이를 만나 남편이 온전할 수가 없다. 명이 긴 남편은 스스로 이혼해서 호랑이 굴을 탈출할 것이요, 명이 짧은 남편은 호랑이굴에서 시달리다 못해서 사별하고 단명할 것이다. 상관은 육신이다. 육신에는 반드시 희신(喜神)과 기신(忌神)이 있다. 기신이면 아버지와 자식과 남편을 극하고 평생 파란만장한 불운아이인데 반해서 희신 이면 식신과 같은 소원성취의 육신으로서 아버지와 자식과 남편 덕이 후하고 의식주가 부유하며 착하고 순하며 원만하고 다정하며 다복하다. 이름만 상관이지 모든 것은 식신과 같다. 총명하고 유능함으로써 식신보다는 부귀영화를 빨리 이룩하고 행복하게 누릴 수 있다. 상관이라고 해서 무조건 절대적으로 기피하는 것은 육신의 상대성을 모르는 상관 소아병 환자이다. 과연 어떻게 하면 상관이 희신이 되고 기신이 되는가? 내 사주의 상관은 과연 희신 인가 기신인가? 생각해 볼 필요가 있다.

<4>상관에 대한 요점정리

3.상관(傷官)이란?

관을 상하게 하는 것이다.
관이라 함은 국가기관인데 관을 상하게 함은 규제에 대한 불복한다는 뜻이 된다. 상관은 성질이 자기를 높이고 타인을 누르고 올라 설려는 기질이 있기 때문에 항상 불안하고 평온하지 못하다. 그러나 관과 싸워 이길 수가 없어 때로는 액운이 되기도 한다.
남명(男命)에서는 관이 자손인데 자식을 극하니 자녀가 액운을 겪어가게 되고 그러므로 무덕하다.
여명(女命)에서는 상관이 강하면 정관(남편성)을 강극하여 상부(喪夫)한다. 식신 상관이 희신이 될 때에는 하고자하는 사업 즉 일이 잘 풀려 좋은 결과가 나오기도 하지만 신약하여 기신일 때는 너무 설기당해 허약하여 인색하기도 하고 때로는 허세를 부리기도 한다.

통변할 때 요령은 ?

여명(女命)에 강한 상관이 들어오면 정관을 극하기 때문에 남편과 인연이 박하다. 상관은 자식이기 때문에 자손이 많기도 하고 배다른 자손도 둘 수 있다. 이것을 뒤집어 생각한다면 남편 복이 없으면 재가 할 수 있고 재가하면 씨가 다른 자식도 둘 수 있다는 뜻이 된다.

여명에 상관과 도화가 동주하면 호색가요, 방탕아로 정부로 인해 고민하기도 한다.
대운, 세운, 에서 상관을 만나면 부부 불목하여 불화가 생기고 대운이 상관이고 세운이 정관이면 부부지간에 구설수가 따라 불화가 생긴다. 식신 상관은 사주에 재성이 있어야 길하다. 재성이 없으면 가난하게 산다.
강한사주에 용신이 상관일 때 하는 일이 매우 잘 풀리게 되므로 사업가 제조업자 예체능 연구 발명가 요식업 교육사업 등 좋은 일이 발생한다.
신약한 사주에 상관 운이 되면 허약하여 인색이 허세를 좋아한다.

직업적으로는 ?

강한사주에 용신이 상관일 때 하는 일이 매우 잘 풀리게 되므로 사업가 제조업자 예체능 연구 발명가 요식업 교육사업 등 좋은 일이 발생한다.
신약한 사주에 상관 운이 되면 허약하여 인색이, 허세부리기를 좋아한다.

식신 상관이 세운에서 희용신으로 들어올 때는?

적극적인 행동으로 금전적인 욕구가 충족 성취된다.
지혜와 재능이 평소보다 높게 발휘되어 새로운 사업에 도전 성공하게 된다. 애정에 대한 욕구도 강하게 작용하여 여성은 임신도 한다. 후배 등 아래 사람의 도움으로 성공하기도 한다. 신병이 있어 허약한 사람은 건강이 회복되기도 한다.

식신 상관이 세운에서 기신으로 들어올 때는?

범법행위 발생율이 높아 관재구설, 송사발생 윤리도덕적인 면이 희석되어 공분이 발생하고 심신이 허약하여 질병 도 발생하지만 감정을 억제하지 못하여 기연(忌戀)이 발생한다. 부정한 방법과 수단으로 금전을 취하게 되어 화가 되기도 한다. 남명은 자식문제로 어려움이 발생되고 여명은 남편에 불리하고 이성과의 인연으로 도색으로 인한 문제가 발생한다.
후배나 제자 등 아래 사람의 배신 등을 조심해야 한다.
내가 낳은 자 자손이 되니 가정적으로 편재가 부친이 되는데 부친을 낳은 자는 할머니가 되니 할머니는 상관이요 여자는 내가 낳은 자식이 음양이 같으면 나와 같으니 딸이고 음양이 틀리면 아들이 된다.

5.정재 (正財)

　내가 극하는 아극자(我剋者)의 오행을 재(財)라고 한다. 木은 土를 극하고, 土는 水를 극하며, 水는 火를 극하고, 火는 金을 극하며, 金은 木을 극한다. 이를 상극이라고 한다. 극을 지배하고 다스리는 것이다. 상극은 글자그대로 서로 극하는 것이다. 木이 土를 극하면 土는 역시 木을 극한다. 그렇지만 나무는 흙을 파헤치고 지배할 수 있지만 흙은 나무를 무찌르고 지배할 수 없다. 木은 土를 극할 수 있으나 土는 木을 극할 수는 없으니 이는 서로 극하는 상극이 아니고 일방적인 극이다.

서로 생해주는 상생은 음생 양, 양생 음이 기본이요 전부이듯이, 서로 대립하고 반목하며 극하는 것은 음극 음, 양극 양뿐이다. 상생은 서로 짝을 지어서 사랑하고 같이 사는 처녀 총각과 노처녀 노총각 사이인 金생水, 水생火가 진짜이듯이 상극은 부부가 될 수 없는 동시에 영원히 대립하고 경쟁하며 다투는 처녀와 노처녀, 총각과 노총각 사이인 金극水, 木극火가 진짜이다. 木에서 火가 생하는 것은 봄이 가고 여름이 오는 절기의 진행과 변화의 법칙으로서 일방적인 것이다. 木(봄)에서 火(여름)는 발생할 수 있으나 火(여름)에서 木(봄)이 발생할 수는 없다. 그것도 상극도 마찬가지다. 음과 음, 양과 양은 서로 대립하고 경쟁하는 상극을 할 수 있으나 木극土, 土극水. 水극火. 火극金, 金극木처럼 오행이 상극할 수는 없다. 상극은 강자가 약자를 지배하고 약탈하며 잡아먹는 약육강식이다.

그것은 짐승의 생존법칙이다. 인간은 강한 부모와 남편이, 약한 자식과 아내를 보호하고 부양할 뿐 절대로 약육강식을 하지 않는다. 사주의 주인공은 인간이지 짐승이 아니다. 인간의 사주에 짐승의 법칙이 존재할 수는 없다. 인간의 사주에는 오직 강자가 약자를 보호하고 부양하는 상부상조의 법칙이 있을 뿐이다. 그렇다면 木극土, 土극水, 水극火, 火극金, 金극木이란 무엇인가? 그 진리는 간단하다. 木은 土를 보호하고 부양하며 土는 水를 보호하고 부양하는 아부자

(我扶者)요, 아양자(我養者)이다. 내가 힘으로 지배하고 약탈하며 죽이는 아극자와 내가 보호하고 부양하는 아부자는 정반대이다. 오행을 비롯한 상생상극을 글자대로 풀이하듯이 육신그대로 풀이하는 것은 터무니없는 잠꼬대요 넋두리인 것이다. 재(財)를 글자 그대로 풀이하면 재산과 재물이 된다. 내가 부양하는 것과 재물은 전혀 판이하다. 남자는 아내를 보호하고 아내는 피부양자로서 재가 된다. 기업주는 고용인을 보호하고 부양한다. 고용인은 공용주의 피부양자로서 재가 된다. 왜 아내를 부양하는가? 사랑과 자식을 얻기 위해서이다. 왜 고용인을 부양하는가? 돈과 부를 얻기 위해서이다. 공짜가 아니다. 자식과 부를 얻기 위한 수단이다. 정재는 일간이 극하는 오행으로서 음과 양이 되는 육신이다. 甲일주는 己를 보면 아극자 이면서 음과 양의 관계로서 정재(正財)가 되듯이, 乙은 戊가, 丙은 辛이, 丁은 庚이, 戊는 癸가, 己는 壬이, 庚은 乙이, 辛은 甲이, 壬은 丁이, 癸는 丙이, 정재가 된다.

정재는 정당하고 합법적인 피부양자이다. 정식으로 결혼한 아내는 정당하고 합법적인 정재이다. 정당하고 합법적으로 채용한 고용인 또한 정재이다. 내 아내는 사랑하고 아끼며 정성으로 보호하고 부양하듯이 고용주는 고용인을 아끼고 사랑하며 정성껏 보호하고 분양한다. 일시적으로 이용하는 것이 아니다. 서로 돕고 의지하며 다정하게 살아가는 것이다. 음과 양은 유정하듯이 정재는 유정하다. 제 사랑과 자식을 낳고 돈과 부를 생해주는 아내와 고용인은 소중한 재산이기도 하다. 정당하고 합법적인 자기 재산인 것이다. 자기 재산은 아끼고 절약하며 함부로 낭비하지 않는다. 아내를 사랑하는 남편은 바람을 피우거나 방탕하지 않는다. 정당하고 합법적인 기업을 경영하는 고용주는 성실하고 검소하며 정직하고 착실하다. 노름이나 투기 따위로 불로소득을 하지 않으며 오직 근로소득에만 열중한다. 사주에 정재가 있으면 부지런하고 착실하며 정직하다. 맡은 바 직책을 성실하게 수행하고 부정이나 거짓이 없음으로써 고용주의 신임이 대단하다. 돈을 정당하고 합법적으로 열심히 벌고 저축한다. 안정되고 확실한 투자는 하되 일확천금하는 투기는 거들떠보지도 않는다. 지나치게 검소하고 절약하며 알뜰한 장점이 있는 반면에 융통성이 없는 고지식한 성품이 단점이랄까? 그래서 실수나 실패는 없다. 재산을 안전하고 철저히 관리하는 능력은 대단하나 치부하는 수완과 요령은 부족하다. 물질적인 욕망은 왕성하지만 허욕은 부리지 않는다.

부당하고 부정하며 불법적으로 돈을 버는 것은 원하지도 바라지도 않는다. 직장인으로서 모범적이고 유능하며 적성이지만 수완이 요령과 융통성을 으뜸으로 하는 기업에는 유능하지 못하다. 투기성 사업에는 더더욱 부적합하다. 유능하고 검소한 직장인은 부자는 아니지만 의식주는 안정되고 오붓하다. 신용이 보증수표처럼 두텁고 신임과 신의가 철저하다. 돈을 관리하는 업무나 재산을 관리하는 업무에는 가장 적임인 동시에 일인자이다. 그렇지만 돈을 빌리고 용통하며 요리하는 솜씨는 부족하고 무능하다. 투기나 허욕을 부리지 않음으로써 부도나 파산은 있을 수 없지만 불의의 재난으로 위기에 직면하면 속수무책이다. 임기응변할 수완과 재능이 없기 때문이다. 정재가 희신 이면 개미와 꿀벌처럼 부지런하고 보증수표처럼 신임이 대단해서 평생 의식주가 부유하고 잘 사는데 반해서 정재가 기신이면 허욕이 많고 투기를 즐기며 신용이 없고 거짓과 사기에 능함으로써 직장인으로서는 부적한 동시에 의식주가 부족하고 불안정하다. 아내를 제대로 부양할 수 없듯이 고용인을 부양할 능력이 없다. 실패와 부도와 파산이 잇따르고 평생 돈과 빚에 쫓기고 시달린다. 돈복과 재운이 박하고 없는 것이다.

<5> 정재에 대한 요점정리

3. 정재(正財)란?

아극자(내가 극하는 자-我剋者) 財星(재성)이다. 재성은 정·편재로 나뉘는데 정재는 음양이 다른 것을 말한다.
정재는 재물로써 좋은 재물(좋은 처)이라도 사주구성이 잘 되어 있으면 재복이 좋고 재성이 왕하고 일주가 약하다면 재다신약(財多身弱)이라 하여 왕한재성에 의하여 신약해져 있으므로 재물을 취득하기 어렵고 저 또한 관장할 힘이 없어 공처가 일수도 있다.
재성은 왕하고 힘을 받아야하고 형 충을 당하지 않아야 길하다.

통변할 때의 요령은?

정재가 강하면 정인(母星)을 극하여 모친과 인연이 박하다.
인성은 학문성이라 하는데 극상당하면 학업도 중단되고 어머니의 사랑을 받지 못하니 양육이 제대로 될 수 없다.
정재가 일지 외 타주와 지합(支合)을 하면 처가 부정하여 바람날 수 있다.
남녀 공히 세운 대운에서 정재 정관 운이 오면 혼사가 이루어진다.

직업적인 면으로 보면?

직업으로는 금융 증권 경리 직장인 기획 숫자를 다루는 일이 좋다.

6. 편재(偏財)

일간이 극하는 오행이면서 음과 양이 편고하면 편재 라고 한다. 甲일주가 戊를 보면 甲과 戊가 양과 양으로서 편중되고 편고 하니 편재가 되듯이, 乙이 己를 보고, 丙이 庚을 보며, 丁이 辛을 보고, 戊가 壬을 보며, 己가 癸를 보고, 庚이 甲을 보며, 辛이 乙을 보고, 壬이 丙을 보며, 癸가 丁을 보면 편재가 된다. 음과 양은 상생하니 유정하고 상부 상생 하는데 반해서 음과 음 양과 양은 상극함으로써 무정하고 대립반목 한다. 부부간이 무정하고 노사간이 무정한 것이다. 같이 부부사이인데 왜 무정한 것일까? 정당하고 합법적인 아내가 아니기 때문이다. 임시변통으로 아내를 삼고 부부처럼 사는 것이다. 필요해서 같이 사는 것이다. 애정보다 이해타산을 위주로 서로 이용하는 것이다. 이용가치가 없으면 남편이 외면하듯이 아내도 마찬가지로 외면한다. 노사간에도 마찬가지이다. 정당하고 합법적인 만남이 아니다 서로 이용하기 위해서 만난 것이다. 이용가치가 없으면 언제든지 외면하고 떠날 사이인 것이다. 정이 있을 리가 없다. 이해타산이 부합되고 서로 이롭기 때문에 관계를 유지하는 것이다. 남을 이용한다는 것은 쉬운 일이 아니다. 머리가 번개처럼 돌아가고 수완과 요령이 비범하며 융통성과 임기응변이 뛰어나야한다. 정식아내는 없지만 천하의 여인을 아내로 삼을 재간이 있듯이, 내 돈은 없지만 천하의 돈을 융통하고 이용할 수 있는 수완과 능력이 있다. 여인이든, 고용인이든, 물주든, 필요하면 얼마든지 떡 주무르듯이 이용할 수 있다. 속이고 사기를 치는 게 아니다. 합리적이고 합법적으로 당당하게 이용하는 것이다. 은행돈을 쓰려면 담보나 예금이 있어야 한다. 백수건달이 담보나 예금이 있을 리가 없다. 돈을 쉽게 빌릴 수 있는 것은 사채이다. 처음에는 가볍게 쓴다. 이자를 내면서 반드시 사례를 한다. 이자보다 사례가 더 값지면 욕심 많고 고리대금업자는 귀한 고객으로서 침을 삼키고 후대한다. 거래를 할수록 신용과 사례가 늘어난다. 홀딱 빠진 물주는 담보 없이 더 큰 돈을 자청해서 빌려준다. 빌린 돈은 은행에 예금한다. 예금이 많으면 은행이 칙사 대접을 한다. 은행돈을 거래하면서 편재는 천재적인 수완과 실력을 과시한다. 파격적인 사례로써 환심과 신임을 얻은 다음 은행돈을 떡 주무르듯 융통하고 이용한다. 값싼 이자로 떼돈을 버는 돈 장사를 함으로써 일확천금의 지부하는 것이다. 이용가치가 있으면 사채업자든 은행이든 물 쓰듯 돈을 쓰지만 이용가치가 없으면 헌신짝 버리듯 외면한다. 돈을 융통하는 것이 아니고 값진 미끼로 돈 사냥을 하는 것이다. 여성도 사기는 것이 아니고 사냥을 한다. 쓸 만하면 미끼를 던지고 돈을 물 쓰듯 한다. 미끼에 물린 여성은 애정이나 가정이 아닌 돈 사냥의 미끼로 이용한다. 천하 미인으로 물주를 낚고 사냥하기란 식은 죽 먹기이다. 적수공권으로 만금을 희롱하고 벼락부자가 될 수 있는 것이 편재다. 조물주는 참으로 공평하다.

아내가 있고 직장이 있으며 자기 재산이 있는 정재에겐 정직하고 성실하며 검소하고 절약하는 천성만을 부여한데 반해서 아내도 없고 무일푼인 편재에게는 천하의 여인과 돈을 떡 주무르듯 이용하고 벼락부자가 될 수 있는 천재적 재능을 부여함으로써 정재 못지않게 부유하고 부러움 없이 잘 살게 하니 이에 더 공평하고 합리적인 처사가 어디 또 있겠는가? 물론 이는 편재가 희신인 경우다. 기신인 경우에는 그러한 재능과 수완과 융통성이 없다. 허욕과 투기에 빠져서 돈을 벌기에 수단과 방법을 가리지 않는다. 거짓과 사기를 서슴지 않음으로써 만인이 외면하고 불신하며 거들떠보지 않는다. 은행돈은 고사하고 사채도 융통할 수 없다. 노름판에서도 신용이 없는 건달로서 상대하지를 않는다. 같은 편재이지만 희신과 기신은 극과 극이다. 희신은 돈과 여자를 다루는 솜씨가 천재라서 천하의 돈과 여자를 떡 주무르듯 하는데 반해서 기신은 돈과 여자를 다루는 솜씨가 너무 서툴고 무능함으로써 돈과 여자와는 인연이 없다. 기왕이면 희신을 타고나서 억만장자가 되고 싶지만 조물주는 지독하리만큼 인색하고 짜다. 희신은 좀처럼 베풀지 않는다. 십중팔구(十中八九)는 기신을 타고난다. 그래서 이 세상에는 부자보다 가난한 사람이 더 많다. 재복이 없어서가 아니다. 편재가 기신이기 때문이다. 과연 나의 편재는 희신(喜身)인가, 기신(忌神)인가?

<6> 편재에 대한 요점정리

4. 편재 (偏財) 란?

아극자를 처재(妻財)라 하였으니 내가 극하는 오행이 음양이 같은 것을 말한다. 음양이 틀리면 본처가 되고 남자대 남자가 되니 부친과 첩(妾)이 되는 것이다.

편재도 관성을 생하기 때문에 관성이 좋아지는 것은 사실이나 정재는 음양이 배합되어 정(正)으로 보고 편재는 음양이 맞지 않아 부정(不正)으로 보기 때문에 정재는 본 부인으로 보고 편재는 애인 첩 등 부정적인 연인으로 보게 된다.

정재가 정당한 재물이이라면 편재는 투기 도박 밀수 고리대금 등 유동 재물로 보게 되는 것이다. 정재는 정당한 방법으로 치부(致富)하기 때문에 한품 두 푼 모아지는 것이니 월급으로 보지만 편재는 일확천금으로 버는 돈이니 쉽게 파산 할 수도 있다.

가정적인 면으로 보면 ?

편재는 본처가 아니기 때문에 비견이 오면 가장 싫어한다.
정재와 정인은 무정지극이기 때문에 상호 의롭지 못하여 고부갈등이 있게 되는 것이다.

통변할 때의 요령은 ?

편재가 강하면 편인을 극하여 조부와 인연이 박하여 조모가 재취하는 경우도 발생한다. 신왕한 사주에 편재가 있으면 사업성이 있고 복력이 후해 좋으나 정관과 함께 있으면 더욱 길하다.
편재가 약한 자리에 앉아 있거나 신약 사주일 때 재다생살(財多生殺)하면 고단하게 산다. 편재는 큰돈이고 아버지나 첩의 돈이기 때문에 험하게 마구 써버리는 습성도 있어 파재하는 경우도 있다.

직업적인 면으로 보면 ?

편재가 강한 사람은 투기 사업가 무역업 현금을 다루는 일 도박 주식 등도 된다.

7. 정관(正官)

 일간을 극하는 오행을 관살(官殺)이라고 한다. 木을 극하는 것은 金이고 金을 극하는 것은 火이다. 金은 木의 관살이듯이 火는 金의 관살이고, 土는 水의 관살이며, 水는 火의 관살이고, 木은 土의 관살이다. 나를 극하는 것은 극아자(剋我者)라고 한다. 글자대로 풀이하면 나를 강제로 지배하고 약탈하며 잡아먹는 무서운 적이요 살아자(殺我者)이다. 힘으로 싸워서 이기고 지며, 먹고 먹히는 것은 약육강식으로서 동물의 법칙이다. 인간은 짐승이 아니듯이 약육강식을 하지 않는다. 강자는 약자를 보호하고 부양하는 것이 인간의 윤리이며 도덕이다. 짐승의 사주는 약육강식이 절대적인 법칙이지만 인간의 사주는 강자가 약자를 보호하고 부양하는 윤리와 도덕이 절대적이다. 극하는 것은 이기고 지며 먹고 먹히는 것이 아니고 보호하고 부양하는 것이다. 아 극자는 재이다. 財는 내가 이기고 먹는 재물이 아니고 내가 보호하고 부양하는 아내와 고용이듯이 극 아자인 관은 나를 이기고 잡아먹는 호랑이가 아니고 나를 보호하고 부양하는 육신이다. 어려서 나를 사랑하고 보호하며 부양하는 것은 아버지이고 늙고 병든 나를 정성껏 공경하고 부양하는 것은 자식이며, 출가한 여자를 아내로서 극진히 사랑하고 부양하는 것은 남편이다.
힘으로 무자비하게 이기고 잡아먹는 극아자(剋我資)와 사랑과 정성으로 나를 아끼고 보살피며 부양하는 부아자(扶我者) 내지 양아자(養我者)는 전혀 다르다.

<7>정관에 대한 요점정리

정관(正官)이란 ?

 나를 극하는 오행이며 음양이 다른 것이다

사주에서는 정관은 관청이라고 생각하면 된다. 관은 국민의 안녕과 질서를 위하여 규칙을 정하고 정당하게 규제하게 되니 품위가 단정하고 바른 생활을 하게 되니 수려한 인격을 가지게 된다.

가정적으로 보면 남명 에서는 자식이 되고 여명에서는 본 남편으로 본다. 사회적으로 보면 남녀 공히 정당한 직업으로 보면 된다.

통변할 때의 요령은 ?

 여명에 정관이 강하면 많은 남편의 시중을 들어야하니 질병이 떠날 날이 없고 엄격한 남편을 만난 격이니 자유롭지 못하고 틀에 박힌 여자로 살게 된다. 정관 편관이 혼잡 되고 합이 되면 관살혼잡이라 하여 음란하게 살고 수치심이 없다. 정관이 합이 되면 정관이 특성을 발휘하지 못하고 천간에 편관이 지지에 정관이 있어 혼잡 되면 매사에 근심 걱정이 많다.

직업적인 면으로 보면 ?

 직업으로는 행정직 공무원 교육 법률 등 정적인 공무원 회사에서는 사무직이 좋다. 정관은 길(吉)신으로 본다.

<8> 편관에 대한 요점정리

편관(偏官)이란 ?
편관은 나를 극하는 오행이기 때문에 가장 두려워하는 육신이다. 무정지극으로 나를 극하기 때문에 칠살 이라고도 한다. 편관은 음양이 같은 오행으로 정당하게 극하지 않고 증오로 극하기 때문에 살이라고 부른다. 정관의 성품이 단정한 공무원 이라면 편관은 권력투쟁 군인 경찰 검찰 수사관 교도관 등으로 구분한다.

통변할 때의 요령은 ?
편이 강하면 단명 불구 고질병 등이 발생 할 수 있다.
여명에 편관이 많으면 일부종사 하지 못하고 여러 번 결혼 할 수도 있고 화류계로 살아가는 자도 있다. 편관이 강하고 양인 괴강 상충 등이 있으면 편관에 맞는 직업으로 가면 대성하지만 그렇지 못하면 대흉하여 일생을 고단하게 살아간다. 편관이 강하면 형제를 극하기 때문에 형제 덕이 없고 남명에는 자식이 되기 때문에 많은 자식을 키우려면 고단하게 된다. 여명에서는 편관이 정부로 보기 때문에 일부종사 못하고 많은 남자를 상대하는 입장임으로 몸이 고단하여 질병과 때로는 단명하게 살 수 있다.

직업적인 면으로 보면 ?
경찰 군인 법관 검사 수사관 등이 적합하다. 형권을 잡으면 대성하나 잡지 못 하고 잡히면 범죄인으로 고단하게 살아간다.

<9> 편인에 대한 요점정리

편인(偏印)이란 ?
나를 낳아준 자는 부모라 하였으나 편인은 음양이 같은 것을 말하기 때문에 남녀 공히 계모 유모 서모 양모가 된다.
편자를 넣어 해석하면 이해가 쉽다. 편협 된 학문 교육 등이 되므로 오래 가지 못하고 일시적이고 편파적이어서 유명무실 되기 쉽다.

편인은 일명 도식(倒食)이라고 하는데 사주에 편인이 기신이고 세운에서 편인 운이 들어오면 밥그릇이 없어지는 형상이 되니 금전거래 (수표, 문서, 증서, 인장)등을 조심해야 하며 재산상의 불이익으로 패가망신 한다.

통변할 때의 요령은 ?

편인이 강하면 식신을 극하여 재물이 모아지지 않는다. 그 이유는 식신은 창고요 금고인데 창고에 있는 물건을 훔쳐가는 형상(도식)이라 도난을 당하기도 한다. 또한 식신은 지갑과 호주머니가 되기도 하는데 칼로 호주머니를 찢는 형상이라 호주머니에 넣기만 하면 흘러 버리니 편인이 많으면 무엇이든지 빠진 독에 물붓기와 같아 재물이 모이지 않고 새어나간다. 양팔통 사주이고 편인이 강하면 처자식과 인연이 박하다. 신약사주에 편이 많으면 삶이 고단하고 신강사주에 편인이 많은데 재성운을 보면 전화위복 길해진다.

직업적인 면으로 보면 ?

직업으로는 역술가 점술 연예인 도박꾼 종교가 외국어 통역관 기능공 언론인 등이 적합하다.

<10>정인에 대한 요점정리

정인(정印)이란 ?

나를 낳아준 자는 부모라 하였으나 정인은 친어머니를 뜻 한다. 음양이 다른 것이다. 정인은 내 몸을 생해준 생모로 후원자가 된다. 정인은 위사람, 좋은 사람, 정신적으로 나에게 도움을 주는 후원자로 본다. 정인은 교양이 되기 때문에 학문 교육 문서 수양 등에 해당된다.

통변할 때의 요령은 ?

정신적인 년 월주에 정인이 있으면 조상의 음덕이 있다고 하고 월주에 정인 있으면 교육자가 많다. 사주에 관성과 인성이 상생하면 관인상생이라 하여 직업성이 매우 좋다.

그 이유는 관성이 인성을 생하여 나를 도와주므로 관에서 직인을 구비하는 현상이 되어 고관대작으로 입신양명한다. 그러나 관성이 없고 인성만 강하면 의지력이 약하고 안일무사 형이 되어 예술가로 진출하기도 한다.
정인이 강하면 상관을 극 하게 되고 상관은 성격이 괴팍하여 오히려 정관을 극하게 되니 직장(직업)에 문제가 발생하기도 한다.
여명에서 정인이 너무 강하면 정관의 힘을 설기시켜 남편이 무력해지고, 상관자식을 극하기 때문에 무자하거나 때로는 자궁에 병이 생길수도 있다. 정인이 있고 정관이 없는 사주는 발달이 늦다.
사주 원국에 식신 정재 정관 정인 등 정자가 많으면 유덕 자상한 성격으로 만인의 추앙을 받지만 상관과 편재가 많은 자는 편협 된 성격이 되어 왕따 되거나 고단한 삶을 살게 된다. 정인은 교양이 되기 때문에 학문 교육 문서 수양 등에 해당된다.

육신이란 무엇인가?

　육신은 간지를 상호대조하여 그 사이에 일어나는 운명에 대한 작용력(作用力)의 경중(輕重)및 왕쇄(旺衰)를 육신 및 12운성으로 표시하고 그것이 사주구성에 있어 그 위치를 대조하여 미치는 영향력을 판단하는 것으로 복식 판단법이라고 한다.
　육신은 일간을 각 주(各 柱)의 간지와 대조하여 그 사이에서 발생하는 운명에 대한 작용력을 추상하는 성(星)의 이름으로 표시하는 것인데 이것은 오행을 기초로 하는 것으로 오행의 대명사(代名詞)라고 생각하면 된다.
　육신은 비견(比肩) 겁재(劫財) 식신(食神) 상관(傷官) 편재(偏財) 정재(正財) 편관(偏官) 정관(正官) 편인(偏印) 정인(正印)의 10종이 있는데 이것을 십신(十神)이라고 칭한다.

육친, 육신(六親, 六神)

　사람들의 운명을 감정할 때에는 오행을 먼저 관찰하고 다음은 육신을 살펴 감정을 하면 된다.
　사주에서의 중심은 바로 나(我)이고 나를 말하는 것은 사주팔자 중 일간(日干)이다. 나인 자신을 중심으로 나를 낳아준 부모와 형제와 배우자 그리고 자식의 운을 보고 나를 중심으로 가족관계, 대인관계, 를 볼 수 있다. 그리고 사회적 위치와 활동과 재산 직업 건강 또는 능력과 행운 등을 볼 수 있도록 한 것이 바로 육친법이다.

육신표출법(六神表出法)

　육친 표출법은 다음과 같다. 처음에는 이해가 잘 안되지만 육친 표출법을 잘 생각해 이해하면 아주 쉽게 인식 할 수가 있다. 1,은 나와 같은 자요, 2,는 내가로 시작되어 내가 생한다. 3,은 나를 로 시작해서 나를 극하는 자이고 4,는 내가로 시작해서 내가 극하는 자이며 5,는 나를 극하는 자이고 6,은 나를 생하는 자이니 **나와 내가 나를** 로 구분하면 쉽게 기억할 수 있다.

1. 比我者 兄弟 (비 아 자 형 제)

나와 같은 자는 바로 형제라는 뜻이다. 비견(比肩) 겁재(劫財) 일간 오행과 같은 오행을 일컬어 비겁이라고 하는데 비겁이란 비견과 겁재의 약칭이다.

비견(比肩)이란? 일간과 오행이 같고 음양이 같은 것
겁재(劫財)란? 일간과 오행은 같으나 음양이 다른 것

2. 我生者子孫(아 생 자. 자 손)

내가 낳은 자는 자손이라는 뜻이다.<식신(食神) 상관(傷官)>
일간이 생하는 오행을 일컬어 식상이라고 하는데 식상이란 식신과 상관의 약칭이다.

식신(食神)이란 - 일간이 생하는 오행으로 음양이 같은 것
상관(傷官)이란 - 일간이 생하는 오행으로 음양이 다른 것

3. 我剋者妻財(아 극 자. 처 재)

내가 극하는 자는 처와 재물이라는 뜻이다.<정재(正財) 편재(偏財)>
일간이 극하는 것을 말하며 재성(財星)이라고 하는데 재성은 정·편재로 나누게 된다.

편재(偏財)란 - 일간이 극하는 오행으로 음양이 같은 것
정재(正財)란 - 일간이 극하는 오행으로 음양이 다른 것

4. 剋我者官鬼(극 아 자. 관 귀)

나를 극하는 자는 관 귀 라는 뜻이다.<정관(正官) 편관(偏官)>
일간을 극하는 것을 말하여 관성(官星)이라고 하는데 관성은 정·편관으로 나누게 되나.

편관(偏官)란-일간이 극하는 오행으로 음양이 같은 것
정관(正官)란-일간이 극하는 오행으로 음양이 다른 것

5. 生我者父母(생 아 자. 부 모)

　나를 낳아준 자는 부모라는 뜻이다. <정인(正印) 편인(偏印)>
일간을 생하는 것을 말하여 인수(印綬)라고 하는데 인수은 정·편인으로 나누게 된다.
편인(偏印)이란-일간을 생하는 오행으로 음양이 같은 것
정인(正印)이란-일간을 생하는 오행으로 음양이 다른 것

六 神 분석

　육신 표출은 음양의 상호배합 작용으로 편과 정으로 구별하게 된다.
편이 다섯 개 정이 다섯 개로 나누어 십신(十神)이 되는데 비견 겁재 식신 상관만 정.편.으로 나누지 않고 나머지 육신은 정편으로 나누게 되니 혼동이 없기를 바란다. 양과 양·음과 음을 편이라고 하고 음과 양 양과 음을 정이라고 한다.
참고로 말하자면 옛날에는 비견을 정록 겁재를 편록 식신을 정식 상관을 편식이라고 하였으나 요즘은 쓰지 않는다.

十二운성론 <포 태 법>

<더 자세히 보기>

<12운성, 포태법을 논하다>

[참고] 12운성은 1부에서 12운성 개념만을 설명하였으므로 본 12운성론에서는 더 자세히 구체적으로 설명하고자한다.

　육신(六神)이 외부로 나타난 사지오체(四肢五體)요, 이목구비(耳目口鼻)라면 12운성은 내부에 간직된 오장육부(五臟六腑)라 하겠다.
타고난 성품을 비롯해서 부모형제자처자의 육친관계와 직업 그리고 일생일대의 운세를 면밀하게 기록한 운명의 카드가 바로 12운성이다. 때문에 12운성의 성정을 올바로 파악하면 주인공의 성격을 비롯하여 모든 운세를 화살처럼 살필 수 있다.
12운성은 인생이 출생하면서부터 성장하고 성숙하며 노쇠하고 무덤에 들어가서 다시 인도환생하기까지의 이정표로서 인간의 개성과 운명을 생물학적이고 과학적으로 분석하는 자연과학의 정체다.
여기에 인생의 숙명과 미래가 숨어있고 인간이 애써 구하는 사후의 인생진상도 뚜렷이 밝힐 수 있으니 이는 인생철학의 만화경이라 하겠다. 마치 사람의 오장육부를 속속들이 들여다보듯이 모든 사람의 심상을 해부하는 마음의 거울이기도 하다.

1. 장생론(長生論)

　인생의 첫출발로서 어머니의 태에서 탄생하여 어머니의 젖꼭지를 물고 있는 동안을 장생이라고 한다. 부모의 덕으로 낳고 또 생활하듯이 남의 덕에 살고 또 성장한다. 티가 없고 원만하며 모가 없어 누구와도 융합하고 어디가나 후견인이 있어서 보살펴 준다. 인상이 깨끗하고 비대하지 않으며 청순하고 우아하다. 산듯하고 단정한 자세로서 모방과 유행을 즐기며 감수성이 예민하고 예술과 기능에 소질이 풍부하나 창작력은 부족하다. 신왕자는 성장하면 통솔력이 있고 자립할 수 있으나 신약자는 통솔력이 없고 책임능력이 부족함으로 자영업을 하거나 사장 등 책임자 노릇을 하면 크게 실패한다. 어머니의 젖꼭지에 매달려서 의존하듯이 직장생활이 적합하고 예술이나 기능직이 적성이다.
장생이 년에 있으면 부덕이 있고 월지에 있으면 형제와 어머니 덕이 있으며 일에 있으면 배우자의 덕이 있고 시에 있으면 자녀의 덕이 있다. 육신상으로는 비견겁재가 장생이면 형제 덕이 있고 식신상관이 장생이면 직장의 덕이 있으며 정재 편재가 장생이면 처와 재복이 있고 정관과 편관이 장생이면 벼슬과 자녀 덕이 있고 여자는 남편 덕이 있으며 인수와 편인이 장생이면 부모덕이 있다.
<u>장생은 의존과 후견의 별로서 독립하기에는 부족하고 부적하며 장남이나 장자노릇 하기도 어렵다.</u>

2. 목욕론(沐浴論)

어머니의 젖꼭지를 떠나서 스스로 걸어 다니면서 성장이 되기까지의 미성년기를 목욕이라고 한다. 정신적 육체적으로 미숙하여 모든 것을 기분과 감정에 의해서 천방지축 다루기 때문에 오판과 실패 투성이 이다. 능력과 요령이 부족이니 유혹과 사기에 쉽사리 넘어가고 유흥과 색정을 즐김으로서 파란이 많다.
철없이 행동하다가 번번이 실패를 하지만 반성하고 주의함이 부족해서 똑같은 실패를 거듭한다. 만사에 뚜렷한 경험과 자신이 없이 덮어놓고 뛰어들기 때문에 하고나면 후회가 되고 무엇에나 방황하고 갈팡질팡한다. 남이 하는 것은 다하려하고 다예 다능 이나 어느 것 하나 완성하는 장기는 없다.
모두가 유시무종으로 미완성이다. 특히 풍류와 가무 예능에는 소질이 있으나 깊이와 무게가 없다. 목욕이 년에 있으면 부운에 성패가 무상함을 뜻하고 월에 있으면 인생관이 무상하여 형제가 무력하고 일에 있으면 개성이 변덕스럽고 배우자의 변화를 암시하며 시에 있으면 자녀가 무력하고 만년이 고독함을 의미한다.

인수가 목욕이면 어머니가 풍류인이고 편재가 목욕이면 부가 색정으로 다난함을 암시한다. 정관이 목욕이면 상속상의 분쟁이 있고 정재가 목욕이면 아내의인연이 박하고 재운에 기복이 많으며 여자가 식신이 목욕이면 (식신 밑에 목욕이 있으면) 본처로서는 인연이 박하고 기생이나 첩으로 살 팔자이고 상관이 목욕이면 신고(辛苦)가 있으며 색정으로 다난(多難-어려움이 많음)하다.

다만 乙巳일생은 덕망이 있으면 분수를 지키나 재복은 박하며 탐재(貪財-재물을 탐하면)하면 병신이 되기 쉽다.

여자가 일월에 목욕이 있으면 남편에 대한 불평불만이 많고 그 때문에 이혼하기 쉬우며 남자의 경우엔 봉제와 양자의 인연이 두텁다. 형제와 부모의 인연이 박한 때문이다. 생가와의 인연이 박함으로서 일찍이 객지에 나가서 출세하나 가정의 인연은 박하고 고독하며 이성문제로 말썽이 많고 직업과 주거도 여러 번 변동하며 만사가 용두사미(龍頭蛇尾-용머리로 시작하나 끝은 뱀 꼬리로 마무리함) 격이다. 학문과 예술에 정진하면 성공할 수 있으나 철없는 아기처럼 변덕이 심하여 일관성 있게 전진하기가 힘들다. 그러나 목욕이 희신이면 도리어 천하의 멋있는 인생이 된다.

본시 목욕은 멋의 별로서 멋으로 살다가 멋으로 죽는다. 같은 멋이라 해도 교양이 있고 품위가 있으면 백만인의 멋이니 대성하고 존경을 받으며 교양과 품위가 없으면 천박한 멋이니 대중의 웃음거리가 되고 멸시를 받는다.

평소에 교양과 덕망에 힘쓰고 품위를 높이면 만인의 향기로서 명진천하(名振天下-이름이 천하에 떨침)하고 천추에 이름을 남길 수 있다.

3. 관대론(冠帶論)

성년(成年)이 되어서 결혼하고 분가하는 청년기이다. 육체상으로는 성년이 되었으나 정신상으로는 아직도 미숙하니 형체는 이뤘으나 아직 속이 텅 빈 벼 이삭과 용기는 충천하나 지모와 능력이 부족하니 덤비는 일마다 실패하기 쉽다. 어른 노릇을 하려고 큰소리 치고 과감히 전진하나 실력부족으로 성사가 어렵다. 남의 지배와 간섭과 충고를 거부하고 안하무인으로 버릇이 없으며 남의 허물은 용서 없이 비판하고 아량과 도량과 관용과 인정이 없으니 적이 많고 그 때문에 대사를 그르치기 쉽다. 특히 壬戌과 己丑일생은 그러한 성정이 두르러지고 자존심과 아집 때문에 호기를 잃기 쉽다.

<u>모든 것은 자기 위주로 독선적인 행동을 취하고 목적을 위해선 수단과 방법을 가리지 않는다. 필요할 땐 머리를 숙이고 청탁을 하지만 목적을 달성하면 유아독존이요 부하를 쓰는데도 쓸모가 있으면 후히 대접 하지만 쓸모가 없으면 냉정하게 대한다.</u>

과단성과 박력은 있으나 주도 치밀한 분석과 기획성이 부족하여 성사하기 어려우니 차분한 심사숙고와 정밀한 계획 그리고 관용과 아량으로서 인화를 도모하고 수양에 힘써서 아집과 독선을 탈피하면 크게 성공한다. 열 번 쓰러져도 힘차게 재기하고 아무리 괴로워도 자기 약점을 말하지 않는 강인한 성품과 불굴의 투지로서 호재적이고 과단적 이라서 개척사업 에는 최적이고 수양과 체험을 겸하면 대기가 될 수 있다. 사회적으로 중견 역할을 하고 중년부터 개운하니 서둘지 말고 착실하게 기초를 닦는 것이 성공의 비결이다.

평생에 직업과 주거의 변동이 많고 직장생활은 부적하며 자유업이 적성이다. 여자는 남편에게 불복하고 자존심이 강함으로 남녀가 다 같이 일지에 관대를 갖었으면 불하로 해로하기 힘들다. 관대가 년에 있으면 소년 운은 왕하고 일월에 있으면 용모가 단정하고 두뇌가 좋으며 실력이 왕성하고 조숙하며 발달이 빠르나 부부간에 호연을 만들기가 힘들다. 시에 있으면 자식의덕이 있고 만년의운이 왕성하며 년에 관대가 있고 일에 쇠가 있으면 소년 운은 왕 하나 중년 운은 쇠퇴한다. 남여사이에 관대가 있으면 쇠나 장생처럼 유순한 별과 배합하는 것이 길연(吉緣)이다.

4. 건록론(建祿論)

관대의 정신적 미숙이 성숙되어 심신이 완숙한 삼십대를 견록이라고 한다. 고도의 지식과 왕성한 체력을 겸비한지라 기획과 신규사업에 적성이다. 차분하고 신중하며 빈틈이 없이 정밀하고 철저하여 자신과 경험이 없는 일은 손대지 않는다. 자기능력을 과신한 나머지 호기를 잃기 쉽고 남의 지배와 간섭을 싫어하고 내성적 이어서 정신적으로는 고독하다. 지배와 간섭은 왕성하나 아직 경험과 수완이 미숙하고 사교성과 진취성이 부족하다. 인력이 없고 자수성가하며 일찍 고향을 떠나서 자립한다. 고도의 지식과 기술을 요하는 기획과 관리 면에서 재능을 발휘하나 기회를 얻기가 힘들고 중년부터 개운한다. 의리가 강하고 진실하여 외면하고 안전 위주로 지나치게 세밀해서 신경질적인 면도 있으며 만사를 세 번 생각하고 행동에 옮기는 신중파 인지라 실수는 좀 채로 없고 너무 과신하고 주저하고 검토하고 타산하는 것이 흠이다. 건록이 년에 있으면 부가 자수성가하고 일에 있으면 형제와 자신이 자수성가하며 일에 있으면 양자로 가거나 차자라도 부모를 모시는 경향이 있다. 여자가 일에 있으면 부덕이 없고 자립성가하며 결혼 후에도 직업을 갖는 것이 도리어 길하다. 시에 있으면 자녀들이 자수성가하고 만년의운이 건전하다 건록은 자립의 별이니 건록 운이나 세운엔 직장을 떠나서 자영업을 하는 경향이 많다.

5. 제왕론(帝王論)

　지력(知力)과 체력(體力)이 왕성하고 오랜 체험과 실전을 통해서 산전수전을 격고 수완과 역량이 풍부하고 만사에 능소대한 최고의 전성기 인지라 일생일대의 호기다. 빈틈이 없고 완벽한 두뇌에 과감한 용기와 불굴의 투지 그리고 비범한 수완을 겸비한 완전무결한 인간상이다. 명색이 제왕이니 머리를 숙이거나 구걸 할 수는 없다. 아집과 자존심이 강하고 일체의 간섭과 지배를 거부하며 자력으로 개척하되 수완과 사교성이 능하여 덮어놓고 고집을 부리지는 않는다. 포섭과 조직력이 비범하고 참고 견디는 인내력이 강하며 목적을 달성하는데 비상한 저력을 발휘한다. 내성적이고 비위가 없으면 자존심이 강하고 왕자답게 호탕하고 호주호색하며 남에게 신세지는 것을 가장 싫어한다. 술을 사도 자기가 사고 남의 신세를 지면 빨리 갚아야 한다. 인덕이 없고 백절불굴하며 왕권을 다투니 적이 많고 신하를 거느려야하니 남을 위해서 보살피는 일이 많다.
왕의 흥망은 신하의 손에 달려 있듯이 제왕의 성패는 수하가 좌우한다. 충신을 얻으면 대성하고 역신을 얻으면 대패(大敗)한다. 인덕이 없는지라 사람으로 인한 실패가 많다. 되도록 자력으로 하는 것이 안전하고 남을 믿거나 의지하는 것은 금물이다. 제왕은 왕관을 스스로 쟁취하는 것이니 장남으로서는 부적하고 차남이하는 수완 역량이 비범하다. 남녀가 다 같이 부모를 떠나서 성공하고 운세가 강하며 만난을 극복한다. 특히 여자는 결혼 후에도 직업에 흥미를 가지고 사회활동을 통해서 성공을 하지만 가정적으로는 고독하다. 장남출신이 드물고 장남이라도 생가를 일찍 떠나며 어머니와의 인연이 박하고 형제의 인연은 평범하다. 동기간에는 다정하지 못하나 처와 처가 쪽에 대해서는 관심이 깊고 다정하며 양자로서의 인연도 많다. 왕업은 장부의 대업이듯이 대규모의 직장이나 기업은 적합하다. 소규모는 부적하다. 여자는 대군위에 군림함으로서 주부로서는 성격상 평탄치가 못하고 부부의 인연도 해로하기 어렵다. 제왕이

년에 있으면 소년시절이 왕성했고 월에 있으면 형제가 왕성하며 일지에 있으면 부부가 해로하기 어렵고 배우자의 건강에 나쁘며 시에 있으면 자녀가 번창하고 만년이 왕성하다.

6. 쇠론(衰論)

초로(初老)의 인생으로서 육신의 원기가 쇠하고 진력(進力)과 기백이 감퇴해간다. 적극성이 줄고 활동력과 발표력도 부족하며 만사에 소극적이니 왕자처럼 천하를 다스릴 능력은 없고 다만 일인분으로서의 분업을 성실히 감당 할 수 있다. 비록 육신은 늙어가나 정신면으로는 노련한 시기임으로서 온후하고 원만하며 자립능력은 없으나 직장생활에는 적합하다. 강자에 순종하고 아집과 자존심을 자제하여 환경에 순응한다. 사색적이고 소극적이며 처세술이 평범하고 소박한 생활을 한다. 자기를 나타내려 들지 않고 욕망이 적으며 이상보다는 현실적이고 멋과 사치를 외면하여 노태가 완연하다.

<u>중년에 가야 운이 열리고 속성이 없듯이 속패도 없다. 인정에 약하고 뱃장이 없어서 남의 일 때문에 애를 많이 쓰고 남의 보증 등으로 손재 파산하는 경우가 많으니 남을 위한 신원보증은 금물이다.</u>
남자로서는 부족한 점이 있고 너무 소극적이어서 발전성이 없으며 부부간에도 능동성이 부족하여 원만하지 못하고 결혼이 늦으며 독창성이 없음으로서 조업을 계승하거나 기술업, 학문연구, 교사, 회사원, 공무원 등 직장생활이 적합하고 투기나 기업에는 부적합하다. 여자는 순종의 미덕이 있음으로서 가장 모범적인 주부이며 남편을 위해서 헌신하는 현모양처이나 남모르는 고생이 많다. 쇠가 년에 있으면 부모의 우세가 쇠할 때 출생했거나 출생하면서 가운이 쇠퇴함을 암시하고 양자인연이 많으며 소년시절이 어려웠고 월에 있으면 타고난 기질이 허약하여 인정과 남의 보증으로 실패가 많다. 일에 있으면 부모의대에 비하여 못살고 처덕이 박하며 고생이 많고 여자는 남편에 순종하여 원만하고 행복하다. 시에 있으면 자녀의덕이 박하고 노년에 고생이 많다.

7. 병론(病論)

　　노쇠(老衰)가 지나치면 건강을 잃고 병이 발생한다. 병은 정신적 육체적인 정상성(正常性)을 잃게 한다. 작은 일에도 신경을 쓰고 울고 웃는가하면 이것저것 생각한 나머지 근심걱정이 태산 같다.
담이 약하고 기백이 부족하며 고독과 비관에 빠지기 쉽다. 누군가 문병해오면 그렇게 반가울 수가 없고 먹을 것을 가지고 와서 같이 대화하고 회식하면 그에 더 반가움이 없다. 문병객에게 아픈 시늉을 할 수는 없다. 무척 반갑고 명랑한 모습으로 기쁘게 대하나 속으로는 걱정이 끊이지 않는다. 같은 병자라 해도 어려서는 공상과 환상이 많고 늙어서는 노파심이 많다. 감상적이고 음악을 즐기며 사람을 반기고 대화와 회식과 향락을 즐긴다. 남의 신세를 지다보니 자기도 남을 위해서 돌봐주는 자비심과 봉사정신이 높다. 마치 환자를 돌봐주는 간호사처럼 약과 간호와 병원에 인연이 두텁다.
직장이나 취미나 사업인들 정상적이기는 어렵다. 건강 등 여러 가지 문제가 생기어서 변동이 많다. 건강 위주로 모든 것을 차분히 전진해야하고 서둘고 무리를 하면 선공직전에 병으로 실패하기 쉽다. 인생은 병들면 자식에게 의지할 수밖에 없다. 그와 같이 남에게 의존하는 직장생활이 적합하고 다감다정함으로서 감상적인 음악이나 예능에도 적성이다. 무엇이든 다재다능하고 쓸모가 있으나 정신력인 번민이 많다. 병은 질병의 별로서 사주에 병이 있으면 투병할 수는 없다. 병이 년에 있으면 소년에 건강하지 못했고 일월에 있으면 청년시대에 건강이 좋지 않으며 겉으로는 태연하지만 속으로는 걱정이 많고 비관도 잘하는 동시에 결단력과 실천력이 부족하다.
이를 명랑한 성격으로 위장하고 보충함으로서 사교성이 능하고 인기도 좋으나 지속성이 부족하고 변덕이 있어서 유시무종이다. 시에 있으면 만년에 질병이 많고 자녀도 무력하며 자녀의 질병으로 근심이 많다. 년이나 월일에 병이 있으면 양친 중 한쪽을 조실하거나 조리하게 되고, 월에 병이 있으면 묘근(苗根)에 병이 있는 것이니 타고난 질병으로 건강이 좋지 않다. 대중적인 봉사활동이나 사회활동으로 이름을 널리 날릴 수 있으나 무리와 성급은 금물이다.

8. 사론(死論)

몸은 이미 죽음에 임박하고 정신은 승화(昇華)단계에 이른 중노기를 사(死)라고 한다. 살려는 욕망을 떠나서 죽음에 대한 준비를 서둘러야하는 인생에겐 담담한 심정뿐이다. 이승보다는 저승에 대한 관심이 더욱 커질 수밖에 없다. 운명과 종교와 철학 그리고 모든 학문에 관심을 기울인다. 인간자신을 알고 싶고 저승을 알고 싶어서다. 이승에 대한 마지막 결산도 멋지게 하고 싶어 한다. 여태껏 살아온 여러 가지를 다시 한 번 되풀이해서 후회 없는 종말을 고하고 싶어서 틈만 있으면 온갖 취미를 살리고자 애를 쓴다.

등산, 야구, 음악, 극장, 여행, 관광 등 한 가지라도 더 구경하고 되새겨 보고 싶어 한다. 돈을 번다는 물욕과는 거리가 먼 인생을 흥미하고 발견하려는 종교가 운명가, 철학가, 학자, 그리고 기술자, 과학자로서의 이정표를 차분히 실천하는 것이 사의 특징이다. 무엇이고 배우고 생각하고 느끼는데 큰 보람을 느낀다. 그러나 이미 죽음에 임박한 육신인지라 기백과 용기와 실천력이 허약하다.

젊어서도 노인 티가 나는 사의 인생은 모든 것을 정신적으로 해결하려든다. 비록 몸은 늙었어도 정신만은 최고도로 성숙하고 발달된 노련한 인생은 고도화된 지선을 기술적으로 활용하고 발휘한다.

그래서 사를 기술의 별이라고도 한다. 그 기술은 정신을 최고도로 개발한 지능의 꽃으로서 학문, 예술, 의술, 역술, 종교, 철학 등 정신적인 기술이다. 사에 임한 인생은 틈만 있으면 등산, 야구, 음악, 미술, 서화 등 다각적인 취미를 살리고자 노력하지만 자기가 맡은 책임만은 철저히 지키고 이행한다. 적극적일 수는 없지만 소극적도 아닌 중용을 지키어서 만사에 열성을 다하며 무엇이든 일을 즐긴다. 낙천적이면서 분수를 지키고 안정위주로서 진실하기 때문에 사회적신용이 두텁고 적이 없는 노련한 교제로서 실패가 적다. 말이 없고 건실하며 점진적으로 운로를 개척하고 명랑한 인생으로서 어디가나 환영을 받으나 패기가 약해서 큰 기업에는 부적당하다.
박력 있는 상대와 같이 하면 박력과 신중성이 조화되어서 원만하게 성공할 수 있다. 능변하지 못하고 워낙 말이 없다보니 집에서는 오해를 사기도 한다. 외교관이나 사교가로는 부족함이 많다. 사가 년에 있으면 조숙하고 아버지가 장남이거나 형제가 적으며 월에 있으면 장남출신이 많고 형을 대신하여 생가를 이루거나 양자로서 양가를 계승하는 일이 많으며 일에 있으면 독자가 많다. 비견 겁재가 사와 동주(비겁의 지지에 사가 있음)하면 형제자매가 드물거나 사별하는 수가 있고 상관이 사와 동주하면 기술자의 운명을 타고난 듯이 기술업으로 진출한다. 사는 일정원심으로서 자녀를 낳는데도 아들이면 아들만 딸이면 딸만 주르르 편생(偏生)하는 경향이 있다.

9. 묘론(墓論)

중노(中老-중늙은이)가 지나면 아무런 활동도 못한다. 집에서 조용히 여생을 즐길 수밖에 없다.
마치 산송장처럼 집에서 두문불출하는 것이 무덤에 갇혀있는 인생과 같다 해서 묘(墓-무덤 묘)라고 했다. 활동을 하지 않고 벌어놓은 돈으로 생활하자니 사치나 낭비는 생각조차 할 수 없다. 한 푼이라도 아껴 쓰고 검소하게 절약하며 소박하고 소탈하게 고정적인 수입으로 안정된 생활을 하는 것이 꿈이다. 물질보다 정신적인 흥미를 즐기고 투기나 불안정한 투자는 싫어한다. 여자도 고정된 직장생활과 그러한 배우자를 희망하며 스스로 활동하고 저축하는데 취미를 갖는다. 대외적 활동을 하는 외교원이나 기업가로서는 적합지 못한 반면에 자리를 지키고 살림을 알뜰히 꾸려가는 은행원 회사원등 봉직자로서는 가장 적합합니다. 사치와 낭비를 하지 않기 때문에 금고를 맡겨도 사고 낼 염려가 없고 맡은바 일에 충실하니 어디가나 모범직원으로서 신원이 두텁다. 연구실에서 두문불출하고 학문을 연구하고 기술을 연마하는 것도 적성이고 일정한 장소에서 차분하게 일하는 직업은 무엇이나 적합하다. 묘가 년에 있으면 아버지가 구두쇠처럼 저축하고 치부하였고 월에 있으면 장남이든 차남이든 봉묘(奉墓)역할을 맡게 되고 운세가 중년에서부터 열린다.
일에 있으면 남성은 초혼에 실패하여 한두 번 재혼하고 여자는 장남에게 출가하거나 양녀로 가면 이혼하는 율이 적다. 같은 묘라 해도 재상의 묘는 금고로서 기업가에 적합하다. 가령 庚申일생은 木이 財요 未가 木의 墓로서 재고(財庫-돈 창고)라하고 壬癸일생은 火가 財요 戌이 재고가 되며 戊己일생은 水가 財요 辰(申子辰水局에서 辰이 壬의 墓가 된다)이 재고가 되고 丙丁일생은 金이 財와 丑이 재고가 되고 甲乙일생은 土가 財요 戌辰이 재고가 된다. 일주의 묘는 신고로서 충을 두려워하나 재고는 자물쇠로 잠겨있는 금고로서 반듯이 충을 해야만 자물쇠가 열리고 재가 유통된다. 사주에 처음부터 충이 되어있으면 평생 돈을 흔하게 쓸 수 있고 충이 없으면 충이되는 운에게 발신한다. 일간 충이 되었으면 다시 충 되는 것을 싫어하고 없으면 돈을 은행에 예금해 놓고도 문이 닫히어 못쓰듯 유통이 안 되어 고생이 많다. 그러나 재고가 있다 해도 신약자가 재가 기신(忌神)인 자는 그림의 떡같이 아무런 쓸모가 없다.

10. 절론(絶論)

인생은 한번 무덤에 들어가면 종말을 고한다. 육신은 흙이 되고 다시 되살아 날 수 없다. 그러나 형체가 없는 기는 육신과 더불어 썩는 것이 아니고 육신과 분리되어 모체인 대기로 환원된다.
독립된 개척에서 하나의 분자로서 전체에 흡수된다. 그 체와 기가 단절되고 분리되는 것을 절이라고 한다. 몸(体)에서 유리(遊離-떨어져 노느는 것)된 기일영혼(氣-靈魂)은 다시 새로운 몸(体)을 구해 다시 하나의 개체로 재생한다. 이와 같이 한번 끊어졌다가 다시 동생(同生-

같은 모습으로 살아남)하는 것을 절처봉생(絶處奉生-죽을 곳에서 살아남는 것)이라고 한다. 인생의 영혼이 육신에서 분리되었다가 다시인생의 영혼으로 부활 하는 것이니 죽었든 사람이 다시 되살아나오는 인도환생(人道還生)임이 분명하다. 그래서 인생은 회전목마처럼 끝없이 윤회하고 영혼은 불멸이라는 전설이 있기 마련이다. 그러나 이는 전혀 착오에 지나지 않는다. 왜냐하면 인간의 기가 다시 육신을 통해서 부활하는 것은 사실이지만 그 기는 개체의 주인공이 전혀 다르듯이 새로운 기로서 죽은 개체와는 아무런 관련도 없는 것이다. 가령 갑이라는 인생이 죽었다면 그 인생은 육신과 더불어 완전 소멸하여 다시는 부활할 수 없듯이 재생은 불가능하며 그에서 분리된 인생의 기가 을이라는 인생의 개체를 빌어서 재생하는 경우 그 영혼은 전혀 새로운 을의 영혼으로서 갑과는 아무런 상관도 없는 것이다. 때문에 을의 영혼은 출생이전의 사실을 전혀 알 수 없듯이 갑에 대해서도 아는바가 전혀 없다. 절은 허공에 뜬 기가 새로운 개체로 전신(轉身)하려는 전환기로서 아직 체를 갖지 못한 유기무체(有氣無体)의 가장 허약한 상태에 있다. 허공에 떠 있는 가냘픈 요기로서 누가 잡아도 쉽게 끌려오는 임자 없는 요물과 같다. 만인을 유혹하는 동시에 만인의 유혹에 빠질 수 있는 무방비상태가 절이다. 그래서 절이 있는 사람은 마음씨가 순진난만하고 티가 없이 담백한 동시에 남의 유혹에 쉽게 빠지고 저항하기가 힘들다.

그 자신인생으로서 부활하려고 인간의 개체를 찾아 헤매고 인간을 유혹하는 터에 자신을 유혹하니 기다렸듯이 사로잡힐 것은 자명지사다. 그러나 절은 체가 없음으로서 자기 것으로 묶어놓을 도리가 없다. 그와 같이 절은 쉽게 유혹에 빠지는 동시에 보다 유력한 유혹자가 나타나면 바람처럼 사라진다. 설사 붙잡아 매고 싶지만 체가 없으므로 소용이 없다. 쉽게 끓는 냄비가 쉽게 식는다고 쉽게 유혹에 빠지면서 쉽게 벗어나는 것이 절의 특징이다. 가장어리고 무력한 별인지라 세상 사람을 무조건 믿은 나머지 속임수에 잘 떨어지는 반면에 싫으면 미련 없이 훌쩍 떠나버린다. 마음만 있고 몸이 없으니 마음이 항상 변화하고 또 분화하려들면 언제나 새로운 것을 원한다. 자기 혼자만을 애지중지 하기를 원하고 정이 식으면 새로운 열정을 찾기 때문에 시종일관이란 거의 기대하기가 어렵다. 일찍이 이성에 눈을 뜨고 유혹하고 유감 되는 가운데 향락을 즐긴다. 처음에 자기보다 연장한 이성의 귀여움을 탐하다가 질력이 나면 몇 번이고 바꾸다가 년만 하면 자기보다 훨씬 연하인 이성을 탐한다. 물리지 않는 강열한 정열을 탐욕해서다. 무엇을 해도 안정되고 차분하지 못하고 항상 새로운 변화를 추구하면서 무계획적으로 갑작스런 변동을 즐긴다. 변덕이 많고 희로애락이 얼굴에 그대로 반사되며 참을성이 없다. 그래서 결혼을 하면 멀지 않아 후회하고 멀미를 낸다. 남자는 가정에 불만이 많고 그 때문에 이혼하는가 하면 여자는 불평과 불행이 쌓여서 급기야 이혼한다. 남여간에 결혼하기까지는 깨가 쏟아지나 결혼 후에는 가정에 풍파가 많다. 초년 고생이 많고 중년부터 자리가 잡히니 여자는 30넘어서 후취로 가는 것이 좋고 연상자나 아애 연하자와 결혼하는 것이 행복하다. 일생에 주거와 직업에 변동이 많고 언제나 새로움을 즐김으로서 남자는 예술이나 흥행업 대중적인 서비스업 브로커 등이 적합하고 여자는 물장사, 여관 , 요리업, 미용업이 적성이며 기생이나 소실에 흐르기 쉽고 아애 중으로 입산하는 경우도 있다. 년에 절이 있으면 출생 후 가운이 변하고 일찍 부모를 떠나며 월에 있으면 형제가 무력하고 서로 헤어지며 일에 있으면 부부가 변동되거나 자주 떨어지게 되고 시에 있으면 후사가 끊어지거나 父子가 서로 멀리 떨어지게 된다.

11. 태론(胎論)

허공에서 재생의 주체를 찾아 헤매던 기가 체를 선택해서 태아로 잉태한 변동의 실현이 태다. 그토록 원했든 환생의 길이 열리고 새로운 생명으로서 포태하였으니 기쁨에 넘쳐있다. 여성처럼 온순하고 대화를 즐기며 화술이 능하고 무엇이든 쉽게 받아드리는 반면에 불노취식 함으로서 노력이 부족하고 안일과 형락(亨樂)을 즐기며 실행력이 약하다. 덮어놓고 청탁을 수락하고는 실천을 못해서 언행이 일치하지 못하다는 비난을 받으며 그 때문에 불신을 당하기 쉽다. 악이라고는 추호도 없으면서 남의 청탁을 뿌리칠 수 없는 약한 인정에서 실수를 저지른다. 뱃속에 있는 태아가 가장 두려워하는 것은 폭력이다. 고상하고 이상적 꿈을 그리는 반면에 현실에는 어둡고 무엇이든 결단성이 부족해서 우유부단하다가 기회를 놓친다. 아직 남녀의 성이 분별되지 않음으로서 성을 가르는 데는 엄숙해진다. 운명을 좌우하는 중대한 기로이기 때문이다. 그와 같이 胎의 인생은 같은 동성 간에도 호불호가 없이 사고를 즐기면서 이성 문제에 대해서는 마음이 냉정하게 굳어진다. 연애가 서툴고 결혼을 전제로 한 교제를 원한다. 사실 태의 인생은 남녀의 성이 운명을 좌우하듯이 배우자의 선택에 의해서 성재가 좌우된다. 그만큼 배우자의 영향이 절대적이다. 태아의 성은 고정되지 않고 중간에서 남이나 여로 분리되듯이 태의 인생은 배우자가 해로하기 어렵다. 살아가는 과정에서 변동이 거의 필연으로 발생한다. 개성이 강하고 아름다운 용모를 구하되 시종일관성이 부족하다. 뱃속에서 세상 밖을 모르듯이 현실에 미숙하고 방침이나 인생관이 뚜렷하지 못하며 일생을 통해서 변동과 고민이 많다. 초년에 고생이 많고 중년 후에야 개운이 되며 한 가지만 일관하면 반듯이 성공하나 변덕이 있어서 주거와 직업의 변동이 많다. 장남이 아니고 말자(末子-끝의 자식)가 많고 독자의 경우도 많으며 부모와의 인연이 박하다. 다재다능하고 만사에 유능하나 참을성과 끈기가 부족해서 직장생활은 부적당하고 자유업이 적합하다. 년에 태가 있으면 아비의 인연이 박하고 월에 있으면 부부가 해로하기 어렵고 시에 있으면 딸은 많고 아들이 귀하되 귀자(貴子)를 낳는다. 태아는 과연 아무 탈 없이 성숙되고 중도에서 유산이나 낙태가 되지 않을까 항상 불안하듯이 일생을 통해서 불안과 초조가 떠나지 않으며 급히 서두르고 조바심이 크다.

12. 양론(養論)

　태중에서 성이 정해지고 태아로서 완성된 만삭의 인생이다. 출발만을 기다리기 때문에 불안이나 초조함이 없이 숙연하고 침착하면 너그럽고 원만하여 사교가 능소능대한 팔방미인이요 노신사와 같다. 부모의 힘으로 성숙하였듯이 창조력은 부족하나 전통과 유산을 상속하여 보호하는 데는 유능하다. 무리를 싫어하고 급속을 원하지 않는지라 약자를 기대할 수 없고 단계적인 발전을 한다. 초년보다는 중년이 중년보다는 말년이 점차로 갈수록 좋아진다. 중류이상의 생활을 하는 경제적인 혜택이 크고 점진적이고 장기적인 안목을 즐긴다. 양은 어머니로부터 분신을 상속하듯이 상속의 인연이 있음으로서 장남이 많고 차남인 경우엔 양자로서 상속을 받으며 조업과 유산을 잘 지킨다. 만삭의 태아는 모체와 분리하듯이 양은 언제나 분리에서 분리를 거듭한다. 부모에서 분리되고 고향을 떠나듯이 모든 것에서 하나하나 분리되어간다. 부부간에도 서로 떨어지는 경향이 많고 그래서 여자는 중년에 미망인이 되기 쉽다. 양자로 가면 이러한 분리의 고정이 크게 감퇴되니 입양하다가 수양부모를 모시는 것이 개운의 비결이다. 운동신경이 둔한지라 운동신경을 많이 쓰는 운전수 같은 직업엔 부적당하고 장기적으로 수련하는 직업이 적합하다. 신규 사업은 부적당하고 전통적인 직업이 적합하다. 양이 년에 있으면 아버지가 입양했거나 아버지와 일찍 떨어지며 월에 있으면 형제가 서로 분리되고 일에 있으면 부부간에 떨어지는 경향이 있으며 시에 있으면 양자를 두거나 남의 여자를 길러야하며 자녀와 분리되기 쉽다.
　이상은 12운성의 성정에 대한 구체적인 명세로서 운명판단에 기초적인 핵심이 된다. 그러나 모든 별이 그러하듯이 형 충 파 해 가 있으면 작용이 감퇴 내지 정지되듯이 12운성의 성정 또한 크게 변질된다. 가령 목욕의 별이 충합되었으면 목욕의 성전이 반감되거나 거의 소멸됨으로서 면밀히 관찰해야한다.

포 태 법 (胞 胎 法)

<더 자세히 보기>

[참고] 12운성을 포태법이라고도 한다. 여기서는 12운성이란 무엇이며 어떻게 사용하는지에 대하여 알아보기로 한다.

1). 12운성이란 무엇인가?

12운성을 포태법이라고도 한다.

포태법이란 살아있는 생물이 일정한 법칙을 두고 생성소멸 하는 변화 과정을 구별한 것으로 일명 12운성법이라고도 합니다.

포태법(12운성)은 사주를 감정할 때 해당 육친이 얼마나 강한자리에 앉아있나 보는 것인데 크게 비중을 차지하지 않는다하여 이것을 적용하지 않는 분들도 상당 수 있다고 합니다. 그러나 명리 학을 배우면서 포태법을 빼 놓을 수 없음으로 자세히 설명하니 학인들이 숙지하여 활용하시기 바랍니다.

포(胞) 태(胎) 양(養) 생(生) 욕(浴) 대(帶) 록(祿) 왕(旺) 쇠(衰) 병(病) 사(死) 묘(墓) [암기하여야 활용할 수 있다. 어떤 분들은 생지부터 시작하다 하여 **생 욕 대 록 왕 쇠 병 사 묘 절 태 양** 으로 암기하는 분들도 있으니 참고하기 바란다.] 포태법은 양 포태법과 음 포태법이 있는데 활용법은 양간일 경우 순행하고 음간일 때는 역행하면 됩니다.

<포태법 사용법>

陽일간인 甲 丙 戊 庚 壬은 순행하고(지지 수장도 참조) 陰일간인 乙 丁 己 辛 癸는 역행하게 됩니다.

(예) 甲일간 이라면 申에 포를 놓고 酉가 태가 되고 술이 양이 되며 生은 亥가되는데 마지막 未에 이런 방법으로 시계방향으로 돌리는 것을 순행 이라고 하며 양간의 포태법 이라 하여 **양 포태법** 이라고 합니다.

음 포태법은 陰 일간을 말하는데 乙일간 이라면 酉에 포를 놓고 申

에 태가되고 未에 양이 되며 戌에 묘가 됩니다.
그러나 양 포태법은 사용하지만 음 포태법은 사용하지 않는다는 학설도 있으니 참고 하기 바랍니다.

絶절(胞:포)-사람이 죽어서 육신과 정신이 갈라지고 단절됨과 동시에 새로운 인간으로 태어나는 태기가 발생하는 절처봉생(絶處逢生)하는 과정이다.

胎(태)-어머니의 뱃속에 잉태되는 과정을 태라고 한다.

養(양)-태아로 완전히 자라나서 만삭이 되고 출생 직전에 있는 과정을 양이 라 한다.

生(장생)-태어나서 어머니의 젖을 먹고 자라나는 과정을 장생 이라한다.

浴(목욕)-벌거숭이 알몸으로 찬방지축 자라나는 시기를 목욕 이라 한다.

帶(관대)-성년이 되어서 사모관대를 쓰고 결혼하는 과정을 관대라 한다.

祿(관)-과거에 급제해서 벼슬을 하고 록을 받는 시기를 건록 또는 임관 이 라한다.

旺(왕)-오랜 경험을 통해서 능소능대 하고 일생일대에서 가장 왕성한 과정 을 제왕 이라한다.

衰(쇠)-늙기 시작해서 한걸음씩 물러서 가는 초로의 시기를 쇠라고 한다.

病(병)-점점 늙어서 병들어 가는 과정을 병이라 한다.

死(사)-병이 깊고 중해서 죽음에 이르는 시기를 사라고 한다.

墓(묘)-죽어서 무덤에 갈무리하는 과정을 묘라고 한다.

위에서 설명한 포태법(12운성)은 음과 양인 부모의 사이에서 잉태되어 만삭이 되고 출생해서 무덤에 이르기까지의 과정을 12등분해서 구체적으로 밝히는 청사진이다. 12운성은 사주상의 일간(日干)을 위주로 한다. 일간이 甲이라면 甲의 12운성을 기본으로 해야 하며 乙이라면 乙의 12운성법에 따라야 한다. 12운성은 연지와 월지와 일지와 시지로 나누어진다.

연지의 운성은 조상과 본인의 초년기 운기를 상징하며 월지의 운성은 평생의 운기를 상징하며 일지의 운기는 천성의 운기를 상징하고 시지의 운성은 자식과 말년의 운기를 상징한다. 타고난 운기의 뿌리는 월지와 일지의 운성이다. 월지는 일생일대의 운기이고 일지 또한 그에 버금가는 운기이다. 연지는 어린유년시절인 초년의 운세를 암시하고 시지는 인생의 결실을 맺는 만년의 운세를 암시하며 월지와 일지는 평생의 운세를 암시한다. 타고난 성품과 능력과 직업을 비롯해서 인간 만사는 월지와 일지의 운기로서 분석하고 판단하며 관찰 할 수 있다.

포(胞또는절) 포는 일명 絶(끊을절)이라고 한다.
모든 만물이 무에서 유로 나타내는 형상이 된다. 아무런 형체도 없이 공허한 상태로 절망적으로 끝남이요, 시작이 되는 출발점이 되기도 한다. 인사에 비유하면 한세대가 끝나고 다음세대를 맞이하는 형상이다.

태(胎) 인사로 비유하자면 정자와 난자가 자궁 속에서 수태되는 과정이다.
강약으로 비유하면 강함도 약함도 아닌 중간 상태가 된다.

양(養) 모태에서 자라나는 아기의 형상으로 누구에게도 간섭을 받지 않고 안정과 보호 속에 자라고 있는 과정이다. 강약으로 비유하자면 강도약도 아닌 중간상태인 평균선이 된다.

생(生) 출생함을 뜻한다. 12운성에서 가장 길 성으로 인사에 비유하면 사람이 세상에서 태어나서 희망을 가지고 출발하는 시점이다.

욕(沐浴) 목욕이라고도 한다. 사람이 출생과 동시에 목욕하고 닦고 입히고 하는 것과 같아 때로는 괴로움과 고통 슬픔 등 곡절을 뜻하기도 한다.

대(冠帶) 관대라고도 한다. 대는 자라면서 시행착오도 거치고 성장해서 청년기에 왔음으로 관대를 두르고 성인식을 하는 것이기 때문에 지금부터 책임과 의무가 막중하며 자존심도 강해져 무엇인가 하고자 하는 의욕이 있게 된다.

록(祿) 건 록 또는 임관이라도 한다.
성장하여 부모의 슬하를 완전히 떠나 자기 직장을 갖고 녹을 받아 자기의 책임을 다하는 청년기로써 사회로 당당하게 진출하는 시기이다.

왕(旺) 성장이 완성되는 시기로 생의 최고의 시기이다.
산전수전 다 겪고 세상물정을 잘 알고 능력 있는 사람으로 마음과 몸이 바르게 성장 최고의 위치에 서 있는 사람이라고 생각하면 된다.

쇠(衰) 전성기를 지나 육체적으로나 정신적으로 쇠약해지기 시작한다.
최고의 위치에서 후퇴하여 기운이 쇠진해지니 의욕과 용기가 저하되어 재산도 줄고 능력도 줄게 되어 병들기 전 쇠약해지는 형상이 된다.

병(病) 늙으면 병드는 것과 같아 만사가 정상적이지 못하고 감성적이고 비판적이다 .기혈의 순환도 안 되고 모든 생체의 흐름도 원만치 못해 병들어 죽을 때를 기다리는 형상이 되어 때로는 판단력이 흐려져 언행의 일치가 않 되고 실수하는 수도 있다.

사(死) 죽음을 말하듯이 모든 것이 정지 종결된 상태이다.
물욕 없고 꼼짝달싹 못하고 폐물이 된 것과 같이 일종의 종말이다.

묘(墓) 고(庫)라고도하며 일명 葬(장사장=묘 속에 들어가니 장사지내는 것이다) 한다. 종결된 상태의 마지막 정리로 관속으로 들어가고 무덤 속으로 들어가니 가장 나쁜 것이 되나 재물로 비유하면 창고로 들어가니 재물을 고이 보관 예치하는 형상이 된다. 그러므로 묘 고에 재물이 앉아있으면 흉(凶)함보다 吉함 쪽으로 감정하고 또한 짠돌이 라고도 한다. 그러나 묘고가 충을 당하면 창고 문이 열려서 돈 나가기 바쁘다고 한다.(開庫:개고란 창고 문이 열려 있다는 의미다)

12운성 강약

(1)사왕지(四旺地):기를 얻으면 강해진다.

1. **제왕**(帝旺)=인간생활 중 정력이 가장 왕성할 때를 말한다.
2. **건록**(建祿)=자라서 혈기가 왕성하고 사회활동의 중추기를 말한다.
3. **관대**(冠帶)=15세된 성인으로써 관직에 응시하는 시기를 말한다.
4. **목욕**(沐浴)=출생 후 머리감고 목욕하고 시작하는 과정으로 싹은 아직 무르지만 왕성하다. <이 사조(四組)를 제일 강하게 본다.>

(2)사평지(四平地):기를 설기하여 약간 약해진다.

1. **장생**(長生)=인간이 세상에 태어난 기쁨의시기이다.
2. **양**(養)=어머니의 몸에서 영양을 섭취하는 때로 생기가 있다.
3. **쇠**(衰)=왕성한시기를 지나 쇠약해지는 시기를 의미한다.
4. **병**(病)=늙어서 병들고 원기가 쇠약해지는 시기를 말한다.
<이 사조(四組)는 보통으로 본다.>

(3)사쇠지(四衰地):상충 하면 다시 기가 발생한다.

1. **절**(絶)=절망적인시기 앞뒤도 없는 영혼의 개입직전이다.
2. **묘**(墓)=죽은 후 묘지에 들어간 때로 편안한시기다.
3. **사**(死)=병들어 노병으로 죽은 시기이다.
4. **태**(胎)어머니의 몸속에서 한 생명이 다시 이어지는 시기이다.
<이 사조(四組)가 가장 약하다고 할 수 있다.>

1, 포(胞또는絶) 포는 일명 絶(끊을절)이라고 하는데 이것은 사물을 바라보는 시각 차이에서 비롯된 말입니다. 胞는 태의 포, 세포 포자로 생물체를 조직하는 미세한 원형질인 세포를 의미하고, 絶 단절의 절로서 끊어진 상태를 의미한다. 종말과 시초가 胞에서 이루어지는 원리는 生死는 단절과 연속이라는 표리(表裏-겉과 속)관계로 연결되기 때문이다.

2, 태(胎) 태는 아이 밸 태자로 잉태 태자와 같습니다. 아래 도표에서 나타나듯이 甲목은 乙목의 절지인 유에서 잉태되고 乙목은 甲목의 절지인 申에서 잉태 됩니다. 포와 태를 합하여 동일간지로 성립되는 일주는 열 가지로 아래와 같습니다.

胞-4: 甲申 乙酉 庚寅 辛卯   胎-6: 丙子 丁亥 戊子 己亥 壬午癸巳

	甲	乙	丙	丁	戊	己	庚	辛	壬	癸
胞	申	酉	亥	子	亥	子	寅	卯	巳	午
胎	酉	申	子	亥	子	亥	卯	寅	午	巳

☞ 사주팔자 중의 지지에 포태의 두 글자 이상을 갖추고 있으면 절처봉생의 천우신조(絶處逢生의 天佑神助)로 하늘이 돕고 귀신이 돕는 일이 발생하게 됩니다. 예를 들자면 丙子나 丁亥 일주가 子수나 亥수를 더 보게 되면 살아가는 일생동안에 막다른 어려운 고비에 누군가가 도와주는 일이 생긴다고 합니다.

위에 기록한 포태일주에 인수가 나타나면 더할 나위 없이 좋은데 인수를 파괴하는 財는 없어야 합니다. 예를 들자면 庚寅 일주가 戊己를 보거나 癸巳일주가 金神을 보면 비록 일간의 뿌리가 없어도 부명(富命)으로 봅니다.

3. 양(養)은 배양의 양으로 모태에서 보호를 받으며 자라나는 단계로 만약 한 주(柱)에 甲戌 乙未 庚辰 辛丑의 성정은 모두 온순하고

낙천적인 기질을 지니는 편이지만 모질고 거친 세상의 어려움을 알지 못함으로 혹 어려운 난관에 부닥치면 좌절하거나 포기하는 경향이 다분하다.

☞ 辰戌丑未 四庫지는 12운성에서 養 帶 衰 墓에 해당된다.
포태법에서 陽干(甲丙戊庚壬)은 식상의 入墓요 陰干(乙丁己辛癸)은 自庫의 자리가 養지가 된다. 그러므로 지지에서 충 형을 먹으면 육친은 자동적으로 분리되기 때문에 별거나 고독을 암시 하게 된다.

運/干	甲	乙	丙	丁	戊	己	庚	辛	壬	癸
養	戌	未	丑	戌	丑	戌	辰	丑	未	辰
帶	丑	辰	辰	未	辰	未	未	戌	戌	丑
衰	辰	丑	未	辰	未	辰	戌	未	丑	戌
墓	未	戌	戌	丑	戌	丑	丑	辰	辰	未

☞ 고서(四柱熟語)에서 식상입묘는 필외종명(食傷入墓 必畏終命-식상이 묘궁에 들면 반드시 명을 다함을 두려워할지어다)라는 말처럼 만나는 운에서 식상이 입묘할 경우 수명을 다할 가능성이 많다. 그런가하면 말수가 적거나 언행이 더뎌지는 경우도 있는데 그럴 경우 형 충으로 막힌 것을 뚫고 통하게 하는 작용도 가능합니다. 그런고로 여명의 경우 형 충 운에 좋은 자식 얻는다고 하지만 본래의 의미는 내손으로 자식을 키우기 어렵다고 되어있습니다.

4. 생(生)은 탄생을 의미합니다. 四生支인 寅申巳亥의 지장간에는 모두 기운을 받는 陽干만이 들어있습니다.<寅中에는 戊丙甲이 있는데 木生火 火生土 함, 申中에는 戊壬庚-土生金 金生水, 巳中에는 戊庚丙-火生土 土生金, 亥中에는 甲壬-水生木> 甲의 生支는 亥요, 丙의 생지는 寅이요, 戊의 생지는 寅이요, 庚의 생지는 巳요, 壬의 생지는 申인데 암기하기 쉽게 **甲亥**와 **丙寅**이가 **壬申**해서 **庚巳** 났네, 라고 암기하면 잊혀 지지 않는다. 다만 火土는 一色임으로 丙戊를 같이 본다.

택일법(擇日法)

애경상시의 택일방법은 여러 가지가 있다.

建除滿平定執破危成納開閉 의 12건법을 비롯해서 택일하는 법은 여러 가지 있지만 가장 대표적이고 실용적인 것은 천덕(天德)과 월덕(月德) 그리고 천덕합(天德合)과 월덕합(月德合)이다.

천덕과 월덕은 삼합의 정으로서 대인관계와 사회활동 상의 가장 좋은 기회를 의미한다. 명서(命書)에 의하면 천덕과 월덕은 천신과 지신이 중생에 대하여 모든 허물을 탓하지 않고 관용함으로서 백가지 흉살이 제거되고 전화위복이 된다고 했다. 본시 택일은 어떤 탈이 생길까 염려한 나머지 아무런 탈도 없는 길일을 택하는데 참뜻이 있는바 신살 중에서 모든 흉살을 제거하고 일체의 재난이 발론하지 않는 대길일은 오직 천덕과 월덕 뿐이다. 그렇다고 이날은 반듯이 무사고라고 단정할 수는 없다. 모든 해사(害事-해로운 일)는 그 자체의 운세에 의해서 성패가 좌우되는 것이 원칙이고 일진 또한 사주의 상희기신에 의해서 길흉이 분리되는 것이 상식이지만 대상적인 길흉을 논하는 데는 일반적으로 누구에게나 재난과 흉 색이 면제된다는 천덕과 월덕을 택할 수밖에 없다. 천덕과 월덕은 다음과 같다.

천덕(天德)

천덕은 월을 위주로 해서 다음과 같이 적용한다.

月支	寅	卯	辰	巳	午	未	申	酉	戌	亥	子	丑
天德	丁	申	壬	辛	亥	甲	癸	寅	丙	乙	己	庚

월덕(月德)

월덕은 월을 위주로 해서 다음과 같이 적용한다.

月支	寅	卯	辰	巳	午	未	申	酉	戌	亥	子	丑
月德	丙	甲	壬	庚	丙	甲	壬	庚	丙	甲	壬	庚

천덕합

천덕신과 육합이 되는 별을 천덕합 이라고 한다.

日 支	寅	卯	辰	巳	午	未	申	酉	戌	亥	子	丑
天德合	壬	己	丁	丙	寅	己	丁	亥	辛	庚	申	乙

월덕합

월덕신과 육합되는 별을 월덕합이라고 한다.

日 支	寅	卯	辰	巳	午	未	申	酉	戌	亥	子	丑
月德合	辛	己	辛	乙	辛	己	丁	乙	辛	己	丁	乙

　　천덕의 경우 寅월에 택일을 하려면 丁일을 최 길일로서 택하고 卯월엔 巳일을 길일로 택한다. 丁은 한 달에 보통 세 번 들고 申은 두 번에 든다. 丁일은 丁未든 정유든 丁巳든 丁卯든 丁亥든 丁丑이든 丁화일은 모두 천덕일로 삼는다. 신 또한 甲申이든 戊申이든 丙申이든 壬申이든 庚申이든 申일은 모두 천덕일로 삼는다.
천덕합은 천덕일과 간합 또는 지함의 일로서 천덕과 같이 겸용한다. 가령 寅월이면 천덕이 丁이니 壬이 함덕이며 정이나 임이 드는 날은 길일로서 택일한다. 월덕 또한 마찬가지다. 庚午戌月은 丙일을 월덕으로 삼고 丙과 육합이 되는 辛을 월덕합으로서 택한다. 그래서 寅월이면 午월이나 戌월엔 丙일과 辛일을 모두 월덕일로서 택일한다. 천덕과 천덕합 그리고 월덕과 월덕합을 모두 응용하면 한 달에 길일이 여러 날 든다. 가령 寅월엔 丁일과 壬일 丙일과 辛일은 모두 길일로 택하니 택일할 수 있는 날이 12일간이나 된다. 그러니깐 寅월엔 丁이나 壬이나 丙이나 辛이드는 날은 모두 길일로서 택일함으로서 일요일이든 토요일이든 본인이 원하는 날을 자유로이 선택할 수 있다. 천덕이나 월덕일엔 백 살이 꼼짝을 못하니 아무것도 가릴 것이 없지만 가급적이면 주인공의 공망일이나 일지를 충합하는 것은 피하는 것이 좋다. 이제 월별로 택일하는 길일을 나열하면 다음과 같다.

월별 / 길일

월	길일
寅	辛 丙 壬 丁
卯	己 甲 巳 申
辰	壬 丁
巳	乙 庚 丙 辛
午	辛 丙 寅 亥
未	己 甲
申	丁 壬 戊 癸
酉	乙 庚 亥 寅
戌	辛 丙
亥	己 甲 庚 乙
子	丁 壬 申 巳
丑	乙 庚

　참고적으로 천덕이나 월덕으로 보는 경우도 있지만 옛날 어른들은 나이 별로 보는 생기 복덕 일을 기준하고 손 없는 음력 9.10일을 좋다고 보아 왔습니다. 필자도 택일은 생기 복덕 천의 날을 기준으로 길흉을 가리며 다만 결혼일 만은 고신 과숙을 반드시 피해야 한다는 점도 명심하길 바라는 바이다.

📖 민력은 명문당 발행 대한민력이 제일로 보기 좋습니다.

新四柱學講義錄

(初等班 第4部)

目 次

제一章 격국론 / 253
　一　內格八格 / 254
　　1. 정관격 / 255
　　2. 칠살격 / 258
　　21. 양신성상격 / 293
　　3. 식신격 / 261
　　4. 상관격 / 264
　　5. 재백격 / 267
　　6. 인수격 / 271
　　7. 건록격 / 274
　　8. 양인격 / 275
　二　外 格 / 277
　　1. 종　격 / 278
　　2. 종왕격 / 278
　　3. 종강격 / 279
　　4. 종재격 / 281
　　5. 종살격 / 282
　　6. 종아격 / 283
　　7. 화　격 / 285
　　8. 화토격 / 286
　　9. 화금격 / 287
　　10. 화수격 / 287
　　11. 화목격 / 288
　　12. 화화격 / 288
　　13. 화격과 투합 /289
　　14. 화격의 성패 / 289
　　15. 일행득기격 / 290
　　16. 곡직격 / 290
　　17. 염상격 / 291
　　18. 가색격 / 291
　　19. 종혁격 / 292
　　20. 윤하격 / 293

제二장 용신론 /295
　1. 용신선택법 / 296
　2. 억강부약법 / 296
　3. 병 약 법 / 297
　4. 조 후 법 / 297
　5. 전 왕 법 / 298
　6. 통 관 법 / 290
　7. 용 신 선택비결 /299
　8. 용 신 구별법 /303

제三장 감정요결 / 304
　1. 대　운 / 305
　2. 세　운 / 307
　3. 월　운 / 308
　4. 행운판단비결 / 308
　5. 격국과 행운 / 311
　6. 행운의 길흉 / 316
　7. 행운감정비록 / 316
　8. 유 년 법 / 320
　유년과 대운관계 / 320

第 一 章
격 국 론(格 局 論)

　격국은 인간에 있어서의 성명과 같다. 이름 없는 인간이 없듯이 격국 없는 사주는 없다. 다만 이름에 선악길흉이 있듯이 격국에는 여건을 구비한 것과 구비하지 못한 성패가 있고 구성요소가 지나친 것과 부족한 것이 있다. 그에 따라서 인생의 등급과 차별과 부귀빈천이 발생한다. 격이 상급이면 부귀하고 하급이면 빈천하며 중급이면 평범하다. 그것은 타고난 그릇과 똑같다. 그릇이 크고 탄탄하고 아름다운 것은 비싸게 팔리고 값있는 작용을 할 수 있듯이 그릇이 적고 허약하고 금이 가거나 흠이 있는 것은 헐값으로 팔리고 별다른 작용을 할 수 없는 것과 똑같다. 격국은 여러 가지로 성립되지만 이를 크게 나누면 월지에서 형성되는 내격(內格)과 월지 이외에서 형성되는 외격(外格)의 두 가지로 분류할 수 있다.

　월지는 곧 사주의 묘목(苗木)이요, 울안이기 때문에 사주를 나무로 생각하고 집으로 생각하면 그 나무 싹만 봐도 밤나무인지 소나무인지 알 수 있듯이 집안 마당이므로 내격이라 하는 것이다.

　외격은 묘목을 떠나서 외형전체를 보고 이름을 명명하는 변태적 격국으로서 마치 소나무에서 잣이 열리고 미꾸라지가 용이 되는 것처럼 조화가 무쌍하다. 그러나 인물이 비범한 것은 가히 짐작할 수 있지만 때로는 용이 못되고 이무기가 되어서 만인에게 해를 끼치는 수도 있으니 사회적으로 문제요 풍운이라 하겠다. 본시 비범이란 드물듯이 격국 또한 대부분은 내격이요, 더러는 외격이 간혹 발생한다. 내격을 이름 하여 정격 외격을 이름 하여 종격으로 명명하기도 한다.

1. 내격 팔격(內格八格)

　내격은 월지에서 격국을 형성하는 八格으로서 **건록격**(建祿格)을 비롯하여 **양인격**(羊刃格=月刃格) **재백격**(財帛格=正財格, 偏財格) **정관격**(正官格) **칠살격**(七殺格-偏官格) **인수격**(印綬格=正印格, 偏印格) **식신격**(食神格) **상관격**(傷官格) 등 여덟 가지가 있다.
　이를 내격(內格)의 팔격(八格) 이라고 한다.
내격은 월지의 지장간을 기준으로 하여 설명하는 것이 보편적인 통례이지만 천기에 투간(透干=천간에 나타나 있는 지장간의 별 예를 들면 寅에는 餘氣의 戊土와 中氣의 丙火 正己의 甲木 등 세 가지 지장간이 있는데 천간에 戊土가 나타나 있으면 이를 餘氣의 戊土가 투간 했다고 하고 丙火가 천간에 있으면 中氣 丙火가 투간 되었다고 한다.)된 것을 기준부터 정기(正氣)부터 우선주의로 설정하는 학파도 있다. 어느 것이 원리이고 합리인가는 실제적이고 장기적인 체험과 실증을 통해서만이 가려질 것이지만 양자의 학설이 모두 타당성을 가짐으로써 양자를 다 같이 활용하는 것이 보다 합리적이라 하겠다. 왜야하면 지장간은 공간과 시간을 지배하는 그 당시의 원기로서 가령 寅月의 여기에 출생한 甲木이라면 여기의 戊土기운을 타고난 토질목체(土質木体)로서 土기를 생기로 삼는 것이 당연하다. 때문에 그 甲木의 격국을 편재격으로 설정하는데 의심이나 이의가 있을 수 없다. 그러나 지지는 뿌리요 천간은 싹으로서 아무리 타고난 원기는 土라해도 天干에 土가 없으면 土는 싹이 없는 뿌리로서 아무런 작용도 못한다. 그런 경우 천간에 정기(正氣)인 甲木이나 중기(中氣)인 丙火가 나타났다면 甲木이나 丙火는 뿌리가 있고 싹이 있으므로 그를 사주의 묘목(苗木)으로 선택하는 것이 당연하며 甲 丙이 동시에 투간 하였을 경우엔 甲木 정기가 丙火 중기보다 압도적으로 강대함으로써 힘차고 패권을 잡은 甲木을 선택하여 건록격으로 설정하는 것이 원칙이다. 때문에 지장간 본위와 더불어 천간에 나타난 투간 본위의 양자를 서로 절충하고 종합하여 격국을 설정하는 것이 현명하고 합리적인 것이다.

이와 같이 격을 정하는 것이 쉬울 것 같지만 아리 까리 하여 이론을 공부하고 실제 사례를 보면서 설명하지 않으면 이해가 잘 안 되므로 사례를 들어 자세히 설명하고자 한다. 여기서 참고적으로 말하자면 사주에는 수많은 격이 있다고 한다. 그런데 그 격이란 사주의 그릇일 뿐 격을 잘 잡았다고 해서 사주팔자를 잘 볼 수 있는 것은 아니므로 정 팔 격 정도만 이해하여도 무방하다는 점을 강조하는 바이다.

(1). 정관격 (正官格)

월지의 지장간이 정관에 해당하는 것을 정관 격이라고 한다. 가령 酉月 정기에 태어난 甲木이나 申月정기를 타고난 乙木을 비롯하여 卯월 정기를 타고난 戊土 寅月정기를 타고난 己土 辰月 정기를 타고난 癸水 巳月정기를 타고난 辛金 巳月중기를 타고난 乙木 巳月 여기를 타고난 癸水 日生은 모두가 정관격 이다. 정관은 일주를 극하는 별로서 덮어놓고 성립되는 것이 아니고 첫째로 일주가 왕 하거나 강함으로써 정관의 극을 지탱할 수 있어야 하고 다음은 정관을 생부(生扶)하는 재성이 있어야 멋지고 큰 출세를 할 수 있다.
둘째로 일주가 허약하여 정관을 감당할 능력이 없으면 환자가 벼슬한 격이니 보약을 먹고 건강을 회복하는 것이 급선무요 전제조건이다. 그 보약은 곧 일주를 생해주는 인수다. 인수가 있으면 정관이 인수로 변하여 일주를 생해주는 보약으로 化하기 때문에 건강을 회복하는 동시에 벼슬을 충분히 감당할 수 있다. 인수가 있는 것이 이상적이지만 인수가 없는 경우엔 비견겁재도 약으로 활용하여 건강을 회복하고 정관을 감당할 수 있다.
셋째. 정관을 꺾는 상관을 비롯하여 정관을 좀먹고 병들게 하며 무력화시키는 형 충 파 해와 정관에 먹칠을 하는 칠살(편관)이 없어야 한다. 만에 하나라도 이런 것이 있으면 벼슬은 상처투성이의 상이용사로서 영광의 벼슬자리를 물러서야 한다.

이러한 파괴분자를 병이라 한다. 병이 있으면 활동을 못하는 것이니 비록 정관을 타고났다 하여도 병든 환자는 그림의 떡이 아닐 수 없다. 그러나 병이 있다고 해도 그를 고치는 약이 있다면 병이 물러가고 건강을 되찾기 때문에 정관격이 성립된다. 가령 甲木日生이 庚辛金이 나란히 있으면 관살이 혼잡이라서 정관격은 파격(破格-격이 깨졌다)이 되지만 乙木이 있어서 庚金을 합하거나 丙火가 있어 庚金을 억누르는 경우엔 정관격이 파했다가 다시 구제되어 회생한 것이니 乙木과 丙火는 甲木의 약이요, 구신의 역할을 하게 된다. 또한 乙日生의 申금은 정관격인데 寅이 있어서 충을 하면 파격이 된다. 이때에 亥가 있어서 寅亥합을 하거나 午가 있어서 寅午양합을 하면 충이 해제되고 申의 정관이 구제되어 회생하고 성립된다.

더 자세히 보기
격국(格局)이란 무엇인가?

우리는 앞장에서 격국에 대하여 공부하였다. 격국이란 사주의 틀이라고 하면 정답일 것이다. 산에 가면 수많은 나무들의 종류가 있듯이 사람의 사주에도 수많은 유형의 격이 있다. 그러나 그 수많은 격을 모두 섭렵하려면 시간과 에너지가 소모되므로 우리는 중요한 격국만 생각하면 된다. 격국은 크게 분류 하면 내격(內格)과 외격(外格)으로 나누어진다. 내격을 정격 외격을 변격(變格)이 라고 한다.

격을 정하는 방법
(1) 월지의 지장간 에서 천간에 투출한 정기의 오행으로 격을 정한다.
(2) 천간에 투출된 정기가 없으면 중기 여기 순으로 정한다.
(3) 천간에 투출된 정기 중기 여기가 없으면 월지로 격을 정한다.
(4) 사주 내에서 가장 강한 오행의 세력으로 격을 정한다.
다만 투출되어 있더라도 타 오행에 의하여 파극(破剋)되면 월지의 정기가 표시하는 오행으로 정한다.

이러한 방법으로 분류된 격을 정 팔격 이라고 하는데 정팔격 에는 정관격 편관격 정재격, 편재격, 인수격, 편인격, 식신격, 상관격, 이 있다. 그 외에도 수십여 종의 격이 있다고 하나 정팔격만 알고 있으면 사주 감명 하는데 문제가 없다고 사료되어 정팔격만 소개 한다.

<더 자세히 보기>
<1> 정관격 (正官格)
 정관격은 월지장간에 정관이 있고 정관이 월령 또는 천간에 노출되고 강해야 한다. 정관이 많으면 칠살이 되기 때문에 진격이 되려면 정관이 하나만 있어야 한다. 형 충 파 해를 꺼리기 때문에 형 충 등이 없어야 한다.

<해설> 정관은 월지 암장에서 투간 되어야 하며 정관을 간직한 궁에 무충무파(無沖無破)라야 귀명이 된다. 정기관성(正氣官星)은 인수상(印綬上)에 놓이면 관인상생(官印相生)되어 대단히 고귀(高貴)하다 그러나 무충(無沖) 무파(無破)해야 吉하다. 정관격은 인덕이 있고 순박하며 입신양명하게 된다. 정관격은 나를 극하는 것이기 때문에 일주가 강해야 吉하지만 신약사주에서는 세운 대운에서 생조(生助)를 받으면 되고 그 官에 충파(沖破)가 없어야 길하게 된다.

<정관격 사례 1.>

1913년01월02일辰시생				
乾命	癸丑	甲寅	己未	戊辰

<정관격 사례 2.>

1917년01월17일申시생				
坤命	丁酉	壬寅	辛巳	丙申

위 사례1의 경우는 寅중甲목 본기가 투출되어 寅목과 辰중乙목에 착근하여 木이 왕 하여졌고 또한 己토 일주도 三陽이 회태(回泰=넉넉하게 돌아옴)하고 未중丁火의 온난 을 얻었다(得)으며 시주의 戊辰이 방조(幇: 도울방.助도울조)하고 身이 왕 하니 월의 寅중 甲목으로 格을 월간 甲

목을 用神으로 정하게 된다. 월간에 甲목이 투간되어 좋고 아울러 년의 癸수가 生助하며 丑中癸水에 통원(通源:통근과같)하여 용신을 돕고 있어 기쁘다.<生用神者曰喜神>

본명의 주인공은 정관격 이라서 행정관<이사관>으로 공직에 근무하였는데 水운에 발복하였고 土金운에 불리하더니 戊申운에 패배하였다. <戊土는 戊癸合火되고 申금은 寅申충으로 용신을 강하게 冲去시킴>

위 사례2의 경우는 寅월의 辛금이 丙丁화가 투출되어 관살혼잡(官殺混雜)된 사주 이지만 丁화는 壬수가 合去 시키고 지지에 巳酉金局하고 酉金의 방조(傍助)로 화 官약한 명조라서 官을 기쁘게 하는 명조인데 대운이 남방 火운으로 달려 귀부인으로 살아간 명조이다. <寅中丙火로 正官格에 官用神함>

(2) 칠살격 (七殺格)

칠살격은 월지 지장간이 칠살에 해당함으로써 성립된다. 寅月정기를 타고난 戊土를 비롯하여 卯月정기 태생인 己土 申月정기 태생의 甲木 酉月 정기태생의 乙木 巳月 여기생의 壬水 亥月 中氣생의 戊土日生은 모두가 칠살격이다. 칠살은 범처럼 배우지 못한 사나운 권세로써 일단 출세했다하면 큰 인물이 된다. 그러나 범을 잡으려 하면 범 같은 힘과 용맹이 있어야 한다. 그러한 강대한 힘이 없으면 칠살은 감당할 수 없으므로 격국이 성립될 수 없다. 때문에 칠살격이 성립되려면 첫째로 身이 강해야 하고 신강하다 해도 둘째는 그러한 힘이 없을 경우엔 보신을 해줄 수 있는 인수가 있어야 칠살을 인수로 변화시켜 일주를 생부하고 건강을 회복시켜야한다. 이는 배우지 못한 용맹시를 덕으로 가르쳐서 주인을 해치고 반역하려는 악의를 스스로 버리고 주인에 덕망에 감동하고 교화되어 충성을 다하는 역군으로 만드는 것으로써 적이 동기가 되고 전화위복이 되는 것이다. 셋째로 일주와 칠살이 비등하거나 일주를 도와주는 비견겁재가 있어야 한다. 동기간이 합세하면 범을 물리칠 수 있듯이 인수가 없어서 적을 교화시키지 못하는 경우엔 동기간인 비견겁재의 지원을 받아서 우선 칠살을 이겨내고 물리칠 수밖에 없다. 그러면 일주는 범을 잡은 용감한 영웅이요 권력자로서 이름을 떨치고 천하의 범으로 군림하게 된다. 넷째는 일단 칠살격이 성립되었으면 칠살을 침해하는 형충파해가 없어야 하고 칠살을 도와주는 재성이 없어야 하며 일간이 허약해서는 안 된다. 그러한 병이 발생하면 칠살격은 병든 환자로서 무대에서 물러나 병원에 입원하고 병을 고치는 약을 구해야 한다. 그 약을 구하였을 경우 소생하여 성격이 될 것은 상식적 사실이다.

<더 자세히 보기>
<2>편관격 (偏官格)

편관격은 월지장간에 편관이 있고 편관이 투출 되어야 한다. 편관은 칠살로서 나를 극하기 때문에 신왕(身旺-일주가 강해야)함이 吉하다 다만 타주에 관살이 없어야 한다. 만약 관살 혼잡 하면 대기(大忌-크게 꺼린다)하다.

<해설> 편관은 호랑이와 같이 무서운 존재이므로 편관이 많고 충하면 겁을 내지만 신왕하거나 신왕 운을 만나면 忌하지 않는다. 그러나 신약하고 편관이 강하면 재앙과 근심이 있게 되지만 식신으로 누르고 중화 시키면 귀하게 된다. 편관은 장점도 있다. 편관은 적당히 제(制)하면 권(權:권세 권)으로 화(化:될 화)하게 되어 귀(貴:귀할 귀)하게 된다.

소년기에 만나면 과거급제 하여 출세하게 되고 늦게 만나도 신왕 마을로 들어서면 큰 재목으로 등용되어 부귀공명 하게 된다. 칠살을 다스리는 방법은 첫째. 식신으로 제살하고 둘째는 비겁으로 合殺(합살)하거나 셋째 인성으로 통관시켜 살인상생으로 만드는 방법이 가장 이롭다.

<편관격 사례 1.>

1906년09월18일丑시생
乾命 丙 戊 壬 辛
午 戌 子 丑

<편관격 사례 2.>

1968년12월28일辰시생
乾命 己 丙 庚 庚
酉 寅 申 辰

위 사례1의 경우는 戌월의 壬수가 辛丑시를 만나고 일지에 子수를 놓아 불약(不弱)이요, 아울러 시간의 辛금이 戌中辛금에 뿌리하고 있어 身旺 하지만 戊戌 편관 역시 丙午火의 도움으로 생왕하니 일주지병이 된다. 그러나 행운에서 木운을 만나 유병득약(有病得藥) 하여 한 나라의 장관의 관직까지 맡아온 좋은 명조이다.

위 사례 2의 경우는 寅中丙火가 월간에 투출하여 편관격이 되었군요. 비록 失令은 하였지만 庚금이 앉은자리에 申금을 놓고 己酉의 扶助를 받으니(印比幇:도울방.身)약이변하여 왕이 된 경우이다. 이 格은 목눈금견(木嫩:어릴눈.金堅:굳을견=나무는 여리고 쇠는 튼튼하다)이니 丙화가 없었더라면 그 寅목은 金制를 당하여 존재하기 어려웠을 것이고 또한 寅목이 없었더라면 丙화는 뿌리가 없어 꺼진 불로 힘이 없었을 것인데 다행히 불가분의 좋은 인연으로 칠살용재(七殺用財格:用財滋殺格)격으로 이루어졌으나 호운(好運)이 없어 身旺한 庚금 이면서도 명성을 얻지 못하고 말았다.

대운 중 甲목운에 木生火로 좋았고 癸수 운에는 년간 己토가 극하여 큰 화는 없었고 亥운에는 寅亥합목으로 生火하여 좋았으며 戌운에 들어서서는 申酉戌대운은 金旺에 火가 入庫되어 길이 막혔으며 酉운에는 木이 피상되고 火는 死宮으로 세상을 떠나게 되었다.

이 사주의 경우 寅월의 庚금이 근본은 약하나 申酉己庚辰을 얻어 득지득세로 약이변해 강이 되었다 그러므로 丙화 官을 써야 하는데 丙화가 약하여 이런 경우는 신왕에는 억제 자가 용신인데 그 억제 자가 약 할 때는 억제자를 생부(生扶-도와주고 부축함)하는 자가 용신이라는 법칙에 의하여 寅목이 용신이 되는 것이니 "편관용재격"으로 분류된다. 다만 木火 운을 만나지 못해 좋은 사주이면서도 무명에 그치고 말았지만 만약 호운이었더라면 일국의 재상감 이었을 것이다.

(3). 식신격(食神格)

식신격은 월지의 지장간이 식신에 해당함으로써 성립된다. 寅月 中氣 丙火를 타고난 甲日生을 비롯하여 未月여기(丁火)태생인 乙日主 辰月中氣 (癸水)태생인 辛日生 申日生 中氣 (壬)태생인 庚日主 亥月중 (甲木)태생인 壬日主 卯月정기(乙木)태생인 癸日主는 모두가 식신격이다. 식신은 자기 정기(正氣=精氣)를 외부로 작용시키고 발휘하는 활동기능이요 수단으로서 그 자체가 건전하고 강해야 하는 동시에 주체인 일주가 건강해야 한다. 따라서 인간의 활동목적인 재물이 있어야 비로소 식신격은 건전하다. 신왕하고 식신이 강하며 재성이 있으면 몸이 건강하고 활동력이 강하며 수익성이 높은 형상으로서 일생동안 봉직하거나 투자하여 쉴 새 없이 활동하고 생산하여 치부하게 된다. 그러나 일주가 약하면 환자가 활동하는 격으로서 견딜 수가 없으며 식신이 도리어 병이 된다. 때문에 먼저 일주의 허약성을 고쳐주는 보약(인수)이 있어야 비로소 식신격이 성립되고 식신을 감당할 수 있다. 반대로 일주는 강하고 식신이 약하면 능력은 있으나 활동무대가 빈약한 것이니 식신을 움직이고 작용을 극대화 시키는 재성을 만나는 것이 급하다. 재물을 보면 힘이 용솟음치듯이 식신의 작용이 활발해지고 극대화함으로써 자기 능력과 활동과 수익을 최대한 발전시킬 수 있다. 일주가 강하고 식신이 강하다 해도 일주를 극하는 칠살이 있으면 돈 보다도 칠살을 감당하기가 어려우므로 원기를 보강하는 인수나 비견겁재가 필요한 동시에 칠살을 도와주는 재물이 있으면 호랑이가 날개를 다는 격으로서 식신이 칠살을 감당하기에 앞서 재물로 변하여 칠살을 돕고 일주를 공격하는 반역자로 둔갑함으로써 식신격은 성립될 수가 없다.

　식신격이 가장 두려워하는 것은 첫째로 일간은 강한데 식신이 빈약하며 더욱이 식신을 치는 편인을 만나는 것이다. 식신격은 식신이 주인을 먹여 살리고 운명을 이끌어가는 충신이요 사공인데 그 자체가 허약해서는 유명무실하다. 하물며 병든 식신이 벽력같은 편인을 만나 솔개가 병아리를 차는 격으로 식신격은 산산조각이 나고 만다. 이런 때에 편인을 누르고 식신을 춤추게 하는 재성을 만나면 호랑이 앞에 총을 잡은 것처럼 화를 면하고 이득을 얻는다. 가령 甲일주의 경우 식신은 丙火이고 壬水는 편인이며 戊己土는 재성이 된다. 甲木은 강한데 丙火는 쇠약하여 병든 강아지처럼 비틀거리는데 壬水가 침공하면 丙火는 물 벼락을 맞은 호롱불처럼 꺼지고 만다. 이런 경우 戊土가 壬水를 물리치고 동시에 土를 본 丙火는 꽃을 본 나비처럼 생기를 되찾고 있는 힘을 총동원함으로써 죽음의 싸움터에서 큰 승리를 하고 일약 이름을 날리는 것과 똑같다.

　둘째는 일주는 약한데 식신이 재성을 생부하거나 칠살을 돕고 있는 것이다. 일주가 병들어 누워있는데 식신이 재성을 생부하는 것은 병든 환자를 강제로 노동시키는 것이며 칠살까지 동원하는 것은 병든 노동자에게 채찍을 내리치는 격으로서 죽음을 독촉하는 살인행위인 것이다. 주인의 병을 돌보지 않고 피를 빼고 매를 치는 식신의 집이 온전하거나 지탱할 수는 없다.

　셋째로 식신을 병신으로 만드는 형 충 파 해다. 거목(巨木)도 병들고 좀먹으면 시들고 쓰러지듯이 아무리 좋은 신식격이라 해도 상처 투성이가 되면 손들고 하직하지 않을 수 없다. 이러한 병폐가 발생하면 식신격은 파격(破格)이 되고 다행이도 병을 고치는 약을 만나면 파격은 다시 소생하여 성격(成格)이 된다.

<더 자세히 보기>
<3> 식신격 (食神格)

　식신격은 월지 장간의 식신으로 구성된다.
식신은 의식주(依食住)인데 재(財)를 생하여 사람의 일상생활에 필요한 경제적인 면을 말하는 것이다. 이격은 본질이 신약이 되기 때문에 신왕(身旺)을 필요로 하기 때문에 비겁이나 인성을 기뻐 하지만 편인을 좋아 하지 않는다. 식신격의 특징은 타격에 비하여 변화가 많음으로 자세히 명조를 살펴야 한다.

<해설> 식신이 왕하면 재관보다는 좋은 것인데 일간이 왕 함을 요한다. 만약 식신을 도식(倒食) 즉 편인이 와서 극하면 탈식(奪食)상태가 되어 식신이 상하게 되는 것이니 그때는 화(禍)가 천 가지가 와서 괴로움이 풀일 날이 없게 된다.

<식신격 사례 1>

1945년10월13일辰시생				
乾命	乙	丁	庚	庚
	酉	亥	寅	辰

<식신격 사례 2>

1994년05월10일丑시생				
乾命	甲	庚	乙	丁
	戌	午	亥	丑

　위의 사례1은 庚일의 亥월생 으로 장간의 투출은 없으나 식신생재격 으로 본다. 시간 庚금이 辰酉의생조로 強 金이 剋木하여 金이 병이나 약인 월상 丁화가 약하지만 寅木에 착근하여 유력하므로 재력가로 소문난 거부였지만 庚辰대운에 재물과 몸이 함께 망가져 몰(沒-물에 빠져 가라앉다)하였다.

　위의 사례2는 午월의 乙목이 시간에 丁화가 투출하여 食神格이 성립되었다. 그러나 見官으로 불리하여 보이지만 乙庚합으로 묶이면서 큰 문제가 없을 것이고 壬申 癸酉 대운까지는 별무 소득 하다가 甲戌대운부터 발복할 사주이다.
<참고>식신도 둘 이상이면 상관으로 본다. 식신은 정관의 정관으로 하나만 있을 때는 괜찮으나 둘 이상이면 강하게 극하여 살이 된다.

(4). 상관격(傷官格)

월지에 상관이 투간하면 상관격이 형성된다. 寅月여기(戊土)태생인 丁日主를 비롯하여 卯月 正氣(乙木)태생인 壬日生 辰月 中氣(癸水)태생인 庚日主 巳月 中氣(庚)태생인 己日生 午月中(己土)태생인 丙日主는 모두가 상관격이다. 상관은 일주의 지능(知能=精神)을 외부로 작용시키는 심적 활동기능이요 수단으로서 日主와 상관이 다 같이 건전해야 한다. 첫째는 일주가 강하고 상관이 건전하며 활동목적이인 반대급부가 있어야 한다. 일간이 강하면 일주의 재능을 아낌없이 발휘할 수 있다. 그러나 아무리 일주와 상관이 견실하다해도 활동의 대가(代價)인 재성이 없으면 일할 의욕이나 기분이 없어지므로 모두가 침체하고 녹슬게 되며 급기야는 상관이란 집이 쓸모가 없는 흉가로서 문을 닫고 폐가가 된다. 때문에 일간이 강하고 상관이 강하면 반드시 재성이 있어야 한다.

둘째로는 일주가 약하면 상관이 작용 할 수 없고 상관이 작용하면 환자가 머리를 들볶으면 자신을 지탱할 수 없으므로 일주를 생해주는 인수를 만나야 한다. 보약을 먹으면 건강을 회복함으로써 상관을 감당하고 재물을 생산할 수 있다. 상관격이 가장 두려워하는 파괴분자는 첫째가 정관이다. 상관이 정관을 보면 재물을 생산하지 않고 벼슬을 쳐부수는 흉한 별로 돌변함으로써 일주는 돈을 벌지 않고 싸움만 일삼는 그러한 흉기를 버리지 않을 수 없다.

세 번째는 일간이 허약해서 상관을 감당할 수 없는 처지에 재성이 여러 개 있어서 상관작용을 극대화 시키고 병든 환자 머리를 들볶는 것이다. 허약한 환자를 쉴 새 없이 머리를 쓰개하고 밤을 새워 채찍질하면 졸도하여 쓰러질 것이 분명하다. 주인을 쓰러뜨린 흉악한 상관이 주인으로부터 버림받을 것은 의당 지사가 아닌가?

네 째로 일간은 강한데 상관이 허약하고 더욱이 병든 상관을 공격하는 인수를 만나는 것이다. 상관은 자기 재능을 발휘하는 무대와 같다. 아무리 능력이 훌륭해도 재능을 발휘할 수 있는 무대가 빈약하면 진가를 발휘할 수 없다. 마치 일류 주연배우가 삼류무대에서 그것도 조연노릇을 한다면 어찌되겠는가? 무대를 상대로 먹고사는 연예인 생활을 청산하지 않을 수 없듯이 머리로 먹고사는 상관격은 재능을 파는 시장이 폐쇄됨으로써 버리지 않을 수 없다.

　넷째로는 상관의 뿌리를 도끼로 찍고 좀먹게 하는 형 충 파 해다. 역발산의 장사도 병들면 살 수 없다고 아무리 머리 좋은 상관격도 형 충 파 해를 만나서는 더 지탱할 수가 없다. 다행이 병을 고치는 약을 만나면 회복할 수 있지만 약을 구함이 어찌 손쉽겠는가?

<더 자세히 보기>
<4> 상관격(傷官格)

　상관격도 월지장간에서 투출된 것으로 결정한다.
상관격이란 관(官)을 상하게 하는 자이니 바로 관을 극하는 오행을 말하는 것인데 이 오행으로 격이 이루어졌다는 의미이다. 상관은 정관 자손을 극하는 것이니 상관을 놓으면(만나면) 자손에 대한 근심이 있고 상관은 내가 생하는 오행이기 때문에 나의 기를 도적질 당한다하여 도아지기(盜我之氣)라고도 한다. 그러면 상관은 대단히 쓸모없는 육신이라고 생각되지만 꼭 그런 것만은 아니다. 신(身)이 대단히 왕(旺)하였을 때 타 육신을 생하게 되니 그때는 도기(盜氣)가 아니라 설기시켜 좋아지는 것이고 또한 상관에 재(財)가 있으면 식상관은 생재(生財)하고 재는 생관(生官)하니 관은 상하지 않고 관인상생(官印相生)하게 되어 오히려 흉함이 길함으로 되는 일이 많다.

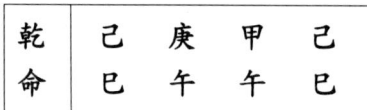
<상관격 사례 1>

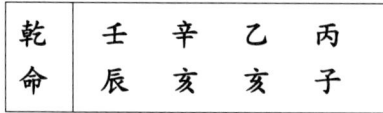
<가상관격 사례 2>

위의 상관격 사례1의 경우 午月의 甲木이 己巳시를 만나고 다시 일지에 午火를 놓으니 眞상관격이 성립된다. 그러나 巳대운 말 壬午년에 14세의 나이로 죽게 되었는데 이런 경우는 진상관이 다시 상관을 만나서 나무가 활활 타버린 형상이라서 불리한데 壬午의 불에 재차 甲木이 死宮에 傷官年 하여 夭壽한 것이다.

위의 사례2의 경우는 亥月子시에나고 다시 일지에 亥水 놓으니 乙木은 범수(汎水)에 부목 되는데 다행이 시상 丙火 상관이 떠서 가상관으로 격을 정하였으나 일찍이 壬子 水旺 운을 만나서 용신 丙화를 극화 하므로 6세인 丁酉년에 酉金은 生水하고 丙화는 酉에 死궁으로 일찍 죽게 되었는데 가상관이 인수 운을 다시 만나면 파료상관(破了傷官)하여 필사(必死)라 하였다.

<진상관용인격 사례 3>

1998년06월16일未시생
坤命

戊	己	丙	乙
寅	未	戌	未

<가 상관격 사례 4>

1986년12월04일亥시생
乾命

丙	庚	壬	辛
寅	子	子	亥

위 사례3의 경우는 丙火가 未월 未시를 만나고 己토가 투출하여 진상관격이 성립되었다. 5土가 설기시키므로 비록 丙火지만 기진맥진이다. 다행인 것은 시간 乙木이 바로 옆에서 生火하고 剋土하나 약하기 그지없는데 乙卯甲寅운이 와서 크게 부귀를 누리게 되나 60대운 癸丑운에 丑中辛금이 乙辛충 하게 되면 인수 乙목이 沖去되므로 수명을 다하게 된다.

위의 사례4의 경우는 子월의 壬수가 亥子를 만나고 庚辛금이 生水하니 대단히 강한 물이다. 다행인 것은 丙寅이 있어 조후하고 설기시키니 가상관으로 격을 정하였다.

5. 재백격(財帛格)

월지에 정재나 편재가 있으면 재백격이 형성된다. 원래는 정재격과 편재격으로 나누는 것이 원칙이지만 재물에 정당하고 부정한 것을 가릴 수 없듯이 재물은 하나요, 둘이 아니기 때문에 하나로 묶어서 재백격이라고 한다. 寅月여기(戊土)태생의 甲乙木 日主를 비롯해서 巳午月 정기(丙丁火)태생의 壬癸 日生 辰戌丑未月의 정기(戊己土) 태생인 甲乙木 日主 申酉月 정기태생 (庚辛金)의 丙丁 日主 亥子月 정기(壬癸水) 태생의 戊己 日主는 모두가 재백격에 해당한다. 재백격은 노동에서 발생하는 대가(代價)로써 첫째로 일주가 돈 버는 노동을 할 수 있을 만큼 건강하고 견실해야 하고 열매인 재성 자체가 왕성해야 하며 재물을 공격하는 비견겁재를 물리치고 재물을 지켜주는 관성이 있어야만 완전하고 견실하다.

둘째로 재물은 많고 일주가 약하면 논밭은 많은데 주인이 병든 환자인격이니 보약인 인수와 협력자인 비견겁재가 있어서 모든 재물을 능히 감당할 수 있어야 한다.

셋째로는 주인은 천하장사인데 논밭은 보잘것없는 것처럼 일주는 강한데 재성이 빈약한 경우에는 재물을 만들기가 어려우니 재성을 생산하는 식신상관이 있어서 중화를 시켜야 한다. 그럼으로써 주인과 직장과 돈은 언제나 안전하고 발전하며 치부를 할 수 있다. 이러한 중화를 상실하면 재백격은 금이 가고 깨어진다. 가령 일주는 강한데 재성은 형편없이 빈약하고 재성을 공격하는 비견겁재기 있다면 재성은 고양이 앞의 쥐처럼 아무런 작용도 못한다. 반대로 일주는 약하고 재성은 강한데 일주를 치는 칠살까지 있다면 일주는 호랑이 앞의 강아지처럼 살아남을 수가 없으니 재백을 감당할 수가 없다. 재백의 묘목을 자르고 꺾고 쑤시는 형 충 파 해가 있어도 재백은 상처투성이의 상이용사로서 재백격은 무너진다. 다행이 이러한 병을 고치는 의사(약)가 있어 구제 된다면 재백격은 실격에서 다시 합격하여 기능을 발휘하고 본분을 가질 수 있다.

더 자세히 보기
  재백은 재물과 비단이라 하여 재성을 뜻하여 하나로 묶었지만 통상적으로 정재 편재로 나누는 것이 통예이므로 더 자세히 보기에서는 정편재를 나누어 설명하기로 한다.

<5> 정재격(正財格)
  정재격이란 월 지장간에 정재가 있고 투간된 격을 말한다. 이격은 재생관살(財生官殺)로 신약하게 되어 비겁이나 인수를 얻어 신왕하게 함이 원칙이지만 신왕재약(身旺財弱)인 경우 상관 식신을 얻어 財를 보해야 한다.

<해설> 정재격에는 충파(冲破)가 없어야 귀하게 된다.
그 이유는 財生官(재생관)하여 재가 생왕(生旺)하여야만 크게 복록을 얻게 되기 때문이다.

<정재격 사례 1>	<정재격 사례 2>
1895년02월18일辰시생	1920년09월21일巳시생

乾命 乙 己 庚 庚
    未 卯 申 辰
	坤命 庚 丙 癸 丁
	    申 戌 亥 巳

  위 사례1의 경우는 卯월의 庚금이 庚辰시를 만나고 다시 일지에 申금을 놓고 己未토까지 부조하므로 비록 실령(失令)은 하였지만 신강한 명조이다.<卯목정재가 年干에 투출하고 있어 正財格이 성립되었다>그러므로 인수는 필요치 않아 乙목 재로 용신하면 된다.
이 사주의 주인공은 광산업 거부(巨富)로 명성을 날리더니 戌운이

들어오면서 여러 갈래의 길로 날뛰더니(飛流+仞) 이슬비에 옷 젖듯이
(破家:(파가)零:조용히 오는비 영.落:떨어질 낙)파산하여 늦은 나이에 어렵게 지내다가 申운에 세상을 떠난 명조인데 신왕재왕(身旺財旺)한 좋은 명조였으나 乙卯목 재성이 己未 마른 흙(燥土)에 뿌리내리지 못한 상태에서 癸酉 壬申의 旺水운이 와서 수다목부(水多木浮)로 가산 탕진한 것이며 戌토는 인수로 힘이 흘러넘쳐 천방지축으로 날뛴 것이며 申운은 강금(剛金)이 財를 치는 형상이라 세상을 하직한 것으로 보면 된다.

위 사례2의 경우는 戌월의 癸수가 丁巳시를 만나서 戌中丁火가 시상에 투간 정재격이 성립되었다. 그러나 丁巳는 丁癸충 巳亥충으로 不用하고 월상 丙화로 正財格을 삼는다.
이 사주의 경우는 재다신약(財多身弱)으로 볼 수 있으나 戌中辛金 巳中庚金의 생조와 年柱 庚申금과 자좌(自座) 亥수의 생부(生扶)로 신약하지 않아 왕재를 부릴 수 있어(任財) 행운의 巳午未 南方火운에 크게 발복하여 大富가된 여명의 명조이다.

<6> 편재격(偏財格)

편재격은 월지장간에 편재로 성립 되는 것이다.
원래 월 편재는 일주의 사궁(四宮)이므로 신약하여 財가 왕 하거나 재생 관을 받고 있으면서 버겁의 생조를 필요로 하는 것이고 財가 적고 비겁이 많을 때는 탈재(奪財)가 되므로 官殺이 있어 비겁을 제지(制) 해야 좋다.

<해설> 편재격을 이룬 자가 신왕하면 영웅호걸이 되는데 양인비겁의 침이 없어야만 복록을 얻게 된다. 재다신약 한 편재격은 노력은 많되 성사됨이 적다. 신왕재왕한 편재격은 큰 재물을 능히 감당할 능력이 있게 됨으로 재복이 있게 된다. 이때 관성이 있어 財生官하면 크게 부귀 하게 된다. 편재는 겁재를 크게 싫어한다. 편재가 겁재를 만나면 빈곤 상처 막힘 등의 凶한 일이 발생 하게 된다.

<편재격사례 1>	<편재격사례 2>
1914년09월20일寅시생	1916년10월14일丑시생
乾命 甲 甲 丁 壬 　　 寅 戌 酉 寅	乾命 丙 己 庚 丁 　　 辰 亥 戌 丑

　위 사례1의 경우는 월지 戌中辛금이 무투출(無透出-천간에 나타나지 않음)되어 주중왕자(柱中旺)자로 볼 때 甲寅木이 왕하고 丁壬이 合木 되어 종격이 될듯하지만 일지 酉금이 있어 부종하고 인수가 많아 官을 喜하지만 壬水 官은 合去로 不用하고 辛酉금으로 인수를 다스려야 하는데 庚辰 대운에 들어서면서 약한 재성이 용신 酉금을 도우므로 일약 거부가 된 국내재벌 회장의 사주이다.(대림산업사장)
<참고>이 사주는 편재격으로 분류하지만 우선 旺者入格으로 보아야 할 것 같다. 일지에 酉금이 깊숙이 박혀있지만 고립된 상태라서 무력하여 주신을 木으로 보고 水木운에 발복하지 않았나 보여 진다.<水木火가 길신이고 金은흉신이 된다.>

　위 사례2의 경우는 亥월 庚금이 丁丑시를 만나고 일지에 戌토를 놓아 인수 왕 한데 年月의 辰己토까지 생조 하므로 인수태왕한 명조이다. 사주구성이 한습 하여 官인 火를 써야할 형편인데 회기무광에 관인상생으로 인수를 강하게 만드니 不用한다.
旺자는 制함보다 泄함을 기뻐하므로 水로 힘을 빼려고 보니 극제 당한 亥수(亥中壬水)는 고립되어 불용하고 亥中甲목을 쓰면 식신생재 하여 유력하고 자좌해(自座亥)에 득장생(得長生)하여 능히 소토(疎土)로 병을 치료할 수 있어 좋아진다.
대운 동방 木운에 부자가 되었으나 巳운을 만나면 亥궁을 충하고 甲목이 巳에 병들고 申년에 木이 絶하여 있는 중 庚辛금이 旺하여 來剋하면 신명에 위험도 있게 된다. 이런 경우는 병약용신으로 풀면 된다. 여기서 중요한 것은 亥月庚日로 금수상관견관(金水傷官見官) 이라 하여 火官을 용신하기 쉬운데 주의해야한다.

6. 인수격 (印綬格)

　월지 지장간에 인수나 편인이 있으면 인수격이 형성된다. 흔히 인수는 친어머니요 편인은 서모나 유모로서 정인격과 편인격으로 구분하기도 하지만 부모를 차별하는 것은 자식된 도리가 아니듯이 서모도 어머니임에는 다름이 없기 때문에 인수격으로 통일한 것이다. 寅卯辰(甲乙木)정기태생인 丙丁火日主를 비롯하여 辰戌丑未月 정기(戊己土)태생인 庚辛日生 巳午月 정기(丙丁火)태생인 戊己日主 申酉月 정기(庚辛金)태생인 壬癸日生 亥子月 정기(壬癸水)태생인 甲乙木 日主는 모두가 인수격이다. 인수는 기르고 가르치는 양식이요 지식으로서 모자가 똑같이 건전해야 한다. 때문에 자식된 일주가 강하고 어머니 된 인수가 허약하면 병든 어머니를 공경하고 보신하는 인수의 인수격인 관성(官星=正官 七殺)이 있어야하고 일주와 인수가 다 같이 왕성하면 일주의 힘이 태왕 함으로써 힘을 설기하는 식신상관이 있어야 하며 인수가 여러 개가 있으면 모자왕쇠(母子旺衰)라고 어머니가 여럿이면 서로 젖먹이는 것을 다투거나 도리어 젖을 굶기듯이 올바른 양육이 어려움으로써 인수의 별을 누르는 재성이 있어야 한다. 그러나 재성이 인수와 맞서는 힘을 가졌거나 재성이 더욱 강하여 인수를 파괴해서는 안 된다. 그렇게 되면 인수는 자식 된 일주를 돌 볼 사이 없고 재성과 싸우기에 바쁘고 재성에게 만신창이가 되어서 쓸모가 없으므로 인수격은 파격이 된다. 인수가 있으면 일주는 어머니의 젖꼭지를 물고 있는 어린애와 같이 건강함으로써 신약할 수가 없고 병들 수가 없다. 그러나 인수가 빈약하면 일주도 허약함으로써 이런 경우엔 인수를 생하는 관성이 있어야 하는데 만일 관성이 없고 인수를 공격하는 재성이 있으면 병든 인수와 일주가 전투에 나가는 격으로서 파격이 된다.
일주가 허약한데 칠살이 있으면 병든 환자가 호랑이와 씨름하는 격이다. 이때에 인수가 있으면 호랑이의 이빨을 빼고 도리어 호랑이를 타고 다니는 격으로서 기지사경에서 의사를 만남과 같다.

그러나 이런 경우 인수와 관성이 많다면 모왕자쇠(母旺子衰)격으로 일주를 돌보지 않음으로써 인수격은 파격이 된다.

인수의 묘목인 월지가 형 충 파 해를 당하면 싹이 병들고 시들고 썩음으로서 인수라는 묘목에서 형성된 인수의 집은 고목처럼 폐기가 되고 문을 닫음으로써 파격이 된다. 의사와 약을 만나야만 다시 인수의 묘목으로서 되살아 날수 있다.

더 자세히 보기
<6> 인수격 (印綬格)

인수격이란 나를 생하여 주는 인수(印綬)로 성립되는 격인데 정인(正印) 편인(偏印)구분 없이 인수격 이라고 한다. 다른 격과 같은 방법으로 성립된다. 인수는 나를 생하는 것이므로 신주(身主)가 자연히 왕 하기 때문에 극하여 주는 것을 좋아한다. 그러므로 월봉 인수는 희 관성이라고 한다.

인수는 재(財)에 상하게 되기 때문에 재성을 대단히 싫어한다.

인수(印綬)는 나를 생하는 오행으로 나에게 이롭다고 하지만 너무 많으면 오히려 병(病)이 되는 것이므로 제(制)하여야 하는데 그 제하는 것이 재(財)가 된다. 생월에 인수를 만나면 관성을 기뻐하는데 사주 중에 관성(官星)이 없어도 대운 세운에 관성이 들어오게 되면 길해진다.

<인수 용 재격 사례 1>   <인수용식신격사례 2>

1899년11월20월16일亥시생				
坤命	己	丙	甲	乙
	亥	子	子	亥

1903년10월25일亥시생				
乾命	癸	甲	乙	丁
	卯	子	亥	亥

위의 사례1의 경우는 子중 癸수의 투출은 없어도 인수 다봉(多逢) 사주라서 인수용재격(印綬用財格) 사주로 보면 됩니다. 火土로 제설함이 마땅하다. 대운이 木火로 흘러 좋습니다. 이 사주는 임영신 중앙대학 총장의 명조입니다. 子월의 甲목이 乙亥시를 만나고 지지에

다시 亥子를 만나니 水氣가 태왕한명조이다. 水木이 응결될 수도 있으나 천간에 木火土 희신이 나타나 조후하고 제수설수(制水洩水)하니 사주가 좋아졌다. 더욱이 대운이 木火로 흘러 좋아졌는데 월봉인수(月逢印綬)하면 선생님 팔자라고 한다.

　위의 사례2의 경우는 子월의 乙목이 일시지에 쌍으로 亥수를 만나고 年支에 다시 卯목을 만나 亥卯로 합木하면서 水木 상생으로 양기성상(兩氣成象)에 丁화 식신을 만나 인수용 식신격(食神格)이 되었다.

<참고>
　인수는 대체적으로 財에 피상(被傷-입을 피. 상할 상) 되므로 재성을 꺼리지만 다음과 같이 木 일주가 인수인 水가 많으면 표류(漂流-떠돌 표. 흐를 유)하게 되는데 이런 때에는 財가 되는 土가있어 범람하는 물을 막아주어야 표류를 막고 뿌리를 내리니 절대 나쁘다고만 하면 안 된다. 이와 같이 인수는 나를 생하여주어 좋다고 하지만 너무 많으면 오히려 병이 되는 것이니 사주는 고르게 분포된 사주를 최고로 보는 이유가 바로 여기에 있는 것이다.

7. 건록격(建祿格)

월지에 일주의 정기(建祿)를 타고 났으면 건록격이 형성된다. 寅月 정기(甲木)태생인 甲日主를 비롯하여 卯月 정기(乙木)태생인 乙日生 巳月정기(丙火)태생인 丙日主 午月 정기(乙木)태생인 丁日主 申月 정기(庚金)태생인 庚月主 酉月 정기(辛金)태생인 辛日主 등은 모두가 건록격이다. 건록격인 일주가 왕성한 정기(精神-正氣)를 타고난 것이니 육체와 정신이 건전하고 벼슬하고 사업하는 기운이 강하다. 때문에 재관이나 식신이 있으면 크나큰 활동을 하고 출세를 할 수가 있다. 반대로 재성이나 관성 또는 식신이 없으면 힘은 장사인데 일거리가 없는 것처럼 쓸모가 없게 된다. 건록격은 이미 완성된 성인 격으로서 파격이 되는 수가 없다. 그래서 내격이 아니고 외격이라고 주장하는 파도 있다. 홍콩의 위천리씨가 그 대표적 학자다.

더 자세히 보기

이 록(祿-복 록.행복)이라는 학설은 두 가지로 나누어 볼 수 있는데 그중 하나는 관록 즉 正官을 의미 하는 것이고 또 하나는 十干祿이라 하여 갑록재인(甲祿在寅-甲목에 寅목이 있을 때) 을록재묘(乙祿在卯-乙목에 卯목이 있을 때)를 록근(祿根)했다라고 주장하는 학설도 있다. 어쨌든 건록격을 말함은 월건(月建)을 위주로 말하는 것이고 혹 年支祿 日支祿 時支祿이 있는데 이는 십간록으로 月에 있으면 建祿 日에 있으면 專祿 時에 있으면 歸祿이라고 명명하는 것이다. 그러나 그 작용은 월록이 가장 강하고 작용이 크고 좋다고 하는 것이다.

<월령 건록격 사례 1>

1961년01월16일亥시생				
坤命	辛丑	庚寅	甲午	乙亥

<월령 건록격 사례 2>

1990년05월08일辰시생				
乾命	庚午	辛巳	丙申	壬辰

사례 1의 경우 木旺春令에 건록하고 亥에 得長生하여 일주가 심히 生旺하다.
사례 2 의 경우 丙火 비록 巳月 爐治之火에 得祿하고 년지 午화에 祿根하다.

<년지 건록격 사례 3>   <건록격에 득시록한 사례 4>

坤命	庚子	壬午	癸未	庚申
	1960년06월01일申시생			

坤命	甲午	乙亥	壬寅	辛亥
	2014년10월06일亥시생			

사례 3의 경우 癸일 午월생이라 신약한데 년지에 록근 월간에 壬수 투간 되다.
사례4 의 경우 亥월 壬수가 월과 시에 록근하여 時祿까지 얻고 시간 辛금 얻다.

8. 양인격(羊刃格) - 月刃格 - 월에 칼을 찾다.

월지에 제왕이 투간 하였으면 양인격이 형성된다. 卯月정기(乙木) 태생인 甲日主를 비롯하여 午月정기(丁火)태생인 丙日主 子月정기(癸水)태생인 壬日主 등은 모두가 양인격이다. 陰일주에도 제왕이 있고 양인이 있으나 陰日 양인은 본질상 애매한 것이 있기 때문에 양인격의 형성에 있어서 찬반양론이 있지만 제왕을 타고난 陰일주는 일단 양인격으로 잡되 참작하여 판단하는 것이 합리적이다. 왜냐? 양인은 칼날이 새파랗게 서있는 사나운 군인인데 비록 여군이 있다고 해도 남군과는 다르기 때문이다. 같은 陽일주의 양인격에 있어서도 丙日主의 午月정기 태생은 午中己土가 있어 丁火가 설기되고 허약함으로서 순수한 양인이 될 수 없다하여 양인격으로 취급하지 않고 상관격으로 취급하는 학파도 있다.
양인격은 제왕의 집으로 파격이나 실격이 없다. 그래서 건록격과 같이 내격이 아니고 외격으로 취급하는 학파가 있다는 점도 참고하기 바란다.

더 자세히 보기

양인은 겁재로서 대단히 센 강한 살이다. 양의 뿔을 칼로 베어낸다는 칼잡이 격이다. 양인이 모두 나쁜 것은 아니다. 그러나 양인을 놓은 자는 직업적으로 강한 일을 하면 대발(大發) 한다고 한다. 양인격은 특수한 격이므로 아래에 양인의 사례를 기록하고 보면서 구체적으로 설명하려고 한다.

<월령 건록격 사례 1>

1978년05월20일寅시생				
坤命	戊	戊	戊	甲
	午	午	午	寅

<월령 건록격 사례 2>

1975년05월08일辰시생				
乾命	乙	戊	丙	壬
	卯	子	申	辰

사례 1의 경우 木旺春令에 건록하고 亥에 得長生하여 일주가 심히 生旺하다.
사례 2 의 경우 丙화 비록 巳월 爐冶之火에 得祿하고 년지 午화에 祿根하다.

<년지 건록격 사례 3>

1960년06월01일申시생				
坤命	庚	壬	癸	庚
	子	午	未	申

<건록격에 득시록한 사례 4>

2014년10월06일亥시생				
坤命	甲	乙	壬	辛
	午	亥	寅	亥

사례 3의 경우 癸일 午월생이라 신약한데 년지에 록근 월간에 壬수 투간 되다.
사례4 의 경우 亥월 壬수가 월과 시에 록근하여 時祿까지 얻고 시간 辛금 얻다.

2. 외격(外格)-정팔격외 특별한 격

　인간의 운명은 사주구조의 원칙에 따라서 월지의 苗木을 기준으로 하여 이름(格局)을 짓고 그 넝쿨의 뻗어가는 방향과 잎과 꽃과 열매의 실태를 종합하여 부귀빈천을 가리는 것이 상식이지만 때로는 묘목과 일주를 떠나서 전체적인 형세를 기준으로 집의 이름을 짓고 운세를 판단하는 경우가 있다. 이와 같이 월지와 상식을 벗어나서 격국을 형성하는 비정상적인 격국을 외격 이라고 한다. 外格은 그 자체가 비정상 이듯이 특수한 사주로서 그 주인공의 인물 또한 비범하고 특수하다. 조화를 가지고 있는 것이 외격 이듯이 외격의 주인공은 조화가 무쌍하다. 용이 되면 다행이지만 때로는 용이 못되는 이무기도 있으니 외격은 무엇인가 출세를 하고 세상을 구제하는 조화력을 가진 큰 인물이 발생하는 반면에 도리어 사람을 해치는 나쁜 조화를 부리는 반사회적 인물도 나올 수가 있다. 그러나 외격 그 자체가 비합리적이거나 비정상적인 것이 많듯이 외격 이라고 해서 비범한 사주요, 인물이라고 단정하는 것은 속단이요, 오판이니 음양오행의 원리에 따라서 세밀히 분석하는 것이 중요하다. 외격은 전체적으로 막강한 세력을 형성하고 있는 오행에 순종하는 종격(從格)을 비롯하여 六합의 化神에 순응하는 화격(化格)과 전체를 독점하고 있는 하나의 오행에 집약하는 일행득기격(一行得氣格)과 서로 상치되고 막상막하의 힘을 가진 두 개의 오행으로 형성된 양신성상(兩神成象格)격으로 대별한다. 내격(內格)이 대체로 오행이 고루 갖춰있고 중화를 위주로 하는데 반하여 외격(外格)은 한두 가지의 오행이 독점하고 판을 치며 운명을 좌지우지 하는 것이 특색이다. 때문에 내격은 오행이 주류하고 생극제화(生剋制和)함으로써 비약적 발전이나 일락천장의 급선 직하가 드문데 반하여 외격은 독점한 오행이 득세하면 일약 비룡재천 할 수 있고 반대로 실기실세하면 하루아침에 추풍낙엽이 되는 흥망성쇠가 심한 풍운아의 운명이다.
이제 그 전모와 진상을 살펴보기로 한다.

1. 종격(從格)

　종격은 사주구성에 있어서 어느 한 가지 오행이 특별히 강왕하고 전체를 독점함으로써 감히 그 기세를 꺾을 수 없을 경우 강대한 독점 기세에 따르는 격국을 말한다. 원래 강한 것은 눌러주고 약한 것은 생부해 주는 것이 사주의 묘리요 철칙이지만 워낙 태강하여 감히 누를 수 없는 막강한 힘은 도리어 건드리지 않고 그 힘을 돋구어주거나 스스로 빠지도록 하는 것이 현명하고 현실적인 물리요 역학 원리다. 종격에는 일주의 오행이 지나치게 강대해서 모든 신하(日干이외의 三干巳四 支는 一主에 종속된 신하)가 군주에 그대로 추종하는 日主체위의 종격과 日主는 쇠약하고 신하가 너무 강대해서 주인이 된 주권을 포기하고 신하의 세력에 따르는 신하본위의 종격 등 두 가지가 있다.

일주본위의 종격
　일주본위의 종격은 일주의 오행이 강대한 **종왕격**과 일주를 생해주는 인수가 강대하여 득세하고 지배하는 **종강격**의 두 가지가 있다.

2. 종왕격(從旺格)

　종왕격은 일주와 똑같은 오행인 비견겁재가 사주를 대부분 점유하고 일주를 공격하는 관살이 전혀 없거나 비견겁재가 강대하고 인수가 있는 사주구조를 말한다. 사주가 일주 오행으로 꽉 차 있어서 다른 오행은 전혀 기를 피거나 사족을 쓸 수가 없으며 사주를 운영하고 관리하는데 전혀 간섭할 수 없다. 다만 일주의 동기간만이 전권을 잡고 횡행천지를 한다. 때문에 일주를 극하는 관살을 만나면 큰 난리가 벌어진다. 모든 오행은 자신을 지배하는 관살을 만나면 벼슬아치 앞에 백성이 순종하듯이 관살 앞에 복종하는 것이 철칙이요 상식이다. 그러나 종왕격은 자기 일족의 막강한 세력을 믿고 벼슬아치 관살이 찾아와도 반항하고 대결한다. 그렇다고 벼슬아치가 백성의 반항에 물러서거나 용서할리는 없다. 벼슬아치는 노발대발하여 당장법대로 백성을 포박하여 형벌을 내린다. 극성지패라고 종왕자는 자기세력만 믿고 날뛰다가 폐가망신을 당하는 것이다. 그와 같이 종왕격은 관살을 대운이나 세운에서 만나면 큰 화를 당한다. 그 실례를 들어보자.

(예1)
癸 乙 甲 乙
卯 卯 寅 亥

춘생 甲木이니 득령하여 신왕한데 二乙二卯一癸一亥가 있어 四柱 전체가 水木으로 욱어져 있으니 木의 天地요 기세가 당당하다. 누구도 木의 기세를 꺾을 수가 없다. 만일 庚辛 申酉 대운이나 세운을 만나면 일전을 불사한다. 金과 싸운 木이 온전할 리가 없다. 만신창이가 되어 크게 패함을 당한다.

(예2)
戊 己 戊 己
戌 未 戌 未

未月生 戊土가 득령하고 金체가 土一色이다. 어찌 그 强土를 함부로 건드릴 수 있는가 甲乙寅卯를 만나면 성난 황소처럼 덤벼들고 격전을 벌린다. 木과 싸운 土가 어찌 온전하겠는가? 살이 찢어지고 뼈가 부러지고 가산이 파산하고 형벌을 당하는 등 큰 화를 당한다.

3. 종강격(從强格)

사주에 인수가 거듭 있고 대세를 지배하고 있으며 일주와 비견겁재와 같이 두 가지 오행이 합심협력해서 이성을 형성하고 있는 인수비견의 신하가 종강격이다. 종왕격은 비견이 득세하고 인수가 협조하는 비견겁재의 천하인데 반하여 종강격은 비견겁재 보다도 인수의 비중이 크고 천하대세를 잡고 있는 특색이다. 인수가 최고권을 가짐으로써 인수를 침공하는 식신상관을 만나면 황소처럼 뿔을 들이받는 통에 무서운 파란이 발생하고 큰 화를 가져온다. 그와 같이 위세가 당당한 일주를 극하는 관살을 보면 득세한 일주가 범처럼 덤벼들고 격전이 전개됨으로써 상처투성이의 큰 화를 가져온다. 종왕격과 다른 것은 종왕격이 단독집권인데 반하여 종왕격은 인수와 비견이 합동하여 천하를 독점하는 공동 집권이다. 따라서 공동집권이면서 최고권은 인수가 가지고 있으므로 인수와 대결하는 식신상관을 두려워한다.

(예1)
己 戊 辛 戊
丑 辰 未 戌

 土月生의 辛金이 태산에 둘러 쌓여있다. 土가 전권을 잡고 辛金 辛未를 보호하니 土金天下를 이뤘다. 식신상관인 水를 보면 군토(郡土-무리지은 토)가 쟁재(爭財-재물을 놓고 서로 싸운다)하여 집안이 발끈 뒤집히고 관살인 火를 침공하면 辛金이 안하무인격으로 반항함으로써 상처투성이의 화를 면할 수 가 없다.

(예2)
壬 癸 甲 甲
子 卯 子 子

 춘생 甲木이 득령하고 壬癸二水와 丁三子가 生扶하니 사실상 浮木이 되고 水가 金격을 잡고 있다. 식신상관인 火가오면 郡水가 爭財하다가 九死一生의 위기를 초래하고 金이 오면 甲木이 안하무인으로 날뛰다가 상처를 당한다. 종왕격은 왕왕히 착각할 경우가 많다. 그러나 양자는 서로의 비중을 면밀히 분석하고 계산해서 <u>비견겁재의 비중이 크면 종왕격이고 인수의 비중이 크면 종강격이다.</u>

다음 일례를 살펴보자.

辛 庚 癸 庚
亥 子 亥 申

인수가 넷이요, 비견이 넷이니 막상막하다. 언뜻 보기에는 金이 많아서 종강격이다. 그러나 오행의 비중은 十二운성의 왕약에 있으니 이럴 때는 金과 水의 十二운성을 살펴야 한다.

첫째. 癸水는 月支에 득령하나 강왕하고 亥에 태왕하나 극성이며 亥가 두 개나 있으니 전성인데 비하여 金은 月支에서 실령하니 쇠약하고 子에게 死하고 亥에서 病이되니 근기가 약하며 물구덩이에 빠지는 것을 申支에 가까스로 지탱하고 있는 형국이다. 水가 全格을 잡고 있음을 한 눈에 볼 수 있으니 종왕격이 분명하다. 종왕이나 종강은 그 자체가 강왕함으로서 힘이 왕성하고 독립하여 무엇이든 능동적이고 비약적이다. 벼슬길에 올라서면 계급이 물 솟듯 뛰어 오르고 지위를 손쉽게 잡는 것이다.

신하 본위의 종격

일주가 극도로 쇠약하고 신하가 극도로 강하면 중과부적으로 옥새를 신하에게 넘겨주고 그에 의지할 수밖에 없다. 신하에는 벼슬을 맡아보는 관살과 재정을 맡아보는 재성과 자식의 위치에 있는 식신상관의 세 가지가 있다.

4. 종재격(從財格-재성을 좇아가는 격)

일주가 극도로 신약한데 반하여 재성이 득령하고 득세하여 천하를 지배하면 일주도 그에 추종하지 않을 수 없다. 재성이 집권하고 지배하는 재성의 천하를 종격이라고 한다. 종격을 형성하려면 첫째. 재성이 득령하고 지지를 모두 점유하거나 방국이 三合局을 형성하여 재성이 득지하는 동시에 천간에 재성을 生扶하는 식신상관이나 재성이 있고 재성을 보호하는 관이 있는 반면에 일간을 생해주는 인수나 일주가 다리를 뻗고 붙일 수 있는 지시의 생기나 왕기가 한 점도 없어야 한다. 그러기에 일주는 극왕한 재성을 감당할 능력이 없으므로 하는 수 없이 재성에게 주권을 넘겨주고 보호를 받아 그 덕으로 득세를 하는 것이다. 때문에 인수나 비견 운이 오면 큰 풍파가 발생한다. 힘이 없어 재성에 복종한 주인이 보약을 먹고 원기를 회복하며 동기간의 협력을 얻으면 반드시 재성에게 넘겨준 도장을 찾으려 덤빈다. 그렇다고 협력한 재성이 순순히 도장을 되돌려 줄 리는 없다. 여기서 양자 간에 큰 싸움이 일어나고 상처투성이의 화를 입는다. 그것은 일단 시집을 간 여인이 친정으로 되돌아와서 친정의 세력을 빙자해서 싸우는 격이니 시집에서 쫓겨나고 큰 화를 당할 것이 분명하다.

(예1)
庚 乙 丙 己
戌 酉 申 丑

庚金 財神이 득령하고 甲酉戌방국을 형성하였으며 巳支에 전기가 가득 차 있고 丙火를 생해주는 一점의 乙木이 庚金과 干合한데다가 己土가 生財하니 외로운 丙火가 종재하지 않을 수 없다.

(예2)
丁 丙 癸 甲
未 午 巳 寅

재성 丙丁火가 득령하고 巳午未 南方火局을 형성했으며 甲木이 生財하니 극왕(極旺)하다. 日主 癸水를 생해주는 인수가 이점도 없으니 어찌 자주독립 할 수 있겠는가? 재성에 의존할 수밖에 없다.

5. 종살격(從殺格-관살을 좇아가는 격)

일주가 극도로 쇠약한데 반하여 관살이 득령하고 득세하면 관살을 감당할 수 없으므로 부득이 모든 권리를 포기하고 종살 하지 않을 수 없다. 그 여건은 종재와 똑같이 관살이 득령하고 三合국이나 방국을 얻어 四支를 독점하는 동시에 천간에 살을 生扶하는 재성이나 관살이 있는 반면에 일주를 생해주는 인수나 일주가 발붙일 생왕(生旺)의 지지가 없어야 한다. 종살격은 살을 도와주는 財運이나 官殺 운에 가면 대발전하고 관살을 공격하는 식신상관 운이나 일주를 생부해주는 인수 비견 운에 가면 파탄과 재화가 발생한다.

(예1)
戊 辛 乙 乙
戌 酉 酉 酉

 秋月生 乙木이 발붙일 곳이 없고 辛金을 득령 하고 생해주는 土가 있어 天下를 장악하고 있다. 호랑이 칠살이 날개를 펴고 호령하니 乙木이 어찌하겠는가? 종살하여 그에 의존할 수밖에 없다.

(예2)
壬 丁 己 己
寅 未 卯 亥

 未月生 己土가 득령하고 丁火 印綬가 있으나 亥卯未木국하여 未土가 木국으로 변질하고 丁火는 壬水와 육합하여 化木하였으니 모두가 천지로 변하였다. 己土가 의지할 곳은 하나도 없으니 木의 살신(殺身)에 도장을 넘겨주고 살의 힘에 의존할 수밖에 없다.

6. 종아격(從兒格-아래 수하를 좇아감)

 일주가 쇠약하고 인수가 없는데 반하여 식신이나 상관이 천하를 독점하여 일주의 기운을 빼내면 환자가 피를 토하는 격이니 사는 길은 식신상관에게 도장을 넘겨주고 그에 순종하는 것뿐이다. 식신상관은 내가 낳은 자식이니 자식에 의지한다 해서 종아격 이라고 한다. 일단 식신상관에게 전권을 넘겨주고 식신상관이 집권하였으면 집권자가 욱일승천으로 발전해야 한다. 비견겁재는 식신상관을 생해주는 인수이니 좋고 식신상관 운에는 집권당이 크게 합세하고 협력하니 더욱 좋고 개성을 만나면 식신상관의 꽃이 피고 열매가 생겨 최고의 행운이다. 그러나 식신상관을 공격하고 일주를 생해주는 인수가 오면 식신상관이 반항하고 격전을 벌이며 상처투성이가 됨으로써 큰 화를 가져오며 관살을 보아도 식신상관이 적대시하고 도전하므로 파란이 일어난다. 종격은 처녀가 친정을 버리고 시집을 간 것이니 시집이 잘 살아야 자신도 부귀하듯이 종아는 주신(主神:종아격은 식신상관이 주신이다.)이 상처 없이 안전하고 발전해야 그 자신도 부귀영화를 누릴 수 있다.

(예1)

丁 壬 癸 丙
卯 寅 卯 辰

春生 水가 장생이 둘이고 辰中癸水가 있으며 月上壬水가 있어 水生木하였으며 寅卯辰 東方木局이 형성되어 木이 天下를 독점하는 동시에 壬水 또한 丁火와 化木하여 木의 天地가 되었으니 從木(종목-식신)하지 않을 수 없다.

(예2)

甲 丁 癸 乙
寅 卯 卯 卯

春生 水가 장생이 三개나 있어 득기 하였으나 地支에 四支가 모두 木으로서 木天下가 되었고 天干에 甲乙木이 병립(竝立)하여 天下大格을 잡으니 의지 없는 癸水는 그에 순종하지 않을 수 없다. 木을 생부하는 水木운과 木의 수기(秀氣)를 발휘하는 대운(財運)을 만나면 대발하고 목신(木神)을 공격하는 金運(인수운)을 만나면 큰 화를 초래한다.

7. 화격(化格)

　일주와 월간 또는 시간이 육합하고 化神이 득령하며 化神을 공격하는 흉신이 없으면 화신이 日主를 대신하여 天下를 점유하고 지배한다. 이는 화신이 득기하고 독립하는 변태적 격국으로서 화격 또는 화기격 이라고 한다. 기는 계절을 의미하여 계절을 만난 화신이 집권한다는 뜻이다. 화격은 육합한 化神이 득령 하고 득기 하여 득권 하는 것이니 반드시 때를 얻어야 한다.

　때를 잃은 화신은 구름을 얻지 못한 용처럼 하늘을 날을 수가 없다. 일부학파에서는 일주가 육합을 하였으면 대를 얻지 못했어도 化神으로 변한 화격으로 취급하는 것이 당연하다고 주장하고 있다. 왜냐? 육합은 오행의 변화로서 일단 변화된 오행은 화신으로 존재할 뿐 원진(육합이전의 일간오행)으로 되돌아올 수 없기 때문에 어차피 화신으로 때를 기다리고 화신의 작용을 해야 한다는 것, 일리가 있는 이야기니 참고로 하는 것이 좋겠다.

　그러나 일반적으로 특기 득령을 해야만 화격으로 인정하고 있다. 일부에서는 득령한 화격을 진화격(眞化格)이라고 하고 득령을 하지 못한 화격을 가화격(假化格)이라고 하며 진화격은 왕후공경(王後公卿)의 대귀 격인데 반하여 가화격의 주인공은 고아가 아니면 두가지 성을 갖는 비천한 인물이라고 하기도 한다.
원래 화자(化者는 조화 무쌍한 용)을 말하니 화격이 얼마나 큰 그릇인가는 가히 짐작할 수 있다.

　그 조화 무쌍한 용의 화격이 제대로 성립되었으면 용이 여의주를 얻고 하늘을 나는 격이니 크게 출세할 수 있고 만인을 위해서 훌륭한 일을 할 수 있는데 반하여 화격이 때를 잃거나 파괴신이 있어서 파격이 되었으면 용이 구름을 얻지 못해서 바다에 잠겨있는 이무기로 타락한 것이니 세상에 쓸모가 없고 출세가 어려움에 따라서 타고난 재주를 악용하지 않을 수 없는 것이다.

　그러나 가화격도 일단 때를 만나면 비룡재천(飛龍在天)하는 기회를 얻어 일약 대발할 수 있으니 수신재가하고 때를 기다리는 수양이아

쉽고 중요하다. 화격은 반드시 일주를 기준으로 하여 일주와 바로 이웃인 월간이나 시간과 육합 해야 한다. 화격은 甲己化土격을 비롯해서 乙庚化金격 丙辛化水격 丁壬化木격 戊癸化火격의 다섯 가지가 있다. 화격이 성립되었으면 化干은 化神으로 바꿔야 한다.

가령 丁壬木하였으면 丁은 陰木으로 음목인 乙木으로 壬은 양간이므로 陽木인 甲木으로 고쳐 써야 한다.

8. 화토격(化土格)

甲日 己月 또는 甲日 己時 己日 甲月 또는 己月 甲時생 으로서 辰戌丑未의 정기를 타고나면 화토격이 성립된다. 같은 辰戌丑未이라 해도 입절후(三月청명이 三月二日에 들었으면 三月二日을 入節日이라고 하고 二日이후 입절 후라고 한다.) 十二日 이전의 여기나 중기태생이면 土月의 정기가 아님으로써 득령이 아니고 甲己火土의 화격이 성립될 수 없다.

(예1)

戊 壬 甲 己
辰 戌 辰 巳

九月정기 태생으로서 득령 하였고 四支가 全土이며 土의 化神을 극하는 木이 없으니 성격이다.

(예2)

癸 乙 甲 己
卯 卯 辰 巳

甲己化土는 하였으나 실령을 하였고 파괴하는 木이 득령하고 왕성하니 化土격은 산산조각이 났다.(파격이다)

9. 화금격(化金格)

乙日 庚月 乙日庚時生이나 庚日乙日庚時生으로서 申酉月生 또는 巳丑 水月生으로서 金기를 타고 났으며 金神을 파괴하는 火가 없으면 성격이 된다. 월령에 있어서는 方本位로 申酉戌月을 따지는 학파와 三合본위로 巳酉丑月을 고집하는 양파가 있는데 여기서는 양쪽을 모두 받아들이기로 한 것이다. 서로가 합리적인 주장이기 때문이다.

(예1)
甲 癸 乙 庚
申 酉 丑 辰

乙庚化金하고 化神이 득령하였으며 化神을 극하는 丙丁火가 없으니 성격이다. 乙干을 辛金으로 고쳐서 甲申 癸酉 辛丑 庚辰으로 봐야 한다.

(예2)
甲 丙 乙 庚
申 寅 丑 辰

乙庚 化金이 부령하고 化神을 극하는 丙火가 있으니 파격이다.

10. 화수격 (化水格)

丙日 辛月 丙日 辛時 辛日丙月 辛日丙時生으로 亥子 月生 또는 申辰丑月의 水기를 타고났으며 水化神을 극하는 土가 없으면 성격이 된다.

(예1)
甲 丙 辛 壬
辰 子 丑 辰

丙辛化水가 득령하고 수기를 장지하고 잇는 辰丑土가 있으니 성격이다 水氣없는 未戌土가 있으면 파격이다.

(예2)
甲 丙 辛 壬
戌 辰 未 辰

辰月정기 태생으로서 戊土가 득령하고 戌未 양토가 극水하니 丙辛化水가 무기하고 무근하며 무력한 화신으로 파격이 되었다.

11. 화목격(化木格)

丁日壬月 丁日壬時 壬日丁月 壬日丁時生 寅卯月生이나 亥未辰月生中 木기를 타고났으며 木神을 치는 金기가 없으면 성격이 된다.

(예1)
丁 壬 壬 丁
未 寅 寅 未

丁壬化木이 竝立하고 화신이 득령 하였으며 화신을 파괴하는 金이 없으니 성격이다. 水木운으로 가면 대길하고 金운을 만나면 대파하고 대화를 초래한다.

(예2)
戊 庚 丁 壬
辰 辰 亥 寅

丁壬化木이 실령하고 金이 극木하니 화신이 혼비백산하여 파격이다.

12. 화화격(化火格)

戊日癸月 戊日癸時 癸日戊時 癸日戊時生으로 巳午月生이나 寅戌未生中 화기를 타고 났으며 화신을 극하는 壬癸亥子가 없으면 성격이 된다.

(예1)
辛 癸 戊 丙
亥 巳 午 辰

戊癸化火신이 득령하고 화신을 극하는 亥는 巳의 충으로 무능화하였으며 辰中 癸水는 午中己土가 억누르니 화신이 온전하여 성격(成格-격을 이루었다)이 된다. 그러나 亥와辰은 화신의 적이요 기신으로서 항상 경계해야 할 신중(身中)독기임을 잊어서는 안 된다.

(예2)
壬 戊 癸 丙
子 申 亥 辰

戊癸合化火神이 실령하고 화신을 극하는 壬水와 申中 亥辰이 포위하고 있으니 고양이 앞에 있는 생쥐처럼 위기일발이며 화신이 실신을 하고 있으니 파격이다.

13. 화격과 투합(妬合)

화격(化格)은 음양의 결함이요 1대1의 순수하고 공명정대한 배합으로서 2대1등의 투합이 있으면 화합할 수 없듯이 화격은 성립될 수 없다.

(예1)
甲 丁 壬 丁
戌 卯 午 未

丁壬化木이 득령하였으나 二丁一壬의 투합이 되어 壬水는 二丁中 어느 것을 택할 수도 없이 二丁을 모두 포기하지 않을 수 없다. 四柱는 곧 사람의 운명으로서 윤리를 벗어날 수 없듯이 인간사회의 현실을 무시할 수 없다.

14. 화격의 성패

화격은 화신을 공격하는 극신이 있으면 파격이 되는 동시에 극이 있다 해도 그 극신을 제화(制化)하는 구신(救神)이 있으면 파격이 다시 성격으로 변한다. 인간 만사에 성패가 있듯이 격국에도 성패는 무상하다.

(예2)
辛 丙 乙 庚
酉 申 丑 辰

乙庚火金이 득령 하였으나 丙火가 극金하여 파격이다. 다행이 년간 辛金이 丙火와 六合하여 化水이니 병이 없어지고 완쾌되어 化金격이 성립되었다.

15. 일행득기격(一行得氣格)

四柱의 干支八字가 한가지의 오행으로 가득 차 있고 그 기세를 감히 꺾을 수 없으면 그 一行을 전격으로 보살펴주고 추호라도 극해서는 안 된다. 이러한 一行득기격은 金木水土의 五종류가 있는데 득기한 一行을 생해주는 운으로 가면 크게 발전하고 반대로 극하는 운을 만나면 격전이 발생한 싸움터로 변하여 큰 화를 가져온다.

16. 곡직격(曲直格)

甲乙日主로서 木月生이고 木多하며 金이 없으면 一行득기격으로서 곡직격이라고 한다. 나무는 곧기도 하고 구불기도 하므로 그 형상을 따서 곡직이라 한 것이다. 곡직격은 木이 득령한 동시에 寅卯辰 水方局이나 亥卯未 三合木局이 형성되어서 木의 집이 튼튼해야 한다. 金을 만나면 대파한다.

(예1)
壬 癸 甲 甲
寅 卯 辰 子

甲木이 득령하고 寅卯辰 동방木局이 형성되어 있으니 四柱金체가 木의 天下되고 木이 득지 득령 하였다. 티 하나 없는 곡직격 이다.

(예2)

癸 乙 乙 癸
亥 卯 卯 未

　乙木이 득령하고 亥卯未 三合木局을 얻었으니 안전 무결한 木의 집이요 天下에 金기가 일점도 없으니 흠이 없는 곡직격 이다.

17. 염상격(炎上格)

　火日火月生으로서 四柱에 火性이 많고 水成이 없으면 염상격이 성립된다. 불꽃이 위로 치솟는 형상을 따서 염상이라 한 것이다. 水운을 만나면 파란만장이다.

(예1)

丁 丙 丙 乙
巳 午 寅 未

　丙火가 득령하고 巳午未南方火국이 형성되었으며 水기가 一점도 없으니 염상격 으로서는 一品이다.

(예2)

丙 甲 丁 壬
戌 午 卯 寅

　丁火가득령하고 寅午戌三合火국이 형성되어 成格이 되었다 時上 壬水는 丁壬火木하여 木신으로 변했고 時支 寅木이 洩水하니 水기가 사라지고 局이 맑아졌다.

18. 가색격(稼穡格)

　土日土月생으로서 辰戌丑未가 있거나 四柱干支에 土성이 충만하고 甲乙寅卯등이 土를 극하는 木성이 없으면 가색격이 성립된다. 봄에는 땅에 씨를 뿌리고 가을에는 곡식을 타작한다 해서 심을 가, 거둘 색(稼穡)자를 써서 가색격이라 한 것이다.

가색격은 火土운에 가면 발전하고 木운을 만나면 파란이 발생한다.

(예1)

戊 己 戊 癸
戌 未 辰 丑

戊土가 득령하고 丑戌辰未가 모두 있으면 天干에 戊己土가 있고 時干癸水가 戊癸化火하여 助土하니 하자가 없는 성격이다.

(예2)

戊 己 戊 丙
戌 未 戌 辰

四柱전체가 火土로 가득 차 있으니 土국이 형성되었다. 土가 전왕(專旺-오르지 전 왕성할 왕)하니 土를 극하는 木을 만나면 일대격전이 벌어지고 파란이 만장된다.

19. 종혁격(從革格)

金日金月生으로서 申酉戌이나 巳酉丑의 金局이 형성되어 丙丁己午의 火성이 없으면 종혁격이 성립된다. 金은 숙살지기로서 만유를 개혁하고 바로잡는 성질이 있으므로 종혁이라고 한 것이다. 土金운에 가면 만사가 뜻대로 성사되고 불을 만나면 큰 파란이 발생한다.

(예1)

戊 庚 庚 辛
申 申 申 巳

庚金이 득령하고 만국(滿局)이 土金이며 時支의 巳火는 申과 支合하여 化水하고 또 巳中 庚金이 있으니 金의 天下를 형성했다. 방국이나 三合을 하지 않아도 金局이 金一色이면 金의 專旺格인 종혁격이 성립된다.

(예2)

戊 辛 辛 己　　戊 辛 庚 乙
戌 酉 巳 丑　　申 酉 戌 酉

　上命은 巳酉丑金局을 하고 右命은 申酉戌방국을 형성하였으니 빈틈없는 종격이다.

20. 윤하격(潤下格)

　水日 水月생으로서 亥子丑 방국이나 申子辰水局을하고 水를 극하는 土性이 없으면 윤하격이 성립된다. 물은 만물을 윤택하게 하면서 아래로 흐른다 해서 윤하라 한 것이다. 金 水운을 만나면 꽃이 피고 土운을 만나면 풍랑이 일어난다.

(예1)

壬 壬 壬 庚
申 子 辰 子

　壬水가 득령하고 申子辰水局을 얻었으며 土가 一점도 없으니 성격이다.

(예2)

辛 庚 癸 癸
亥 子 丑 丑

　水가 득령하고 水局을 가졌으니 水가 전왕하고 전권을 잡은 윤하격이 성립되었다.

21. 양신성상격(兩神成象格)

　四柱八字를 서로 상극하는 두 가지의 오행이 대등한 힘을 가지고 서로견제하고 있을 때 어느 것을 일방적으로 보호하면 상대방이 반란을 일으켜 잡을 뒤엎음으로써 양자를 똑같이 보호하여 평화를 유지해야 한다. 이를 양신성상격 이라고 한다. 金 木상충의 양신성상격을 비롯하여 火金土水 水火木土등의 양신상성격이 있다.

(예1)
辛 甲 辛 甲
巳 午 卯 午

　천간에 二金二木이 있고 地支에 一木一金(巳中庚金)이 있어 三대 三으로 대등하게 견제하고 있다. 八字中 二行이 六字를 차지하고 있으니 한 쪽을 공격하면 집의 양이 무너짐으로써 위험천만이다. 서로 똑같이 안정을 갖도록 보살펴야 한다.

(예2)
丁 庚 己 庚
亥 戌 巳 午

　천간에는 二金一火요 地支에는 二金三火로서 四金四火가 병입(竝立)해 있다. 월령으로서는 金이 강하나 火를 생해주는 木 火운을 만나서 火金의 균형을 잡아주는 것이 발전의 열쇠다. (장개석의 사주다.)

(예3)
壬 壬 己 己
子 子 丑 丑

　겉으로 볼 때는 四水四土다. 그러나 水는 득령하고 土는 실령 하였으며 三丑中에도 癸水가 있으니 힘으로는 九대가 四가 된다. 양신성상격은 天支數의 비등이 아니고 실력의 비등을 조건으로 함으로써 이는 계통성을 상실하였고 양신성상격이 될 수 없다.

(예4)
戊 甲 甲 戊
戌 寅 寅 辰

　四木四土지만 木은 득령하여 극왕하고 土는 실령하여 쇠하니 그 힘은 八대 四가 된다. 건록격으로 양신성상격은 성립되지 않는다.

第 二 章
용신론(用神論)

　四柱를 연구하는데 있어서 가장 중요시 하는 것은 格局과 더불어 用神이다. 결국 용신을 제대로 잡을 수 있으면 사주공부는 완성한 것으로 생각한다. 그 만큼 용신은 사주를 감정하고 길흉을 판단하는 열쇠로 믿고 있다. 그러나 용신을 올바로 선택할 수 있다고 해서 사주의 열쇠를 잡는 것은 아니다. 용신은 길흉을 판단하는 기준은 될 수 있어도 언제 무엇으로 어떠한 사태가 발생한다는 구체적이고 실제적인 감정은 불가능하다 그것은 四柱의 육신과 十二운성과 형 충 파 해 공망과 격국 용신과 희신과 기신과 구신 등을 하나하나 분석하고 종합한 연후에 비로소 판단될 수 있는 전체적이고 종합적인 최종판단인 것이다.

　현제까지의 용신론은 두 가지로 요약할 수 있다. 용신지상주의와 용신형식 주의가 바로 그것이다. 용신 지상주의자는 사주전체를 중화시키고 요리하는 정상적 지주(支柱)요. 일생을 운전해가는 사공이요, 운전자가 바로 용신으로서 사주학은 곧 용신이라고 결론짓기를 서슴치 않는다. 이에 대하여 용신형식주의자는 용신은 사주의 구조에 따라서 그때그때 필요한 보좌관으로서 절대적이나 불변적인 것이 아니다. 가령 겨울태생이의 金水 상관격은 상관이 가장 싫어하는 관성의 火神을 조후용신으로 선택하듯이 때로는 원리와 상식을 벗어난 용신법도 있다. 그렇다고 겨울金의 金水상관격이 언제까지나 官星火神을 용신으로 사용하는 것은 아니다. 대운이 남방 운으로 운행하고 있으면 이미 조후가 중화되었기 때문에 관성을 계속 사용할 필요가 없듯이 용신은 변경 되어야 한다.

　억강부약(抑强扶弱-강하면 눌러주고 약하면 도와준다)의 용신법도 그러하다. 신약사주는 財官을 누르고 자신을 生 扶하는 인수나 비견 겁제를 용신으로 선택하는 것이 상식적이다. 그러나 대운이 인수나 비견 운으로 행하여 건강을 회복하고 신약이 신왕으로 바뀌졌다면 이미 인수용신은 쓸모가 없는 것이 아닌가? 도리어 재관을 보강하는 것이 시급한 것이다. 때문에 용신절대주의나 지상주의는 다시 고쳐 생각할 문제이다. 명서(命書)에도 체(體-몸체)는 불변이지만 용(用神)은 한걸음 걸을 때마다 달라질 수 있다고 하지 않았는가? 그렇다고 용신을 경시하거나 원리원칙을 떠난 무질서한 선택을 허용할 수는 없다. 다만 사주의 생명인 통변을 그 무엇에도 구애됨이 없이 현실에 입각해서 아낌없이 자유자재로 활용하는 것이 참다운 삶이 있는 용신 법임을 밝혀두는 바이다.

<1> 용신선택법(用神選擇法)

용신을 잡는 데는 다섯 가지 방법이 있다 첫째 억강부약 (**抑强扶弱**)의 용신법이 있고, 둘째 병이 있으면 약으로 고쳐야 한다는 병약용신법(**病藥用神**)이 있으며, 셋째 사주는 생명체의 운명구조이니 춥고 더운 기후를 조절하는데 생사성쇠(**生死盛衰**)의 열쇠가 있다는 조후용신법이 있고 넷째는 외격(外格)과 같이 전왕(專旺)한 것은 억강부약의 원칙을 떠나서 대세를 따르는 것이 옳다는 전왕용신(**專旺用神**)법이 있으며 다섯째는 서로 대립하는 상극된 구조는 서로 통할 수 있는 통관이 열쇠라는 통관용신(**通關用神**)법이 있다.

1. 억강부약용신법(抑强用神法)

日主가 강하면 일주를 억제하는 식신상관 재관 용신이 되고 일주가 약하면 일주를 생하고 도와주는 인수와 비견 겁재가 용신이 된다. 가령 정관격인 경우 일주는 약하고 정관은 강한데 재성이 정관을 도와주고 있으면 일주를 더욱 약화시키는 재성을 누르고 일주를 도와주는 비견겁재를 용신으로 택해야 한다. 반대로 일주는 강하고 정관은 약한데 인수가 더욱 일주를 생해주고 관성의 기운을 설기한다면 강한 인수를 누르고 약한 관성을 도와주는 재성을 용신으로 택해야 한다. 이것이 바로 강한 것은 누르고 약한 것은 도와주는 억강부약의 용신 채택원리다.

2 병약용신법(病弱 用神法)

건강을 해치는 신체의 흠이 병이듯이 사주의 중화를 해치는 五行의 흠이 곧 병이며 그 흠을 제거하는 것이 곧 약이다. 가령 신약사주로서 인수에 의존하는 경우 그 인수를 해치는 재성이 있다면 그 재성이 곧 병이요 재성을 제거하는 비견겁재가 곧 약이 된다. 병이 있고 약이 있으면 중화를 유지하여 건전하게 발전할 수 있지만 병은 있고 약이 없다면 가난뱅이 환자요 장기적 고질병 환자로서 오랫동안 천신만고(天辛萬苦)를 겪어야 하고 약을 구할 때 까지는 발전을 기대할 수 없다. 병 약설을 가장 크게 떠든 명리정종(命理正宗)은 대병자(大病者)는 대귀(大貴)하고 무병(無病)자는 평범하다고 했다. 이 말을 다시 정리하자면 사주에 병이 있고 약이 주중에 있거나 약신의 운을 만나면 크게 발전 한다는 말이고 무병자 즉 무난한 사주는 보통사람으로 굴곡 없이 편안하게 살아간다는 말이다.

3. 조후용신법(調候用神法)

五行의 강약이나 사주의 병 약을 떠나서 춥고 더운 기후로서 운명을 조절하는 것이 조후용신법이다. 가령 壬申年 癸丑月 乙丑日 辛巳時생 이라면 乙木이 추위에 얼어 떨고 있으니 오행상의 강약보다는 먼저 불을 넣어주어야 숨을 돌리고 꽃이 필 수 잇다는 것이며 丁丑年 丙午月 乙丑日 丁亥時생이라면 乙木이 더위에 허덕이고 목이 타고 있으니 무엇보다도 시원한 물을 주어야 정신을 차리고 발전 할 수 있다는 것이다. 이 조후 용신을 전격으로 다룬 것이 궁통보감이다.

4. 전왕 용신법(專旺用神法)

사주의 구조가 어느 한 가지 오행이 독점하였을 경우엔 극왕(極旺)한 그 대세를 건드릴 수 없으니 억강부약을 섣불리 사용했다가는 무서운 파란이 일어난다. 때문에 전왕한 왕신을 그대로 용신으로 택하되 더욱 생부해 주는 것이 발전의 열쇠라는 것이 전왕용신법이다. 가령 戊寅年 乙卯月 乙未日 甲寅時生이라면 木이 전권을 잡고 戊土는 발붙일 곳이 없으니 극왕한 木을 억누르고 허약한 土를 생부해 주면 도리어 큰 파란이 발생한다. 때문에 旺木을 그대로 도와주고 생해주는 것이 개운(開運)하는 열쇠가 된다. 여기서 전왕이란 글자의 뜻을 알고 갈 필요가 있다. 專자는 오르지 전 자로 섞이지 않았다는 뜻이고 旺자는 성할 왕 왕성하다는 말로 세력이나 기운이 왕성하다는 뜻이니 전왕이란 오행이 섞이지 않고 왕성한 세력이 대세를 이룬다는 말이다.

5. 통관용신법(通關用神法)

두 개의 상극된 오행이 대등하게 대립되고 있는 양신성상격의 경우 양자를 똑같이 견제하고 보호하는 조절을 통관용신법이라고 한다. 가령 戊戌年 甲寅月 甲戌日 乙丑時生 이라면 木과 土가 똑같이 四대 四이므로 이를 조절하는 데는 木土를 다같이 누르고 설기하는 金과 강한 木을 실기하고 득령하지 못한 土를 도와서 母土의 힘을 중화시키는 火와 두 가지가 있으니 火金 통관용신법이라고 한다.

여기서 확실히 알고 넘어갈 필요성이 있어 한마디 첨언하자면 旺神은 극하는 것 보다 설기시킴이 좋다고 한다. 우리 아이들에 비유해 말하자면 아이가 성질이 강하여 말을 잘 안 듣는다면 때려서 버릇을 고치는 방법과 칭찬하고 달래서 버릇 고치는 방법이 있는데 둘 중에서 특 강자는 누르면 반항하게 되어있어 누르는 것보다 달래는 것이 더욱 효과적이라는 말도 된다. 木과 土가 대립할 경우 화를 중간에 넣으면 목생화 화생토로 자연스럽게 달래고 도와주니 화합할 수 있다는 말이다.

<2> 용신선택 비결

격국에 따라서 용신은 각양각색이고 같은 격국이라도 적용법은 여러 가지로 변화한다. 이를 종합적으로 빠르게 선택하는 원리와 방법을 여기에 소개한다.

(甲) 정관격 (正官格)
　정관격이 성립되었는데,
日干이 약하고 정관을 도와주는 재성이 거듭 있으면 재성을 누르고 일주를 도와주는 비견겁재를 용신으로 삼는다. 비견겁재가 없으면 인수를 용신으로 택한다. 일간이 약하고 관살이 여러 개 있으면 인수를 용신으로 삼고 설기하고 일주를 생부 해주어야 한다.
일간이 강하고 비견겁재가 많으면 비견겁재가 병이므로 그를 억누르는 관성을 그대로 용신으로 삼아야 한다.
일간이 강하고 인수가 많으면 관성이 더욱 허약해짐으로써 인수를 누르고 관성을 보강하는 재성을 용신으로 택해야 한다.
일간이 강하고 식신상관이 여러 개 있어서 관성을 억누르면 재성을 용신으로 선택하여 신식상관을 설기하고 관성을 도와주어야 한다.

(乙) 재백격(財帛格=偏財格)
정재격이나 편재격으로서,
　일주가 약한데 식신상관이 많고 재성을 도와주고 있으면 인수를 용신으로 삼아서 식신상관을 누르고 일주를 생해주어야 한다.
일주가 약한데 재성이 강하면 비견겁재를 용신으로 택해서 일주를 도와주고 재성을 눌러야 한다.
일주가 약한데 관살이 많으면 재관의 압력을 감당할 수 없으므로 인수를 용신으로 삼아야 관성을 설기하고 일주를 생해 주어야 한다.

일주가 강한데 비견겁재가 여러 개 있으면 재성이 위험하므로 식신상관을 용신으로 택하여 재성을 도와주어야 한다. 식신상관이 없으면 비견겁재를 누르고 재성을 보호하는 관살을 용신으로 삼는다.
일주가 강하고 인수가 많을 때는 재성을 그대로 용신으로 인수를 눌러야 한다.

(丙) 인수격(印綬格=偏印, 正印格)

정인격이나 편인격으로서,
일주가 약하고 관살이 많으면 인수로 용신을 삼는다.
일주가 약하고 상관식신이 많으면 인수로써 용신을 삼는다.
일주가 약하고 재성이 많으면 비견겁재로 용신을 삼는다.
일주가 강하고 비견겁재가 많으며 관살이 있으면 관살을 용신으로 삼고 관살이 없으면 식신상관으로 용신을 삼는다. 그래서 일주를 설기해 줘야한다.
일주가 강하고 인수가 또 있으면 재성으로 용신을 삼아 인수를 눌러 주어야 한다.
일주가 강하고 재성이 많으면 인수가 위험하므로 관살을 용신으로 하여 재성을 누르고 인수를 보호해 주어야 한다.

(丁) 식신격(食神格)

사주가 식신 격으로서,
일주가 약하고 관살이 많으면 감당하기 어려우니 인수를 써서 일주를 도와주어야 한다.
일주가 약하고 재성이 많으면 비견겁재로서 재성을 누르고 일주를 도와주어야 한다.
일주가 약하고 식신 상관이 많으면 인수를 용신으로 하고 식신상관을 누르는 한편 일주를 도와주어야 한다.
일주가 약하고 인수가 많으면 재성을 용신으로 하고 인수를 누르고 식신을 도와주어야 한다.

일주가 강하고 비견 겁 여러 개 있으면 식신상관을 용신으로 한다.
일주가 강하고 재성이 많으면 관살을 용신으로 한다.

(戊) 상관격(傷官格)
상관격이 성립되었는데,
日主가 약하고 재성이 많으면 비견겁재를 용신으로 하고 재성을 눌러주어야 한다.
일주가 약하고 관살이 많으면 인수를 써서 관살을 설기하고 일주를 도와주어야 한다.
日主가 약한데 식신상관이 많으면 인수를 용신으로 하고 日主를 도와주는 한편 태과한 식신상관을 눌러야 한다.
日主가 강하고 비견겁재가 많으면 칠살을 용신으로 하고 비견겁재를 눌러 주어야 한다.
日主가 강하고 인수가 많으면 재성으로서 용신을 삼고 인수를 눌러야 한다.

(己) 칠살격(七殺格)
칠살이 성립되었는데,
일주가 약하고 재성이 많으면 비견겁재를 용신으로 하고 재성을 눌러야 한다.
일주가 약하고 상관식신이 많으면 인수를 써서 일줄,f 도와주고 식신상관을 눌러야 한다.
일주가 약하고 관살이 많으면 감당하기 어려우니 인수를 용신으로 하고 관살을 설기하여 일주를 도와주어야 한다.
일주가 강하고 비견겁재가 많으면 칠살로서 용신을 삼는다.
일주가 강하고 인수가 많으면 재성으로서 용신을 삼는다. 그래서 인수를 눌러야 한다.
일주가 강하고 관살이 거듭 있으면 식신상관을 용신으로 하고 관살을 눌러주어야 한다.

(庚) 종격(從格)

종왕격은 비견겁재를 용신으로 한다.
종강격은 인수와 비견겁재를 용신으로 한다.
종재격은 재성을 용신으로 한다.
종살격은 칠살을 용신으로 한다.
종아격은 식신상관을 용신으로 한다.

(辛) 화격(化格)

甲己火土격은 土가 용신이고
乙庚化金격은 金이 용신이고
丙辛化水격은 水이가 용신이고
丁壬化木격은 木이 용신이고
戊癸化火격은 火가 용신이다.
化格이 너무 왕성하면 설기하는 化神의 상신상관을 용신으로 하고
화격이 파격이 되었을 경우엔 구제하는 용신으로 삼는다.

(壬) 일행行득기격(一行行得氣格)

곡직격은 木을 용신으로 하고
염상격은 火를 용신으로 하고
가색격은 土를 용신으로 하고
종혁격은 金을 용신으로 하고
윤하격은 水를 용신으로 한다.

(癸) 건록격(建祿格)

건록격이 성립되었을 때,
신약하고 재성이 많으면 용신으로 삼고
신약하고 관살이 많으면 인수를 용신으로 하여
신약하고 식신상관이 많으면 인수를 용신으로 하고
신강하고 관살이 많으면 재성으로 용신으로 하며

신강하고 재성이 많으면 관살을 용신으로 하고 관살이 없으면 식신 상관으로 용신을 삼는다.
신강하고 식신상관이 많으면 재성을 용신으로 삼고
비견겁재가 많으면 관살을 용신으로 삼는다.
신수가 많으면 재성으로 용신으로 삼고

(別 1) 양인격(羊刃格-月刃格)
양인격이 성립되고,
재성이 많으면 관살을 용신으로 하고 관살이 많은 사람은 재성으로 용신을 삼으면 상관식신이 많으면 재성으로서 용신을 삼고 비견겁재가 많으면 관살을 용신으로 삼으며 인수가 많은 사람은 재성으로 용신을 삼고 재성과 관성과 식신상관이 만반(사주에 가득하면)이면 인성을 용신으로 삼는다. 甲日卯 庚日酉 壬日子는 가장 강하고 순수한 양인으로서 그 성질이 광폭하다. 때문에 양인을 억누르는 재성과 관성이 많아서 그 힘을 빠지게 하고 횡포를 부릴 수 없게 만들어야 한다. 만일 인수나 비견이 오면 호랑이에게 고기를 먹이는 격으로 더욱 화를 가져온다. 특히 양인은 재물을 공격하는 겁재로서 양인을 누르는 재관이 없거나 양인을 도와주는 인수나 비견이 보면 재물을 공격하는 힘과 작용이 그만큼 강대함으로써 상처(傷妻) 손재(損財)함이 크다. 그러나 甲庚壬日의 양인 이외는 그 힘이나 성질이 과히 광폭하지 않으므로 덮어놓고 억누르는 것을 부당하다.

(別 2)용신의 구별(用神의 區別)
용신이 형 충파해나 극 합이 없으면 건전이라고 한다. 용신이 약할 때 그를 도와주는 조신(助神)이나 용신이 형 충 극 합이 되었을 때 그를 구해주는 구신(救神)을 상신(相神)이라 한다. 상신은 용신과 대등한 중요성을 가지고 있다. 격국이 정재 격인데 용신 또한 정재인 것은 격국상겸(格局相兼)이라 하고 대단히 중요한 것이다.
용신은 사주의 정신이요 배의 사공이자 돛대로서 사주의 흥망성쇠와 사활을 좌우하는 핵심처럼 중요한 역할을 하기 때문에 세력이 있고 특기를 하며 원조를 얻고 형 충 극함이 없어야 한다. 용신이 강하면 정신이 건전하고 사공이 성실함과 같으니 만사가 뜻대로 이루어 질 수 있다.

第 三 章
사주감정요결 (鑑定要訣)

사주는 타고난 선천 운(四柱八字)과 이 세상에서 전개되는 후천 운(大運과 歲運)을 기초로 하여 길흉화복을 감정하고 판단한다. 신천 운이 타고난 그릇(선박 또는 자동차)이라면 후천 운은 활동하는 무대(용도 또는 차로나 항로)이다. 타고난 그릇이 아무리 튼튼하고 쓸모가 있다고 하여도 용도(시장)가 없으면 쓸모가 없는 고물로서 퇴장(退藏)될 수밖에 없듯이 비록 그릇은 약하고 변변치 못하다 해도 용도가 많고 서로 쓰겠다는 임자가 많으면 최고의 값을 받을 수가 있는 것이다. 그와 같이 사주가 좋다고 해서 덮어놓고 잘사는 것이 아니고 사주가 변변치 않다 해서 반드시 못사는 것이 아니다.
배가 크고 튼튼해도 뱃길이 험하고 풍랑을 만나면 하루아침에 박살이 나고 혹은 침몰하듯이 비록 배는 작고 약하다 해도 순풍 순우(順風順雨)의 뱃길을 만나면 아무런 탈 없이 일생을 만족하게 잘 살수가 있는 것이다. 그래서 四柱가 불여대운(不如大運)이라고 한다. 四柱가 좋은 것 보다 대운이 좋아야 한다는 뜻이다. 대운은 十年을 지배하고 세세 년 년은 세군이 지배한다. 한 대운은 10년의 세군을 거느리고 있으니 같은 대운이라 해도 세운에 따라서 기복과 흥망이 달라진다. 세군은 1년 12개월을 다스리는데 十二장관을 거느리고 각 장관은 배정된 한 달 동안의 행정을 집행하고 있으니 대운이 좋다 해도 세운이 거슬리면 풍파를 면치 못한다. 이제 그 세운판단의 기본 작업을 분석해 보기로 하자.

1. 대운(大運)

　대운은 사주의 묘목인 월지의 넝쿨이 뻗어가는 과정과 방향과 작용을 관장하는 운영의 대세다. 가령 사주의 묘목이 호박이라고 한다면 호박농사는 뿌리 밑거름과 더불어 넝쿨의 방향과 그 환경의 작용에 따라서 풍작(豊作)일 수도 있고 흉작(凶作)일 수도 있다.
넝쿨이 평지로 뻗어간다면 안정도 되고 호박의 성장과 결실도 크게 기대할 수가 있으나 절벽으로 뻗어간다면 허공에 매달리듯이 중심과 안정을 유지할 수가 없고 호박이 열린다 하여도 바탕과 의지가 없으므로 자라날 수가 없다. 그와 같이 호박넝쿨이 울안으로 뻗으면 지켜주는 주인이 있으니 호박농사는 실수가 없지만 울 밖으로 뻗어나가면 지나가는 길손들의 손을 타서 도둑을 맞을 수도 있다.
대운은 월지에서 출발하는 월지의 연장이요 진행으로서 그 방향은 음양에 따라서 결정된다. 양년생(陽年生) 남자와 음년생(陰年生)의 여자는 때를 만났으므로 순리대로 앞으로 진행하고 양년생 여자와 음년생 남자는 때를 만나지 못했으니 거꾸로 역행을 하여야 한다.
순리대로 진행하는 대운을 순운(順運)이라 하고 거꾸로 역행하는 대운을 역운(逆運)이라고 한다. 가령 年月이 남자의 경우 순운은 六十甲子의 순서대로 甲子 乙丑 丙寅 丁卯 戊辰으로 대운이 진행되고 역운은 癸亥 壬戌 辛酉 庚申으로 대운이 거꾸로 뒷걸음질 한다.

(제1)

癸 甲 丁 庚
酉 子 未 戌

(대운) 乾命　　　　　　　　　(대운) 坤命
癸 壬 辛 庚 己 戊　　　　坤　乙 丙 丁 戊 己 庚
亥 戌 酉 申 未 午　　　　命　丑 寅 卯 辰 巳 午

같은 해 같은 날 같은 時에 태어난 四柱라해도 女子는 순운으로서 뱃머리가 동남방의 따뜻한 봄과 여름으로 향하니 한곡퇴춘(寒谷退春)

으로 부귀영화를 누리고 男子는 역운으로서 춥고 메마른 西北方으로 향하니 엄동설한의 풍파를 겪지 않을 수가 없다. 이와 같이 같은 四柱라해도 방향과 계절이 다르면 운명도 크게 달라지는 것이다. 흔히 사주를 비방하는 사람들은 인간이 사주팔자대로 산다면 한날한시에 출생한 쌍둥이가 하나는 재상이 되고 하나는 거지가 되었으니 어찌된 곡절이냐고 따지는데 이는 선천 운과 후천 운이 조화에 따라서 인생의 운명이 크게 달라질 수 있다는 원리를 모르고 하는 말이다. 같은 쌍둥이를 하나로 묶어 놓으면 동일한 운명을 걸어가지만 서로 고장이 다르고 직업이 다르면 사주의 적성여부에 따라서 크나큰 변하를 가져올 수 있다.

가령 四柱가 金水가 왕하여 木火를 요구하는 경우엔 동남방으로 진출한 주인공은 발전하고 출세하며 서북방으로 진출한 사람은 만사가 실패하고 불행을 겪게 된다. 대운은 한 달 30日을 가지고 10年을 계산하기 때문에 三日이 一年에 해당한다.

대운은 절기의 변화이기 때문에 절기와 생일의 시간을 가지고 대운의 단수를 계산한다. 대운의 단수를 계산하는 시간의 계산은 대운에 순운과 역운이 있듯이 두 가지가 있다. 순운 사주는 生日로부터 生月이 절기 입절일까지의 일수를 따져서 3으로 나눈다. 가령 癸丑年 正月十五日 辰時生인 경우 입춘이 正月二日 辰時정초각5분에 입절하고 경칩이 二月二日 丑時正初刻五分에 입절하며 正月이 大月이라면 여자는 순운이니 正月十五日 辰時부터 二月二日 辰時까지의 일수를 따져서 3으로 나누고 남자는 역운이니 正月十五日 辰時부터 正月二日 辰時까지의 일수가 十七日이 되니 3으로 나누면 5가 되고 2가 남는다. 2가 남으면 하나를 올리고 1이 남으면 버리는 2人 10의 원칙에 따라서 그 여자의 대운은 6이 단수가 된다. 그러나 이는 정확한 6이 아니므로 5세 9월부터 대운이 들어오고 十五세 九月 二十세 九월 三十五세 九月 四十五세 九月에 대운이 바뀐다. 남자는 正月 二日 辰時부터 正月 十五日 辰時까지의 일수가 十三이므로 三으로 나누어 四가 되고 一이 남는다, 一은 버리는 것이므로 四대운이 된다. 四세에 대운이 들어오고 四세때마다 운이 바뀐다. 그러나 一이 남았으니 대운이 四세 五월부터 들어오고 바뀌고 한다. 왜냐하면 三日이 一年이니 一日은 四개월에 해당하며 一日이 남았으니 四개월에 해당하니 4개월이 지난 4세 五月부터 대운이 시작되고 五에서 二가 남아 六이 되었으면 一日이 부족하니 四개월을 앞당겨서 六의 대운이 찾아온다. 때문에 五세 九월에 대운이 찾아오고 十年만큼 五세 九월에 대운이 바뀐다. 대운은 계절을 가리키고 日主와의 직접간접적인 통변거래를 하고 있으므로 운명의 진행에 중대한 영향을 가져온다.

가령 丙火를 희신으로 하는 四柱는 丙午 대운을 만나면 나비가 꽃을 본 것처럼 만사가 뜻대로 이루어지고 丙火를 기신으로 하는 四柱는 丙午대운에 서리를 맞는 풀잎처럼 운세가 시들어진다. 대운은 干支를 나누어서 午年만큼 나누어 보는 것이 일반적 경향인데 간지를 통틀어서 그 힘의 비중을 따져서 판단하는 것이 합리적이다. 가령 丙午 대운은 干支가 모두 火이므로 火로서 十年을 보는 것이 당연하고 庚午대운이라면 庚金은 허약하고 午火는 특기하였으니 金을 三分 火를 七分으로 보는 것이 타당하며 甲申대운이라면 甲은 절지에 있고 庚은 흑지에 있으니 木은 三分 金은 七分으로 보는 것이 합리적이나 일반적으로 대운은 방위와 계절을 가리키고 있는 만큼 지지를 더욱 중요시하고 있다.

2. 세운(歲運)

세운은 1년을 통치하는 세군(歲君)과의 운명거래로서 一年동안의 길흉화복은 전격으로 세군의 손에 달려있다. 가령 세군이 癸丑이고 日主가 己未인 경우엔 日主가 세군의 목털미를 내려치는 형국이니 세군이 그냥 관용할 리가 없다. 세군은 一年을 통치하는 세월의 통치자로서 자기와 우호적인 백성에게는 상을 주고 벼슬을 주지만 적대적인 백성에게는 아무런 편의도 제공하지 않음은 물론 형벌을 내린다. 때문에 세군을 극하는 四柱는 자칫하면 형벌을 당하고 만사가 실패이며 세군과 상생하는 四柱는 세군의 가호를 받아 만사가 뜻대로 이루어진다. 대운이 좋으면 어느 정도의 구제를 받지만 세운의 권한은 누구도 간섭할 수 없으므로 세운이 불길하면 만사가 허사다. 대운이 불여세운(不如歲運)이란 바로 이를 두고 한 말이다. 그러기에 세운을 무시하고 대운만으로 四柱의 일생 운명을 판단하는 것은 저울눈을 떠나서 중량을 따지는 것과 같다.
세운은 天干을 중요시하고 지지를 가볍게 보는데 대운에서와 같이 干支를 종합적으로 따져서 판단하는 것이 타당하다.

3. 월운(月運)

세군은 1년 12달을 다스리는데 열두 장관을 배치하여 한 달씩 관의 행정과 집행을 위임했다. 때문에 세군과는 다정해도 월관(月官: 月의 干支)과 상극되면 장관이 미워하고 도장을 찍지 않으므로 고통을 받고 손재를 보게 되며 세군과는 상극되어도 月官과 우호적이면 그달만은 장관의 가호로서 혜택을 누리게 된다. 월운은 천간을 위주로 하지만 대운이나 세운과 같이 간지를 종합적으로 헤아려서 판단해야 한다.
대운과 세운과 월운은 서로 분리될 수 없는 연결된 사주의 항로로서 전체적인 종합과 분석을 통한 판단을 통한 위주로 해야 한다. 대운위주로 하는 것도 큰 실수지만 세운이나 월운을 위주로 판단하는 것도 부분적인 편견으로서 오판의 근원이다.

4. 행운판단 비결

첫째: 운명은 선천(四柱八字)운과 후천운(大運)의 2중창이기 때문에 먼저 선천운의 선악을 판단한 다음 후천 운과 대조해봐야 한다.
선천운인 사주팔자가 멋지게 구성되고 일주를 극하고 해치는 악신(惡神)이 없는 양명(良命)은,
1. 행운이 본명을 돌봐주는 호(好)운이면 운세가 날개를 펴는 것이니 부귀공명을 뜻대로 누릴 수 있고.

2. 행운이 본명을 극하고 해치는 악운인 경우엔 본명이 워낙 좋으니 큰 해는 받지 않겠지만 반드시 어떤 장애물로 인해 뜻을 이루기가 어렵다

둘째: 사주팔자가 잘 구성되기는 하였지만 일주를 극하고 해치는 일부 악신이 있으면,
1. 행운에서 악신을 제거하고 일주를 구제하는 호운을 만나면 만사가 이루어지고,
2. 반대로 희신을 극하고 해치는 악운을 만나면 화가 도처에 발생한다.

셋째: 사주팔자가 모두 일주를 극하고 해치는 악신으로 가득 차 있는 사주는,
1. 악신을 누르고 일주를 돌봐주는 호운을 만나면 큰 복은 받을 수 없지만 불구자가 봄을 만난 것처럼 조그만 기쁨과 작은 뜻을 이룰 수 있고,
2. 반대로 악신을 도와주는 악운을 만나면 고질병이 악화된 것처럼 처참한 고통을 당하고 수명을 부지하기가 어렵다.

넷째: 사주팔자가 악신으로 구성되었지만 악신을 누르고 일주를 도와주는 희신이 있는 사주는,
1. 희신을 도와주는 행운을 만나면 의사가 있고 양약을 얻은 것처럼 기쁨과 발복이 도처에 있고,
2. 희신을 파괴하고 악신을 도와주는 악운을 만나면 화가 도처에 미친다. 이는 타고난 그릇을 자동차로 가정하고 행운을 신작로로 가정해서 생각하면 쉽게 이해할 수가 있다.

첫째: 본명이 멋지고 좋다는 것은 자동차가 튼튼하고 결함이 없다는 말이니 넓고 곧고 평평한 포장이 잘된 신작로(본명을 도와주는 행운)를 만나면 최대의 속도로 최장의 장거리를 멋지게 달릴 수 있으므로 이름을 크게 떨치는 동시에 수익을 극대화 시키고 부귀를 누릴 수 있다.

그러나 길이 좁고 언덕진 울퉁불퉁한 그리고 험한 절벽강산의 신작로(본명을 극하고 해치는 악운)를 만나면 비록 자동차는 튼튼하여 고장이 나지 않고 상하는 일이 없다 해도 길이 막혀 목적지에 갈 수 없으므로 화는 받지 않아도 뜻을 이룰 수가 없는 것이다.

둘째: 타고난 사주가 악신으로 가득 차 있듯이 자동차가 엉망진창으로 고장 난 자동차라면 고속도로와 같이 잘 다듬어진 신작로(호운)를 만나면 변변치 않은 대로 운행하고 속도를 마음껏 낼 수 있으므로 조그만 수익을 올릴 수 있지만 길마저 험준한 산간벽지(악운)를 만나면 차는 더욱 고장이 나서 못쓰게 되고 급기야는 폐차라는 불운에 부딪치게 된다.

셋째: 자동차는 좋으나 일부가 고장 난 것은 그 고장을 고쳐주는 정비기술자(호운)를 만나면 완전한 기능을 발휘함으로써 최대의 수익(행복)을 올릴 수 없는 동시에 차에 타고 있던 승객들이 죽고 상하는 사고가 발생함으로써 큰 손재(불행)를 당하게 된다.

넷째: 자동차는 쓸모없는 중고품이지만 차를 잘 보수하고 운전하는 기술자를 가지고 있는 자동차는 기술자가 최대한 운행함으로써 최고의 수익(행복)을 올릴 수 있고 운전수를 박해하는 악운을 만나게 되면 운전수가 활동을 못하게 되고 차를 잘못 운전함으로써 큰 사고와 화를 일으키게 된다.

이와 같이 같은 사주라 해도 대운과 세운의 행운에 따라서 길흉의 차이가 있고 같은 행운이라 해도 타고난 사주의 구조가 튼튼하고 허약함에 따라서 길흉의 차이가 있다. 한 치의 차이가 천리의 거리차를 가져오는 것이 운명이니 모든 것을 차분하고 세밀하고 분석하고 또 그러한 습관을 체질화 시켜야 한다.

5.격국과 행운(格局과 幸運)

정관격(正官格)으로서,

1. 일간이 약하고 재성이 강한 경우 비견겁재로서 용신을 삼는데 비견겁재가 없으면 인수로서 용신을 삼는다. 인수나 비견겁재 운을 만나면 운세가 활짝 열리고 세관의 운(대운, 세운, 월운)으로 가면 운세가 막히고 만사가 부진하다.
2. 일간이 약하고 식신상관이 많으면 인수로서 용신을 삼으니 인수 운이나 생해주는 관운에 가면 발복하고 상관이나 재운으로 가면 풍파가 있다.
3. 일간이 약하고 관살이 많으면 인수로서 용신을 삼으니 인수비견 운에 가면 크게 발전하고 재 관살에 가면 파란만장이다.
4. 일간이 강하고 비겁(비견겁재의 약칭)이 많으면 정관을 용신으로 삼으니 재 관운으로 가면 봄바람이 행운을 가져다주고 인수비견 운을 만나면 만사가 뜻대로 되지 않는다.
5. 일주가 강하고 인수가 많으면 재성으로 용신을 삼으니 식신 재성 운에 가면 뜻밖의 행운이 있고 인수비견 운으로 가면 물이 막힌 것처럼 만사가 침체되고 부진이다.
6. 일간이 강하고 식신상관이 많으면 재성으로 삼으니 재 관운을 만나면 크게 발전하고 비견 운으로 가면 되는 일이 없다.

재백격(正財 偏財格)으로서

1. 일간이 약하고 식신상관이 많으면 인수를 용신을 삼으니 인수비견 운에는 발전하고 상관재성 운에 가면 모든 것이 막힌다.
2. 일주가 약하고 재성이 강하면 비견겁재 운으로서 용신을 삼으니 비겁 운으로 가면 대발전하고 식신상관 운에 가면 대실패 한다.
3. 일주가 약하고 관살이 많으면 인수로서 용신을 삼는데 인수비견 운으로 가면 발복하고 재관으로 가면 화를 당한다.
4. 일주가 강하고 비견겁재가 많으면 식신상관을 용신으로 삼거나

관살을 용신으로 삼으니 식신상관이나 관살 운으로 가면 운세가 활짝 피고 인수비견 운으로 가면 운세가 캄캄하다.
5. 일주가 강하고 인수가 많으면 재성을 용신으로 삼으니 식신상관 재운으로 가면 만사가 뜻대로 되고 인수 비견 운으로 가면 모두가 실패한다.

인수격(正印 偏印格)**으로서**
1. 일주가 약하고 식신상관이 많으면 인수로서 용신을 삼으니 인수비견 운으로 가면 발전하고 식신상관 재운으로 가면 화를 당한다.
2. 일주가 약하고 관살이 많으면 인수로서 용신을 삼으니 인수비견 운으로 가면 기쁜 일이 있고 재관 운으로 가면 비운이다.
3. 일주가 약하고 재성이 많으면 비견겁재를 용신을 삼으니 비견겁재 운을 만나면 발전하고 식신상관 재운으로 가면 큰 화가 발생한다.
4. 일주가 강하고 비견겁재가 많으면 관살을 용신으로 삼거나 식신상관을 용신으로 삼으니 식신상관 관살 운으로 가면 발전하고 인수비겁 운으로 가면 만사가 실패다.
5. 일주가 강하고 인수가 많으면 재성으로 용신을 삼으니 상관 운으로 가면 모두가 뜻대로 되고 비견겁재 정관인수 운으로 가면 모두가 도로 아미타불 이다.
6. 일주가 강하고 재성이 많으면 관살을 용신으로 삼으니 정관 인수 운에는 발복하고 상관 재성 운에는 풍파가 많다.

식신격(食神格)**으로서.**
1. 일주가 약하고 재성이 많으면 비견겁재서 운을 용신으로 삼으니 인수비견 운에 가면 발신(發身=출세)하고 상관 재 관살 운에 가면 화를 당한다.
2. 일주가 약하고 식신이 많으면 인수로서 용신을 삼으니 정관이나 인수 운으로 가면 복을 받고 식신상관 운으로 가면 화를 당한다.

3. 일주가 강하고 인수가 많으면 재성으로 용신으로 삼으니 식신상관 지운으로 가면 발전하고 인수비견 운으로 가면 극성지패로 실패한다.
4. 일주가 강하고 비견겁재가 많으면 식신으로 용신으로 삼으니 식신상관 운에는 발전하고 인수비견 운에는 풍파가 있다.
5. 일주가 강하고 재성이 많으면 관살을 용신으로 삼으니 재 관살 운으로 가면 이름을 떨치고 인수 비견 운으로 가면 유명무실하다.

칠살격(七殺格)**으로서**,
1. 일주가 약하고 재성이 많으면 비견겁재로 용신을 삼으니 인수겁재 운으로 가면 만사가 뜻대로 되고 상관 재운으로 가면 실패하고 화가 속출한다.
2. 일주가 약하고 식신상관이 많으면 인수로서 용신을 삼으니 인수 운으로 가면 행복하고 식신상관 운으로 가면 불행하다.
3. 일주가 약하고 관살이 많으면 인수로서 용신을 삼으니 인수 비견 운으로 가면운세가 호전되고 재관 운으로 가면 흉하다.
4. 일주가 강하고 비견겁재가 많으면 칠살을 용신으로 삼거나 재성이나 칠살 운으로 가면 발복하고 인수비견 운으로 가면 되는 일이 없다.
5. 일주가 강하고 인수가 많으면 재성을 용신으로 삼으니 상관재운으로 가면 도처에 춘풍이요 정관인수 비겁 운으로 가면 추풍낙엽이다.
6. 일주가 강하고 관살이 중중하면 식신상관을 용신으로 삼으니 식신상관을 운으로 가면 으름을 떨치고 인수 운으로 가면 화가 도처에서 속출한다.

상관격(傷官格)**으로서**,
1. 일주가 약하고 관성이 많으면 인수로서 운을 용신으로 삼으니 인수비견 운에 가면 발복하고 재관 운으로 화를 당한다.

2. 일주가 약하고 재성이 많으면 비견겁재서 운을 용신으로 삼으니 인수비견 운에 가면 순풍순우요, 재 관운으로 가면 파란중첩이다.
3. 일주가 약하고 식신상관이 많으면 인수로서 용신으로 삼으니 정관이나 인수 운으로 가면 운세가 열리고 식신상관 운으로 가면 평지풍파다.
4. 일주가 강하고 비견겁재가 많으면 칠살을 용신으로 삼거나 재성이나 칠살 운으로 가면 발전하고 인수비견 운으로 가면 모두가 허사다.
5. 일주가 강하고 인수가 많으면 재성으로 용신으로 삼으니 식신상관 재운으로 가면 만사가 뜻대로 되고 인수비견 운으로 가면 백사가 막힌다.

외격(外格)으로서,
1. 곡직격인 사람으로서 水木火운에는 발전하고 金운에는 화를 당한다.
2. 가색격인 사람은 木 火 土운은 길하고 木운은 흉하다.
3. 염상격인 사람은 木 火 土운에는 길하고 水운은 흉하다.
4. 종혁격의 사람은 土 金 水운에는 발신하고 火운에는 화가 속출한다.
5. 윤하격의 주인공은 金 水 木운은 대발전하고 土운에는 풍파가 많다.
6. 종재격의 사주는 식신상관 재 관살 운은 좋고 인수비견 운은 흉하다.
7. 종살격의 사주는 재성 칠살 운에는 운이 열리고 인수비견 운에는 운이 막힌다.
8. 종아격의 사주는 식신상관 재운에는 발전하고 관살과 인수 운에는 풍파가 있으며.
9. 종왕격의 주인공은 인수 비견겁재 운에는 이름을 떨치고 재관 운에는 크게 실패한다.

10. 종강격의 주인공은 인수 비견겁재에는 대발전하고 재관 식신상관 운에는 풍파가 있다.
11. 火土격의 사람은 火土金 때문에 성공하고 木운에 실패한다.
12. 火金격인 사람은 土金水운에 출세하고 火운에 곤두박질한다.
13. 化水격인 사람은 金水木운은 길하고 土운은 흉하다.
14. 化水격인 사람은 木火土운에 성공하고 水운에 풍파가 있다.

건록격(建祿格)으로서,
1. 재성이 많고 신약하면 비견겁재로 삼으니 인수비견 운에는 발복하고 재관 운에 가면 만사가 막힌다.
2. 재성이 많고 신강하면 관살을 용신으로 삼으니 재관 운으로 가면 발전하고 인수 비견 운으로 가면 유명무실하다. 관살이 없으면 식신상관으로 용신을 삼으니 식신상관 재관 운에 발복한다.
3. 관살이 많고 신약하면 인수로 용신을 삼으니 인수비견 운에는 운이 열리고 재관 운에는 풍파가 있다.
4. 관살이 많고 신강하면 재성으로 용신을 삼으니 식신상관 재운으로 가면 길하고 비견 운으로 가면 흉하다.
5. 식신상관이 많고 신약하면 인수로서 용신을 삼으니 인수비견 운에는 발전하고 식신상관 운에는 되는 일이 없다.
6. 식신상관이 많고 신강하면 재성으로서 용신을 삼으니 식신상관 재운에는 발복하고 인수비견 운에는 풍파가 있다.
7. 비견겁재가 많으면 관살을 용신으로 삼으니 재관 운에는 길하고 인수비견 운에는 흉하다.
8. 인수가 많으면 재성으로 용신을 삼으니 식신상관 재운으로 가면 뜻을 이루어지고 인수비견 운으로 가면 모든 일이 실패한다.

양인격(羊刃格)으로서,
1. 재성이 많으면 관살을 용신으로 삼으니 식신상관 재운으로 가면 뜻대로 이루어지고 인수비견 운으로 가면 실패한다.

2. 재성이 많으면 재성으로 용신으로 삼으니 식신상관 재운으로 가면 길하고 인수비견으로 가면 화를 당한다.
3. 식신상관이 많으면 재성으로 용신으로 삼으니 식신상관 운에 가면 호전되고 인수비견 운에 가면 역전된다.
4. 비견겁재가 많으면 관살을 용신으로 삼으니 재관 운에는 발신하고 인수비견 운에는 풍파가 있다.
5. 인수가 많으면 재성으로 용신으로 삼으니 식신상관 재운에는 발신하고 인수비견 운에는 만사가 허사다.
6. 재관 식신 상관 운이 만발하면 인수로써 용신을 삼으니 인수비견 운에는 길하고 재관 식신 상관 운에는 흉하다.

행운의 길흉(幸運의 吉凶)

1. 용신을 生扶하는 행운은 길하다. 가령 재성이 용신이면 재성을 생해주는 식신상관이나 재성을 도와주는 재성의 행운은 길하다. 그러나 생부하는 별을 타간(他干=사주의 年月日時의 간지)에서 극하거나 합을 하면 작용을 상실하므로 별일 없이 평탄하다.
2. 용신을 극하는 행운은 흉하다. 가령 용신이 정관이면 상관이 드는 행운은 화를 당한다. 그러나 상관을 타 간에서 극하거나 합해주면 탈 없이 평범하다.

행운감정 비록(幸運鑑定 飛錄)

(1) 일주가 왕하고 정관과 상관이 병출하여 정관이 거세되어 있으면 재운에 통관되어 뜻밖의 발전을 한다. 정관을 용신으로 삼는데 상관이 같이 있으면 통관하는 재운이나 상관을 누르는 인수 운에 호전된다.

(2) 상관을 용신으로 하는데 상관이 많으면 일주가 허약하니 인수 운에 발신한다. 그러나 상관이 적으면 도리어 인수를 싫어한다.
상관을 용신으로 하는데 정관이 같이 있으면 관왕 운에 화를 당한다. 설사 구신이 있어서 구제한다 해도 반드시 악질이 발생하거나 관재를 당한다. 상관과 정관이 같이 있으면 거관(去官)하는 운에 발복한다. 상관이 인수를 쓰는 사주는 재운이 불길하다. 상관이 인수를 용신으로 쓰는 사주는 관살 운에 발복하고 인수운도 길하다. 그러나 식신상관 재운으로 가면 흉하다.

(3) 상관이 있고 인수나 비견이 많으면 재성이 허약하면 재운을 도와주는 재운에 발복한다. 상관이 있고 재성을 용신으로 삼는 사주는 재성을 공격하는 비겁 운을 싫어한다. 따라서 지지에서 재성이 득기 하는 행운에 발복하고 재성을 공격하는 겁재 운에는 죽음을 당하기 쉽다. 상관이 있고 재성을 용신으로 하는 사주는 몸이 가벼운 운에 발전한다. 상관이 있고 칠살을 용신으로 하는 사주는 인수 운에 길하고 식신상관운도 나쁘지 않다. 편인 운은 좋지 않고 칠살 운을 도와주는 재운을 만나면 위험하다.

(4) 신왕하고 칠살이 왕하며 정관이 없으면 청 귀한 관이라고 한다. 時上에 편관이 있고 이를 누르는 식신이나 설기하는 인수가 없으면 식신이나 인수 운에 발복한다. 칠살이 건록을 얻고 왕하면 재성을 보면 귀로 변하고 인수를 보면 발복한다.
칠살을 식신이 너무 누르면 가난한 선비의 팔자라 재운을 만나면 이름을 떨친다. 칠살이 왕하고 신약하면 인수가 있으면 재운을 가장 싫어한다. 칠살이 왕하고 신약하면 신왕운에 발신하고 신약운에는 화가 되풀이 발생한다.

(5) 신강하고 칠살이 왕하며 제살(制殺=칠살을 누르는 식신)이 없으면 살왕운에 귀를 얻어도 오래 보전할 수 없다. 칠살이 강하면 누르는 것을 좋아한다. 다시 관살운에 가면 죽는 일은 없으나 경제적인 고통을 받는다. 칠살이 있는 사주가 관을 만나서 혼잡이 되면 직장을 그만두게 되고 심한 즉 흉사할 수도 있다. 칠살이 있는 사주는 식

신을 용신으로 삼는다. 식신이 약하면 식신을 돕는 행운에 발신하고 칠살이 약하면 칠살운에 발복한다. 칠살과 식신이 서로 공등하고 일주가 약하며 인수비견 운에 길하다.

(6) 관살이 혼잡하면 거관유살(去官留殺 즉 관을 없애고 살만 남는다. 이것이 甲일주에 庚辛이 있으면 관살이 혼잡이고 乙로서 庚을 합하면 거살(去殺)이 되고 丙으로서 辛을 합하면 거관유살이 된다.) 거관유살을 논할 것이 아니라 일주가 약하면 식신 운에 가야 좋다. 일주가 약하면서 종살격이 성립되지 않는 사주(칠살이 식신으로 눌리거나 인수로 化印되면 종살격이 파격이다.)는 재운을 만나면 큰 화를 당한다. 살운에 가면 더욱 위험천만이다. 일주와 칠살이 비등하면 인수 비견운에 가야 좋다. 칠살과 식신이 같이 있으면 칠살운에 가야 발복한다.

(7) 정관이 청순하고 신강하면 관운이나 관성이 三合成局을 할 때 크게 발복한다. 일주가 약하고 관살이 혼잡 된 사주가 다시 재관운을 만나면 거처와 직업이 안정되기 어려운 도류지명(徒流之命)이다. 정관이 월주와 사주에 있고 천간에도 많이 투출한 사주가 다시 관운에 가면 官이 변하여 귀(鬼)살(殺)로 변하니 손재하거나 재난을 당한다. 재관이 왕하고 일주가 쇠약한 사주가 다시 재살 운으로 가면 큰 병을 앓게 된다. 정관이 있고 인성을 용신으로 한 사주는 인수비견 운에 길하다.

(8) 관성이 약하고 신강하면 재관 운을 좋아한다. 정관이 있고 식신상관을 마주본 사주는 재성을 용신을 하고 인수와 정관을 좋아한다. 정관이 있고 칠살이 있으면 비견을 용신으로 하거나 칠상능 제살하는 별을 용신으로 한다. 다시 식신상관 재운에 가면 실의하고 칠살운에는 화가 발생한다.

(9) 식신이 많은 사람은 인수 운을 기뻐하고 식신이 적은 사주는 인수 운을 싫어한다. 관살이 혼잡 되고 상관이 칠살을 합한 사주는 다시 식신 운이나 재운에 가면 흉하다. 또 상관을 치는 인수 운에 가도 흉하다. 식신은 상관 운에 가면 길하지만 편인이나 비견 운은 싫어한다.

(10) 신왕하고 인수가 많으면 재운이 와도 무방하고 신약하고 인수가 있으면 칠살 운에 가도 무방하다. 인수가 있고 비견이 있으면 재운을 기뻐하고 인수만 있고 비견이 없으면 재운을 두려워한다.

(11) 재성이 인수를 치는 사주는 신왕 운에 가서 일이 막힌다.
재성이 있고 인수를 용신으로 하는 사주는 비견 운을 좋아한다. 인수가 지나치게 허약한 사주는 인수를 생해주는 관살 운을 기뻐하고 인수가 태강한 사주는 인수를 누르는 재운을 기뻐한다.

(12) 재다신약 하면 신왕 운에 발복하고 신왕 재약한 사주는 재왕 운에 발복한다. 재성은 많으나 인수가 일주를 생해주는 사주는 거대한 水木처럼 그 집 가문이 오래전부터 이름난 사람이요 처가 현명하고 자녀가 뛰어났으며 만년에 재산을 크게 얻는다. 재성이 없는 사주는 재운에 가면 좋다고 하나 유명무실이다. 재다신약한 사주가 관운에 가거나 재운을 만나면 화가 연속적으로 발생한다.

(13) 재가 많으면 인수를 기뻐한다. 재다신약 하면 겁재 운에서 발복한다. 신왕재약 하면 겁재 운에 화를 당한다. 겁재가 많거나 겁재 운에 가면 어려운 일이 거듭 발생한다. 양인격 으로써 칠살을 용신으로 한 사주는 칠살운 보다는 칠살을 돕는 재운에 발복한다. 칠살이 대중하면 신왕 운이 좋다.

유년법(流年法)

유년의 干支가 용신을 생부하면 吉年하고 유년의 干支가 용신을 극해하면 흉년이다. 유년의 간지가 용신을 生扶 한다 해도 사주의 타 干支가 그를 극하면 좋은 것 같으면서도 실속 없는 평범한 해다.
유년의 干支가 용신을 극 한다 해도 사주에서 그를 극 합하면 작용이 불가능함으로써 나쁜 것 같으면서도 손해가 없는 평범한 해다.

@유년과 대운관계(流年과 大運關係)

1. 유년이 좋은데 大運도 좋으면 대 발전 한다.
2. 流年은 좋으나 대운이 나쁘면 길흉이 반반이다.
3. 流年도 나쁘고 大運도 나쁘면 큰 변화가 발생한다.
4. 流年이 나쁘나 大運이 좋으면 길반 흉반 이다.
5. 流年이 길한데 사주에서 극 합하여 유년의 작용을 묵살시키는 경우 대운에서 극 합을 풀어주면 大발전한다.
6. 유년이 흉한데 사주에서 극합(훼슴=충하거나 합해서 없애는것)하면 흉이 사라지는데 대운에서 극합을 풀어주면 어려운 일이 많이 발생한다.
7. 유년이 길한데 사주에서 극합할 경우 대운에서 사주의 극합작용을 도와주면 흉다길소(凶多吉少)가 된다.
8. 유년이 흉한데 사주에서 극합하는 경우 대운에서 극합을 도와주면 凶多吉少하다.
9. 유년이 길한데 대운에서 생부해주면 더욱 길하다.
10. 유년이 흉한데 그것을 생조 해주면 흉이 더욱 늘어난다.
11. 유년이 길한데 대운이 유년을 극하면 길이 감해진다.
12. 유년이 흉한데 대운이 유년을 극하면 흉이 감소된다.

유년간지의 비중(流年干支의 比重)

유년은 천하를 중요시하고 地支를 가볍게 보는데 그릇된 견해다. 干支를 다 같이 중요시해야 한다.

1. 유년의 간지가 다 같이 용신을 도와주면 大吉하다.
2. 유년의 간지가 모두 용신을 극하면 대흉하다.
3. 유년의 干이 용신을 돕고 支는 용신을 극해하면 길흉반반이다.
4. 유년의 天干은 용신을 극하지만 地支가 天干을 도우면 길흉상반.
5. 유년의 天干이 용신을 돕고 地支가 天干을 도우면 대길하다.
6. 유년의 天干이 용신을 극하는데 地支가 天干을 도우면 대흉하다.
7. 유년의 地支가 용신을 돕는데 天干이 地支를 도우면 대길하다.
8. 유년의 地支가 용신을 극하고 天干이 地支를 도우면 대흉하다.
9. 유년의 地支가 용신을 돕는데 地支가 天干을 극하면 길이 감소.
10. 유년의 천간이 용신을 극하는데 地支가 다시 극하면 흉이 감소.
11. 유년의 地支가 용신을 돕는데 天干이 地支를 극하면 길이 감소.
12. 유년의 地支가 용신을 극하는데 天干이 地支를 극하면 흉 감소.

☞月운 보는 것은 유년 보듯이 월干과 干支와 용신을 대조하고 월간과 유년을 대조하여 판단하되 그 방법은 유년법과 똑 같다.

존경하는 학인 여러분 !

여기까지 오시느라 수고가 많으셨습니다.
여러분은 절반의 성공은 하신 것으로 보아도 됩니다.
이제 인생 청년기를 지나 중년기에 접어든 것이나 다름없습니다.
잘 익은 벼는 고개를 숙이듯이 이제 여러분도 사주팔자를
잘 살펴 볼 수 있는 기량을 연마하셔야 합니다.
우리가 지금까지 공부한 것은 사주학의 기본을 공식대로
배워온 것입니다. 그런데 실제 사주를 접해보면 공식대로
풀어서는 잘 맞지 않을 수 있고 이현령비현령(耳懸鈴鼻懸鈴)으로
귀에 달면 귀걸이 코에 달면 코걸이 식으로 이것도 저것도 아닌 것
같은 느낌을 받을 때가 바로 지금 이 시기입니다.
그래서 학인들은 더 적중할 수 있는 비법을 찾아 나서게 되죠,
육효나 기문둔갑 등 점성술로 빠지기 쉽습니다,
그 학문들을 폄훼하려는 의도로 드리는 말씀은 절대 아닙니다,
역술의 기본은 뭐니 뭐니 해도 명리입니다.
명리를 완벽하게 공부 한 후에 이런 여타학문을 하셔도
늦지 않습니다.
이제 초중고의 학문정도 익혔으므로 대학에 가서 전문성을
공부하고 대학원에 갈 정도의 학문을 익히신 후에 다른 학문에
눈을 돌려야 한다는 충언으로 받아주십시오,
필자는 지금도 명리 학만을 고집합니다.
이제 고등 반에서 기교를 배우셔야 합니다.
- 편집자 주 -

新四柱學講義錄
(初等班)

1996년 11월 20일1쇄 초판 발행
2011년 07월 05일2쇄 중판 발행
2017년 02월 05일3쇄 중판 발행
2020년 07월15일 개정증보판 발행

지은이 / 변 만 리
편집인 / 김 동 환
발행인 / 김 정 숙

기 획 / 변만리역리연구학회
발행처 / 도서출판 자문각
주 소 / 서울시 종로구 종로 346
         (숭인동304번지) 욱영빌딩 301호

공급처 / 여산서숙 02)928-8123
전 화 / 02)926-3248 팩스/02)928-8122
등 록 / 1978년08월12일 제5-32호
신고번호 제300-2011-114

〈무단복제불허〉
값 38,000원

잘못된 책은 구입처에서 교환해 드립니다.